Jessy Mehlfeldt:

Harte (Be)Währung

Begegnungen, Erfahrungen und ein paar Dollar

Mein Dank ist Achtung vor dem Anderen

Das trifft zunächst und im Besonderen meine Eltern, die mir stets die Freiheit ließen, meine eigenen Schritte setzen und meine Auslandserfahrungen sammeln zu können. Auf dem Weg zu dieser 2. Auflage wurde ich noch reicher, durch die Menschen, die ich kennen lernen und mit denen ich zusammenarbeiten durfte. Danke, meine Lektorin Anja Junghänel, für unsere unterhaltsame Zusammenarbeit!
Danke, Sven-André Dreyer, danke!

Vorwort zur 2. Auflage

Über persönliche Erlebnisse ein Buch zu schreiben, ist nicht leicht. Es noch einmal zu lesen, noch einmal zu überarbeiten, ist umso schwerer. Beim Überarbeiten meiner Texte für die zweite Auflage musste ich schnell feststellen, an meinem eigenen Buch anzustoßen. In der Auseinandersetzung damit sah ich schließlich ein, dass das vorliegende Buch einen Wegabschnitt bedeutet, den ich nunmehr hinter mir gelassen habe. Ich bin weiter gegangen. Habe die nächsten Schritte gesetzt. Das Damals mit dem Jetzt zu vermischen, wäre nicht recht; eine Gratwanderung zudem, die mir nach reiflicher Überlegung sinnlos erscheint. Es ist mühsam, Vergangenes in ein Licht rücken zu wollen, das heute ganz anders fällt.

Trotz allem manches geglättet zu haben, tut diesem Ansinnen keinen Abbruch. Es diente vielmehr dazu, das Anliegen, das hinter diesem Buch steht, zu untermauern: Kontakt zu anderen Menschen zu finden, Gedanken und Gespräche anzuregen. Dass dies mit einem solchen Buch gelingen kann, zeigten mir unter anderem meine bisherigen Lesungen. In ihnen durfte ich bald lernen, dass meine Lebensphilosophie, wonach der scheinbaren Ernsthaftigkeit und Beschwerlichkeit des Lebens nur mit Ironie und Frohmut zu begegnen ist, bei vielen Menschen fest verankert ist.

So möchte ich auch meine neuen Leser einladen, an meinen gesetzten Schritten teilzuhaben. Begleiten Sie mich auf meiner Reise zu anderen Menschen, fremden Kulturen und zu mir selbst. In diesem Sinne wünsche ich Ihnen eine angenehme Reise!

Inhaltsverzeichnis

(1) Der Traum

»Nicht reich, aber frei.«

Erschöpft, glücklich und ganz allein – so sitze ich da. So weit mein Auge reicht, ragen überwältigend hohe Berge in den stahlblauen Himmel und weit hinten in der Ferne verschmelzen ihre Spitzen mit dem endlosen Horizont. Mein Campingkocher, der leise vor sich hin köchelnd meine Mittagssuppe bereitet, steht vor mir. Ausgebreitet daneben liegt die Wanderkarte der Umgebung. Während ich auf das Essen warte, sauge ich die Szenerie in mich auf und lasse die betörende Ruhe auf mich wirken. In dieser grenzenlosen Weite gehen meine Gedanken spazieren. Glücklich lächle ich vor mich hin. In mir breitet sich die vertraute Gewissheit aus, endlich wieder da zu sein, wo ich hingehöre: In den Schoß der Natur. Der Augenblick ist so rein und klar wie der türkise Bergsee, an dessen Ufer ich Brotzeit halte.

Mein Rucksack ist geschultert und die Bergschuhe sind übergestreift, ich habe meinem strukturierten Leben Adieu gesagt und die Wanderin in mir begrüßt. Wieder unterwegs, bin ich froh, die Regelmäßigkeit meines deutschen Lebensalltags gegen die Freiheiten eines Globetrotters eingetauscht zu haben. Ohne festen Job bin ich keineswegs vermögend, dennoch umgibt mich purer Luxus. Jener nämlich, nicht zu wissen, wo ich am Abend mein Zelt aufschlagen und wo ich am nächsten Morgen aufwachen werde. Der Luxus, die Menschen, denen ich begegne, aus ihrem Alltag herausgelöst zu erleben. Der Luxus, bar des Netzwerkes der Gewohnheiten zu sein, bar auch der sozialen Beziehungen und Urteile anderer, in das wir Menschen uns im Laufe der Jahre mitunter verstricken.

Mein größter Luxus aber ist der, ohne Rechtfertigungszwang anderen gegenüber meine Entscheidungen treffen und leben zu können. Ich bin nicht reich, aber frei.

Als ich die Suppe löffle, bin ich nicht überrascht. Sie schmeckt wie jene gestern und diese wiederum hatte verblüffende Ähnlichkeit mit der des vorangegangenen Tages. Zwar sind die wenigsten Dinge in meinem derzeitigen Leben vorauszusehen, aber was ich in den Magen bekomme, ist Bestandteil eines festen Plans. Tütensuppe, leicht und billig – gerade richtig für ein Dasein, in welchem der Rucksack das beinhaltet, was ich zum Leben benötige.

Ich bin auf dem Weg zu einer australischen Farm, wo mein nächster Job wartet. Reiten werde ich lernen, das haben mir die Farmer schon am Telefon erzählt, eine Fähigkeit, die im Outback so selbstverständlich ist wie das Kauen beim Essen. An mir soll es nicht liegen!

Plötzlich vernehme ich ein bedrohliches Grummeln in der Ferne. Von meinen gedankenverlorenen Pfaden holt es mich unvermittelt auf den Boden der Tatsachen zurück. Langsam nähert sich dieses beunruhigende Geräusch. Ängstlich blicke ich in den Himmel. Ein Ungewitter, Weltuntergangsstimmung verbreitend, droht mich zu übermannen. Schnell schließe ich die Augen. Minuten vergehen, doch nichts passiert. Also öffne ich sie wieder. Verstört schaue ich mich um, in meinem Zimmer. Die gleichen Bilder an der Wand wie gestern, als ich einschlief. Mein Bett ist beruhigend warm. Etwas verwirrt reibe ich meine Augen. Es war alles nur ein Traum. Ich bin erwacht.

(2) Erwacht

»Ich bin glücklich, aber …«

Ich bin sechsundzwanzig und eigentlich glücklich. Zwar meinen einige Menschen, das Wort ›eigentlich‹ existiere nicht, es sei gänzlich bedeutungslos. Ich benutze es jedoch gern: Um meiner Aussage eine verschwommene Einschränkung beizufügen und eine hundertprozentige Festlegung zu umgehen. So wie jetzt. Ich bin glücklich, aber …

›Was ist der Sinn meines Lebens?‹ – obgleich eine alte Bekannte, drängt sich mir diese Frage nach dem zauberhaften Traum der letzten Nacht erneut auf. Vielleicht ist es ein Wink des Schicksals, für die Teilnahme an einer klassischen Jugendweihe der Deutschen Demokratischen Republik ein Jahr zu spät geboren worden zu sein. So hätte ich meine bohrende Frage möglicherweise von einem Buch beantwortet bekommen. Jenes war rot und trug den Titel »Vom Sinn unseres Lebens«. In ihm hatten sicher verständliche und pragmatische Antworten gestanden, die mir aufgrund stärkerer gesellschaftlicher Kräfte jedoch schicksalhaft vorenthalten blieben. Ich war dreizehneinhalb, als die Mauer, die Ost- und Westdeutschland teilte, zu bröckeln begann und schließlich den heftigen politischen Wetterverhältnissen nicht mehr standhielt. Meine Jugendweihe fand 1990 im gemäßigten sozialistischen Rahmen statt. Mit der Erlaubnis zu Individualismus und Entscheidungsfreiheit, aber eben ohne Buch. Die Frage vom Sinn des Lebens freilich stellte sich mir trotzdem – und tut es, wie sich heute zeigt, immer wieder.

Führe ich ein mir entsprechendes Leben? Verfüge ich denn diesbezüglich über konkrete Bilder? Sind meine Vorstellungen klar? Die quälende Frage nach allem Sinn ist anstrengend. Sie hat zahllose kleine Geschwister, die sich ungebeten vorstellen. Und alle sind sie fordernd. Sie verlangen Antworten. Zudem werfen sie Licht in Bereiche meines Lebens, die sonst im Schatten des von der Außenwelt suggerierten Lebenssinns unbehelligt ihr Dasein fristen. Sichere

Arbeitsstelle, verlässliche Altersvorsorge, gute Unterhaltung. Es ist mühsam, diesen Leitworten zum Trotz meinen persönlichen Lebensfragen Priorität einzuräumen. Sie bedürfen zusätzliche Energie, denn zum Überleben, Arbeiten und um Spaß zu haben sind sie nicht zwingend erforderlich. Warum also stelle ich sie mir?

›Der Sinn meines Lebens?‹ Ich schäle mich aus dem Bett, krame meine alten Tagebücher hervor und versinke. Wann nur, wann hat diese Fragerei begonnen?

(3) Au-pair in England - 1994

»Ein intensiver Blick in die Augen, in mich hinein.«

Am 15. August 1994 treffe ich abends im *German Centre* in London ein. Das Haus ist voller Menschen. Im Wohnzimmer spielt jemand Gitarre. Einige Zuhörer haben sich um den Musizierenden versammelt und hängen, ihm lauschend, ihren Gedanken nach. Nebenan in der Küche sitzen ein paar Mädchen und unterhalten sich über eine gewisse Maria. Sie sei erst seit wenigen Tagen da und habe dem Heimweh nachgegeben. Während ich mit halbem Ohr hinhöre, reflektiere ich meine persönliche Situation und weiß, ich werde meine Chance nicht verstreichen lassen. Der erste lange Aufenthalt in einem fremdsprachigen Ausland, wie spannend war der Gedanke schon monatelang im Voraus gewesen! Vor meinem inneren Auge spielte ich die verschiedenen Situationen, die ich erwarte, immer wieder durch. Unzählige Male fragte ich mich, welchen Menschen ich wohl begegnen würde. Als Au-pair, als Kindermädchen, will ich nun ohne mir vertraute Personen leben, die englische Sprache erlernen und mich unbekannten Aufgaben stellen. Das Abitur steckt in meiner Tasche und das Studium kann noch ein Jahr warten. Jetzt bin ich erst einmal im Ausland. Was es wohl alles zu entdecken gibt?

Meine erste Nacht im *German Centre,* der ersten Anlaufstation für uns Au-pairs, verläuft ruhig. Nur am Morgen beschleicht mich ein undefinierbares Gefühl, das wie ein kleines, festes Knäuel im Magen liegt und sich seltsam befremdlich anfühlt. Etwas verloren schlage ich die Bettdecke zurück, setze mich auf und lasse meinen Blick schweifen. Die Zimmerdecke ist unangenehm hoch. Die wenigen Möbel verlieren sich förmlich in diesem großen Raum, der eher einem Saal ähnelt.

Der Eindruck verstärkt das Gefühl in meinem Magen. Es hat etwas Tieftrauriges. Als ich weiterschaue, bleibt mein Blick an meiner Zimmernachbarin hängen. Etwas überrascht schaue ich in ihre großen, braunen Augen, mit denen sie mich ihrerseits ansieht. Wir wechseln die ersten Worte, denn als ich gestern ankam, hatte sie bereits geschlafen.

Eleni ist aus Köln und offensichtlich gibt es bei ihr kein flaues Gefühl. Munter plappert sie drauf los und stellt mir tausend Fragen, die ich alle brav beantworte. Das Gespräch bringt mich auf andere Gedanken. Zwei junge Mädchen in einem fremden Land, am Wegesbeginn in eine ungewisse Zeit. Wie aufregend! Gemeinsam rappeln wir uns auf und nehmen das Frühstück in Angriff, Toast und Cornflakes. Mein erstes englisches Frühstück esse ich hauptsächlich, weil ich Hunger habe, nicht unbedingt, weil es mir mundet.

Aufgeregt betrete ich kurz darauf das Büro des *German Centre* und stelle mich bei Frau von Oy, der Leiterin der karitativen Einrichtung, vor, um die ›Familienplanung‹ in Angriff zu nehmen. Als ich mich vor acht Monaten bei Caritas in Magdeburg um eine Au-pair-Stelle bewarb, musste ich meine Vorstellungen von einer Gastfamilie angeben, aufgrund derer mir nun hier einige Familien aus dem dicken Katalog vorgeschlagen werden. Familien mit einem Kind, zweien oder mehr, Jungen oder Mädchen, noch im Kindergartenalter oder bereits pubertierende Persönlichkeiten, alles ist im Angebot. Gemeinsam suchen wir drei Familien aus, die ich im Laufe der nächsten Tage besuchen werde und von nun an bin ich auf mich gestellt.

Kurze Zeit später sitze ich erstmalig in der U-Bahn. Meine neugierigen Blicke fliegen über die Fahrgäste, weiß ich doch nicht, wohin ich zuerst sehen soll. Einem wahren Wirrwarr fremder Gesichtszüge sehe ich mich gegenüber: Asiaten, Südeuropäer, Schwarze, Weiße – alle sind vertreten. Ihrem Stimmengewirr zuzuhören, ist ein wahrer Ohrenschmaus für mich. Ich bin ziemlich beeindruckt.

So fühlt es sich also an, in einer Weltstadt zu sein, so ist das also! Vergnügt sitze ich da und lasse alle Eindrücke wirken. Eine wunderschöne Aufregung breitet sich in mir aus. Fast vergesse ich darüber das eigentliche Ziel meiner Fahrt, die erste potentielle Gastfamilie, um vorstellig zu werden. Ich steige besser aus. Zwar weiß ich nicht genau, ob es die richtige Station ist, um umzusteigen, doch ich vermute es stark.

Schon stehe ich am Picadilly Circus und lasse die Leute in ihrer Hektik einfach an mir vorbei ziehen. Wie lange ich auf dem gleichen Fleck verweile, weiß ich nicht, jedoch ist mir klar, dass ich bald jemanden ansprechen muss, um mir den richtigen Weg weisen zu lassen. Hier bin ich nun, sechs Jahre Schulenglisch hatten mich auf diesen Moment sorgfältig vorbereitet: Das Ansprechen einer fremden Person auf der Suche nach etwas. Ich genieße den Augenblick, koste ihn aus und versuche, ihn zu verlängern. Vielleicht mache ich mir aber auch nur etwas vor und habe die Hosen voll, einen echten Engländer mit meinem unechten Englisch anzusprechen. Denn jetzt gibt es keine Stopp- oder Wiederholungstaste, sollte ich die Antwort nicht verstehen. Das hier ist das wirkliche Leben! Inmitten des regen Gedränges am Picadilly Circus suchen meine Augen den Horizont nach dem richtigen U-Bahn Schild ab, während ich mich, innerlich schon auf den erfolglosen Ausgang dieses Unterfangens eingestellt, auf das erste öffentliche Anwenden meines englischen Sprachschatzes vorbereite. Es ist ganz einfach: »Where is the train station?« Standardsätze wie dieser sind immer wieder Inhalt des Sprachunterrichts in der Schule gewesen. Train station konnte man der aktuellen Situation anpassen und wahlweise durch *post office, cinema* und Ähnliches ersetzen, das haben wir ständig geübt.

Zahllose Personen, wahrscheinlich alle perfekte Muttersprachler, gehen, ohne mich auch nur wahrzunehmen, an mir vorbei, nicht ahnend, dass sie gerade nur knapp meiner ersten Englischattacke entgangen sind. Langsam wird die Zeit eng, schelte ich mich. Ich werde den richtigen Bahnsteig nicht finden, wenn ich nicht endlich beginne, diese verdammte Sprachbarriere zu überwinden. Ich nehme mir vor, bis drei zu zählen, was ich etwa zwanzig Mal übe. Weitere unzählige Male flüstere ich meinen grammatikalisch höchst anspruchsvollen Satz vor mich hin. Schließlich fasse ich mir ein Herz, richte ihn hörbar an einen vorbeieilenden Passanten und verstehe sogar die Antwort auf Anhieb. Dieser erste tiefgründige, englische Dialog dauert eine geschlagene Minute, dann ist er schon wieder vorüber. Ha, ich habe es geschafft, die Barriere ist gebrochen.

Andererseits: Sechs Jahre Schulenglisch und dreißig Minuten unmittelbare Vorbereitung für einen Zwei-Satz-Dialog; an meiner Spracheffizienz muss ich definitiv arbeiten!

Nach diesem erfolgreichen Wortwechsel steige ich in die richtige U-Bahn ein. Zweimal wechsle ich sie, überquere unzählige Straßen und biege um etwa fünfzig Ecken. Was für eine Stadt! Dann erreiche ich South Kenton, einen Stadtteil im Nordwesten der englischen Hauptstadt. Dort klingle ich zum ersten Vorstellungsgespräch bei Familie Robinson an der Tür. Als diese geöffnet wird, schlägt mir das Herz bis zum Halse, aber immerhin kann ich meine Absicht erklären und werde vom Familienvater hineingebeten. Bei einer englischen Tasse Tee finde ich mich bald auch den beiden Kindern gegenüber und formuliere lückenhafte Sätze, in denen jedes dritte Wort fehlt.

Immer wieder muss ich eine Künstlerpause einlegen, die Stirn dabei sorgfältig zu einem Fragezeichen gerunzelt, in der Hoffnung, dass mein Gegenüber großzügig meine Sätze auffüllt.

Mein hiesiger Besuch wird eine einmalige Angelegenheit bleiben, das wird schnell klar. Dennoch ist das Treffen nicht umsonst. Ich lerne wichtige Vokabeln. Ich unterhalte mich, wenn ich hier von Unterhaltung reden darf, mit Engländern. Ich bin unter ihnen, kein Tourist. Prägend sind diese Stunden.

Bald aber verabschiede ich mich, sitze wieder in der U-Bahn und will gerade in meinem Stadtplan die zweite Adresse nachschlagen, als ein junger Mann neben mir in nicht akzentfreiem Englisch seine Hilfe anbietet. Völlig überrascht von dieser Geste, vergesse ich darüber die Sorge über mein eigenes brüchiges Englisch. In der Anonymität einer solchen Großstadt menschliche und hilfsbereite Züge zu entdecken, macht mich glücklich. Ein Gefühl, das ich bisher noch nicht kannte, macht sich in mir breit. Es ist der Tatsache zu verdanken, noch nie auf die Hilfsbereitschaft eines Fremden angewiesen gewesen zu sein. Schließlich bewegte ich mich bis heute in einer sicheren Komfortzone, gebildet von meiner Familie und Freunden, von vertrauten Straßen und Wegen meiner Heimat sowie meiner Muttersprache. Jetzt habe ich diese Zone verlassen und wage die ersten Schritte auf neuen Pfaden. Die Hand, die mir in diesem Augenblick gereicht wird, kann nur die eines Fremden sein. Sie so schnell angeboten zu bekommen, erleichtert das Gehen.

Mit Hilfe des Mannes finde ich problemlos zu meinem zweiten Interview. Bei Familie Williams sehe ich meine Vorstellungen von einer Traumfamilie erfüllt. Zwei Kinder wollte ich haben, auf Zeit versteht sich, möglichst beides Jungen im Alter zwischen drei und zehn Jahren. Die wären vielleicht weniger zickig als Mädchen und könnten sich auch mal miteinander beschäftigen, während ich mich um ihr Essen kümmern würde. Jetzt bin ich bei ihnen und fühle mich von Anbeginn wie eine Tochter der Eltern und die große Schwester von den zwei süßen Fratzen Ben und Paul. Doch halt: Hatte ich den Schritt, meine Heimat zu verlassen, nicht getan, um unabhängig und erwachsen zu werden? Der harmonische Nachmittag mit den Kindern vergeht schnell, an ihren Eltern gibt es nichts auszusetzen.

Alles ist so einfach. Und doch so schwer.

Auf meinem Weg zurück ins *German Centre* sehe ich mich allerlei Gedanken und Ansichten gegenüber. Sicherheit, Aufregung, Freiheit, Großfamilie, was will ich wirklich? Ganz unerwartet macht sich dieses flaue Magengefühl vom Morgen wieder breit, diese befremdliche Ahnung, von der ich nicht weiß, was sie bedeutet. Irritiert und hilflos sehe ich mich ihr gegenüber, da ich sie heute erstmalig in meinem Leben verspüre. Über die aufregenden Eindrücke des abwechslungsreichen Tages hatte sich die undefinierbare Morgenstimmung verflüchtigt, vergessen hatte ich sie. Nun ist das Gefühl wieder da. Im *German Centre* angekommen suche ich Frau von Oy, erfolglos. Der Abend ist bereits hereingebrochen und sicher ist sie längst zu Hause. Stattdessen finde ich einige kleine Grüppchen in den Aufenthaltszimmern verteilt. Gesprächsfetzen hängen in der Luft und drängen zusammenhanglos an mein Ohr. Mir ist nicht nach Unterhaltung und Auswertung, lieber kuschle ich mich gleich in mein Bett. Ich möchte schlafen und hoffe auf morgen. Als ich das Zimmer betrete, kann ich die Umrisse einer zusammengerollten Eleni erkennen. Sie atmet tief und gleichmäßig. Ich lasse das Licht aus und bin froh, dem Eindruck unseres riesigen, leeren Zimmers zu entkommen.

Am nächsten Tag setze ich die Suche nach der richtigen Gastfamilie fort. Auf dem Weg nach Muswell Hill beginnen meine Gedanken wieder zu kreisen. ›Was, wenn es auch hier nicht klappt?‹ Als ich kurze Zeit später unter dem Namensschild ›Gabb‹ klingele, antwortet mir eine nicht ganz akzentfreie, englische Stimme. Dinah, eine Freundin der Familie, öffnet mir die Tür. Sie hütet vorübergehend das Kind, denn Vivian, die Mutter, ist noch nicht einmal da, um mich zu empfangen. Ich spüre gleich: Hier ist alles etwas weniger konventionell: Die Mutter alleinerziehend, das Kind farbig, die Babysitterin eine Indonesierin. Die Fakten: Elisha, ein Mädchen und mit zwanzig Monaten in einem Alter, mit dem ich wenig anfangen kann, zudem geschwisterlos, sprechen von Anfang an gegen meine ursprünglichen Vorstellungen. Gleichwohl fühle ich mich von diesen losen Verhältnissen angezogen.

Da sitzen wir nun zu dritt. Dinahs Englisch fließend, jedoch mit deutlichem Akzent, Elishas Sprachkenntnisse sind ohne Akzent aber noch äußerst begrenzt und mein eigener Wortschatz ist weder fließend noch akzentfrei. Dreißig Minuten später erscheint Vivian, in Sportsachen. Sie ist Tennisspielerin und Trainerin und vermittelt mir mit ihrem Auftreten das Bild einer unabhängigen Frau. Während wir mit ihrer Tochter einen Spaziergang unternehmen, unterhalten wir uns angeregt. Hier fühle ich mich wie eine eigenständige Persönlichkeit. Dem Kind aber meine ich nicht angemessen begegnen zu können. Zwischen Elishas zwanzig Monaten und meinen achtzehn Jahren liegt eine große Barriere, die für mich nur schwer zu überwinden scheint. Dennoch fühle ich mich als Teil dieses Dreiergespanns sehr wohl.

Gegen Abend verlasse ich die beiden. Ein weiterer Heimweg. Wieder Fakten abwägen. Ich spüre, dass ich keine Tochterrolle einnehmen möchte, wie es bei Familie Williams der Fall wäre. Andererseits frage ich mich, ob ich mit der Verantwortung und den Freiheiten, die ich bei einem Entschluss für Vivian und Elisha erhalten würde, entsprechend umgehen könnte. Es stellt sich heraus, dass neben nüchternen Fakten noch immer unbekannte Größen eine Rolle spielen, die Einfluss auf eine Entscheidung nehmen können.

Ein wenig unsicher fühle ich mich und etwas verlassen beim Abwägen der Alternativen. Ich wünschte, ich wäre in der lenkenden Sicherheit meiner Eltern, doch als ich sie anrufe, wird ziemlich schnell klar, dass sie mir nicht helfen können. »Die Entscheidung liegt bei dir«, ist alles, was sie sagen und hinterlassen in mir ein schwaches Gefühl der Enttäuschung. Aber, wie sollen sie mir auch helfen?

Es ist dunkel und Nieselregen hat eingesetzt, während ich meinen Weg durch Londons Straßen suche. Die Außenwelt spiegelt meine Innenwelt perfekt wider. Was für ein Einklang!

Kurze Zeit später erreiche ich das *German Centre*. Ungeduldig suche ich Eleni. Gemeinsam mit Nadine, einem anderen Magdeburger Au-pair, sitzt sie in der Küche. Sie trinken Wein. Überglücklich, sie zu sehen, geselle ich mich zu ihnen. Großzügig füllt Eleni mir ein Glas. Die Mädchen sehen sofort, dass mit mir etwas nicht stimmt. In wenigen Worten erkläre ich mein Problem. Die beiden sind schon zwei Tage länger in England und haben ihre Gastfamilien bereits ausgewählt. Bei ihnen treffe ich auf absolutes Verständnis für mein gedankliches Durcheinander. Zwei Menschen, die ich vor drei Tagen noch nicht einmal kannte, fühle ich mich heute schon sehr nahe. Bis spät in die Nacht sitzen wir in der Küche, erzählen von unserem Zuhause, von den Ängsten und Freuden, mit denen wir den Schritt, ins Ausland zu gehen, unternommen haben und wir beschließen den Abend mit den Worten, dass schon alles gut werden wird.

Am nächsten Tag rufe ich Vivian an. Ich berichte ihr von meinen Zweifeln, aber auch von dem angenehmen Gefühl, welches ich für ihre kleine chaotische Familie verspüre. Am Ende des Gespräches treffen wir gemeinsam die Entscheidung, es zunächst auf Probe für zwei Wochen zu versuchen.

Später, als ich in meinem neuen Domizil ankomme, weist mir Vivian mein Zimmer zu. Es ist klein und gemütlich und die Wände sind zum Glück viel niedriger als im *German Centre*. Hier gibt es Holzmöbel und ein schönes großes Bett.

Ich fühle mich sofort wohl und beginne, meine zwei Taschen auszuräumen. Dann beklebe ich die Zimmerwand mit Fotografien von vertrauten Gesichtern der Heimat. Ab jetzt ist das mein Zimmer und meine Au-pair-Zeit kann beginnen.

»«

An einem unserer ersten gemeinsamen Tage machen wir uns gerade fertig für einen Spaziergang, als ich aus dem Hausflur ein dumpfes Geräusch vernehme. Auf meinen fragenden Blick hin meint Vivian, das sei nur die Post. ›Nur‹? Na, sie hat gut reden. Die handschriftliche Kommunikation ist eine unentbehrliche Verbindung zu meiner Heimat, wir reden also gerade von einem überlebenswichtigen Vorgang.

Nach nur wenigen Tagen stehe ich oft noch vor dem Eintreffen der Briefe und Karten sehnsüchtig in unserem vierten Stockwerk und luchse über das Treppengeländer, den Briefschlitz der Haustür fest im Visier. Die Informationsblätter von Freunden (sprich Briefe) bzw. Institutionen (meist Rechnungen) werden hier nicht sorgsam in die einzelnen Briefkästen gesteckt, sondern flattern für alle Wohnparteien durch einen großen Spalt in der Haustür auf den Boden. Ziemlich schnell ist mein Gehirn so sensibilisiert, um trotz einer Beschäftigung, in die ich möglicherweise vertieft bin, dieses Geräusch zu erkennen, in seiner Bedeutung als wichtig einzustufen und, als Folge dessen, alles stehen und liegen zu lassen und die Treppen hinunterzusprinten. Ein klassisches Beispiel für den Pawlowschen Reflex und ein gutes Koordinationstraining obendrein. Flinken Schrittes, zwei bis vier Stufen auf einmal nehmend, haste ich die Treppe hinunter und selektiere ab dem zweiten Stock aus dem Haufen jene Briefe mit den wichtigen Luftpostaufklebern, die erfahrungsgemäß für mich sind.

Bei ihnen angekommen, brauche ich nur noch zuzugreifen. Schleunigst trete ich den Rückweg an, da meist die Suppe auf dem Herd köchelt oder Elisha auf der Toilette sitzt.

Es ist mir wichtig, von vertrauten Personen meines Zuhauses zu lesen, während ich mir hier meinen Platz in dem neuen Alltag, in einer unbekannten Rolle erkämpfe. Wahrlich ist die Arbeit mitunter ein Kampf. Meine Tochter auf Zeit ist ein bezauberndes Erscheinungsbild, dem als einziges Kind einer alleinerziehenden Mutter nahezu jeder Wunsch erfüllt wird. Elisha ist mit einem stark ausgeprägten Geltungsbedürfnis und Willen ausgestattet, mit dem es nun für mich gilt umzugehen. Das führt gelegentlich zu Unstimmigkeiten zwischen Elisha und mir. Sei es wegen des dritten Videofilms in Folge, den ich ihr vorenthalte oder wegen des Schokoladenriegels, den ich ihr nicht kaufe und dessentwegen sie im Supermarkt in großer Verlässlichkeit ein gehöriges Gezeter veranstaltet. Dem ich bemüht bin, ob meiner begrenzten Sprachkenntnisse so eindringlich, aber so leise wie möglich, zu begegnen. Es kommt mir so vor, als hätte ich kein wirkliches Recht zur Diskussion, rein sprachlich.

Aber auch mit Vivian ist es oft nicht einfach. Zunehmend sehe ich meine eigene Person als Ursache für auftretende Probleme an. Bei Unklarheiten und Stimmungsschwankungen erhebe ich verstärkt die Urheberrechte auf deren Gründe. In solchen Momenten spüre ich, nun ohne den bisher gewohnten Rückhalt zu sein. Niemand ist da, um mich anzuvertrauen. Ich empfinde es nicht als Verlust, denn Gespräche mit mir selbst nehmen dafür zu, im Sinne von Rückfragen, hinterfragen.

Die Blicke in den Spiegel dauern zeitweilig etwas länger, sie sind genauer geworden. Nicht um zu überprüfen, ob die Haare liegen. Es ist eher ein intensiver Blick in die eigenen Augen, in mich hinein.

Der Winter ist gekommen und einige Monate sind vergangen. Zweimal in der Woche drücke ich mit anderen

Ausländern die Schulbank und hoble und schleife an meinem Englisch. Zwar entziehen sich nach wie vor mehr Vokabeln meiner Kenntnis, als mir lieb ist, jedoch ist der Umgang mit der Fremdsprache etwas Vertrautes geworden. Ich fühle mich wohl in England, trotz der Probleme in meiner Gastfamilie. Doch dann kommen die Weihnachtstage. Vivian hatte mir vor vier Monaten freigestellt, an Weihnachten nach Hause zu fahren, was ich allerdings ablehnte. Wenn Auslandsaufenthalt, dann das ganze Paket, hatte ich mich entschieden; inklusive Feiertage.

Heute, am 24. Dezember 1994, bereue ich die Entscheidung ein klein wenig. Es ist bitterkalt und allein mache ich einen Spaziergang durch den verschneiten Regents Park. Vor meinem inneren Auge bauen sich, wie Bausteine eines Spielzeugturms, Bilder von zu Hause auf. Die Sehnsucht nach der anheimelnden Atmosphäre, nach dem gewohnten Ablauf der Weihnachtstage und nach einem schlichten, Waldduft verströmenden Weihnachtsbaum ist erwacht. Als ich an einer Telefonzelle vorbeigehe, bleibe ich kurzerhand stehen und wähle die Nummer meiner Eltern. Ich möchte ihnen nur ein frohes Fest wünschen. Kaum vernehme ich am anderen Ende die Stimme meiner Mutter, muss ich heftig schlucken.

»Wer ist da?«, fragt sie zum wiederholten Male.

»Mami, ich bin es…«, kriege ich nach etlichen Sekunden endlich heraus, dann fange ich auch schon bitterlich an zu weinen. Statt Worte fließen Tränen. Eine heftige Welle der Traurigkeit überrollt mich. Sie ist Sehnsucht nach elterlicher, bedingungsloser Liebe und der Wunsch, Verantwortung abgeben zu können.

»Mein Kind, es ist doch alles in Ordnung. Sei nicht traurig!«

Die Worte meiner Mutter trösten mich keineswegs, ich lege wieder auf. Jetzt geht es mir weder besser noch schlechter, denn an der Situation hat sich nichts geändert. Ich muss einfach versuchen, mit ihr umzugehen. Das gehört wohl dazu.

Ich lasse einen weiteren Tränenschwall geschehen, reibe mir die Augen, bis ich Angst haben muss, dass sie herausfallen und verlasse die Telefonzelle. Die klirrende Kälte hat mich wieder, während ich den Weg zu einer Kirche einschlage, von der ich weiß, dass dort ein Gottesdienst abgehalten wird. Ich bin zwar nicht gläubig, aber in mancher Hinsicht traditionell.

»«

Zwei Monate später unterbreitet mir Vivian die Neuigkeit, dass sie mit Elisha in den Urlaub fährt. Infolgedessen sind mir ein paar freie Tage vergönnt. Die Abenteuerlust erwacht in mir.

Soll ich allein irgendwo hinfahren und wenn ja, wohin? Meinen ersten Alleintrip zu planen, ist äußerst aufregend und hält meinen Adrenalinspiegel auf einem angenehmen Niveau. Das Heimweh hat sich wacker auch bis weit nach Weihnachten gehalten. Nun wird es endgültig verdrängt. Es ist, als entzünde sich in mir ein Funke. Zu lange fühlte es sich an, als lebte ich mich angezogener Handbremse. Endlich kehrt Leben in mein Gemüt zurück.

Der Zug, in den ich am Tag meiner Abreise steige, ist gut gefüllt. Meinen Blick nach vorn gerichtet, wenden sich meine Ohren nach hinten, um den Schülern zuzuhören, die hinter mir sitzen und sich offensichtlich auf Klassenfahrt befinden. Ich genieße solche Gelegenheiten, um mein Englisch zu festigen. Nichts ist praktischer als die Minuten mitten im Leben. Die Fahrt nach Aviemore, einem kleinen Ski-Ort in Schottland, erscheint mir wie ein wahres Abenteuer; sieben Stunden Fahrt ins Ungewisse. Über mein Alleinsein mache ich mir keine Sorgen. Ich werde schon nicht an Einsamkeit sterben, schließlich habe ich einen Mund zum Reden.

Diese Vermutung bewahrheitet sich schnell. In der Jugendherberge in Aviemore treffe ich auf eine Engländerin, die mit ihrem Vater und Bruder einige Tage Urlaub macht.

Wir teilen uns ein Zimmer und den Anschluss habe ich schnell gefunden. Es ist so einfach. Gemeinsam vertreiben wir uns auf Snowboards und Skihängen die Zeit. Am dritten Abend gehen wir in einen Pub und feiern Geburtstag. Meinen! Es ist der erste, den ich außerhalb des Familien- und Freundeskreises begehe. Stattdessen tanze ich in mein neues Lebensjahr und bereite mir selbst ein Geschenk; mit diesem Trip erhalte ich einen Schnupperkurs im ›Globetrotten‹. Ich finde Gefallen an der Fremde und an den Möglichkeiten, die sich mit ihr ergeben.

Bevor ich weit nach Mitternacht die Jugendherberge betrete, bleibe ich eine Weile vor der Tür und schaue in die Dunkelheit. Allein stehe ich an der verlassenen Straße und gleichzeitig am Beginn einer neuen Beziehung: Der zwischen mir und dem Gefühl, glücklich in der Fremde zu sein und leben zu können.

Zwei Monate später kündigen meine Eltern ihren Besuch an. Eine sagenhafte Vorfreude nimmt mich ein, die ich wochenlang wie ein junges Pflänzchen hege und pflege. Schließlich ist es soweit und aufgeregt tippele ich am Bahnhof auf und ab und warte auf ihr Erscheinen. Doch nachdem ich sie erspäht habe und auf sie zusteuere, schlägt meine freudige Stimmung plötzlich und ganz unerwartet in ein bisher unbekanntes Gefühl um. Ich kann es nicht begreifen: Als wir zu viert den Nachmittag mit Elisha verbringen, distanziere ich mich von meinen Eltern. Ich fühle mich seltsam gestört in einem Bereich, der unabhängig von ihnen nur mir gehört, den ich mir neu geschaffen habe. Jetzt stehe ich doch auf eigenen Füßen, ich habe Verantwortung für ein kleines Kind und lebe hier einen Alltag, in dem ich keine Tochterrolle erfülle. Mir ist, als müsste ich ihnen oder mir selbst etwas beweisen. Gleichzeitig spüre ich irritierenderweise das Verlangen nach familiärer Geborgenheit, eine Sehnsucht, die allerdings wie ein stiller Beobachter, der sich nicht recht traut, hervorzutreten, in einer Ecke meines Herzen sitzt. Von diesen ambivalenten Emotionen kann ich mich nicht lösen. Die Tage gestalten sich anders als vorgestellt. Ständig bin ich angespannt und schwanke zwischen stark sein und schwach sein wollen. Befremdet bleibe ich zurück, als sich meine Eltern nach drei Tagen wieder verabschieden. Ich bin sogar froh, als wir uns trennen – und doch wäre ich im selben Augenblick am liebsten mit ihnen in den Flieger gestiegen.

Noch am selben Abend sitze ich mit Vivian zusammen. Ich habe uns Nudeln gekocht und freue mich, dass sie Zeit für mich hat. »Mir ist es lange Zeit ähnlich ergangen, als ich Anfang zwanzig war. Allmählich erst ist es mir gelungen, trotz der bereits selbst gegründeten Familie gelegentlich wieder in die Tochterrolle schlüpfen und bei meinen Eltern Ruhe, Geborgenheit und Kraft tanken zu können.« Meine Gastmutter hatte meinem Bericht über die Erlebnisse mit meinen Eltern aufmerksam zugehört und gibt mir nun diese Antwort. »Ich nenne es meinen Abnabelungsprozess«, fügt sie noch bei. Hat er bei mir auch unbemerkt eingesetzt?

»«

Wie das nun einmal ist: Ist erst die Hälfte der Zeit vorbei, vergeht der Rest wie im Flug. Elf Monate sind gekommen und wieder gegangen und plötzlich finde ich mich beim Packen wieder. Bedächtig nehme ich die Fotos von der Wand meines Zimmers, bis sie wieder weiß ist. Die Bilder verstaue ich sorgfältig in meiner großen Reisetasche. Immer weniger, so stelle ich jetzt zufrieden fest, habe ich sie eingehend und sehnsüchtig betrachtet. Irgendwann war es mir gelungen, die Erinnerungen an zu Hause, die mich eine Zeitlang wie Zügel lenkten, loszulassen und gedankenlos in der Gegenwart zu leben. Ich freue mich grenzenlos auf die Heimreise. Aber es tut gut, zu wissen, in der Fremde überlebt zu haben. Und nicht nur das, ich habe sogar Gefallen an ihr gefunden. Statt in bekannte Gesichter blickte ich in neue. Ich traf Entscheidungen, die bisher in den Handlungsbereich meiner Eltern fielen und ich fand mich in Situationen wieder, auf die ich mich im Voraus nicht hatte einstellen können. Nicht selten hätte ich mich gern gewohnter Muster und Menschen bedient, aber sie gab es nicht. Es blieb mir nichts anderes übrig, als mich ohne sie zurechtzufinden.

(4) Zwischenspiel

»Die große Unbekannte ruft meinen Namen.«

Ein Jahr später, im Verlauf meines Sportstudiums in Leipzig, bemerke ich, dass ich an der Idee Gefallen finde, noch einmal ins Ausland zu gehen. Es ist ein Gedanke wie Zuckerwatte: So klebrig, dass ich ihn nicht mehr losbekomme, aber auch formbar in jegliche Richtung. Was mich treibt, ist das Bedürfnis, mich den Herausforderungen eines Auslandsaufenthalts nochmals zu stellen. Schaue ich auf mein Jahr in England zurück, höre ich im gleichen Moment den Lockruf der Fremde. Die große Unbekannte ruft meinen Namen. Die wahre Bedeutung der Erfahrungen, die ich während meiner Au-pair-Zeit sammelte, erfasse ich erst jetzt, nach meiner Rückkehr, nach und nach. Es lässt mich nicht los zu wissen, dass es etwas gibt, das über den Gleichklang meines Studentenlebens hinausgeht. Eine anregende Unterhaltung mit Kerstin, einer Kommilitonin, die gerade von einem halbjährigen Aufenthalt in Australien zurückgekehrt ist, fällt bei mir auf fruchtbaren Boden und der Gedanke erwacht, es ihr gleich zu tun. Wäre sie auf Gaugh Island gewesen, hätte es mich wohl dorthin verschlagen. Es geht nicht um Australien, nicht England oder China. Nur durch Zufall wird es Australien, auf das ich nun mein Bedürfnis nach Reisen richte.

Ich habe ein Ziel, das mir hilft, mein Studium konsequent zu verfolgen, so dass ich mir einen Zeitpuffer verschaffe, um dem Ruf der Ferne folgen zu können. Ich nutze die zeitlichen Freiheiten meines Studentendaseins und setze mehrere Hebel in Gang. Mein Grundstudium zur Sportlehrerin möchte ich bis zur Abfahrt beendet und eine Arbeitserlaubnis für Australien in der Tasche haben. Letzteres unterliegt 1997 noch nicht dem eigenen Gutdünken. Seitenweise erkläre ich der australischen Botschaft meine besten Absichten, ihr Land zu bereisen und mich nur deshalb um eine Arbeitserlaubnis zu bemühen, um mir mit den verdienten Groschen ausreichend Zeit zum Kennenlernen der wahren Schönheit und Vielfalt ihres Kontinents zu erwirtschaften.

Auf meine ausführlichen und wohlformulierten Zeilen erhalte ich die knappe Antwort, die Chancen stünden fünfzig-fünfzig und in Erwartung der Entscheidung solle ich mich in Geduld üben. Bald muss ich annehmen, den Mitarbeitern sei etwas Schreckliches zugestoßen, denn es folgen drei Monate Funkstille.

Werde ich sensibler kurz vor meiner Abreise? Empfänglicher für alles Leben um mich herum? Die Tage nehmen an Intensivität zu. Sie werden so abwechslungsreich und farbenfroh, dass ich es kaum noch aushalte. Meine letzten Wochen kommen einem Theaterstück gleich mit zahllosen Darstellern und Szenen. In jeder einzelnen spiele ich meine Rolle und ich werde ein wenig müde vor lauter Leben. Als das Datum meiner Abreise dann mit dem auf dem Kalender übereinstimmt und ich dann doch mit einer Arbeitserlaubnis Australien ansteuere, kommt es mir so vor, als hätte ich keinen Tag länger diese Lebensvielfalt ertragen können. Nun nach Australien zu fliegen erscheint mir fast, wie durchzuatmen, Luft zu holen. Die Abwechslung, die ich mir von dem erneuten Auslandsaufenthalt versprach, hat längst eingesetzt.

(5) Backpacker in Australien - 1997

»Wie viel Zeit hast du?« – »Ein Jahr.«

Kurz nach Mitternacht setzt die Maschine am 9. November 1997 in Melbourne auf. Australien, ich komme! Ein Mann mittleren Alters winkt mich an der Abfertigung zu sich heran. »How long do you want to stay here? What do do you want to do?«, empfängt mich der Zollbeamte mit australischem Akzent. Während er meinen Rucksack, den ich zu Hause mühselig unzählige Male gepackt, ausgepackt und wieder neu eingepackt hatte, um alles, was wichtig war, unterzubekommen, während er ihn also dessen ungeachtet ausräumt und auf seinen Inhalt überprüft, stehe ich ihm Rede und Antwort. »Please unroll your tent!«, fordert er mich auf, also rolle ich mein Zelt aus, woraufhin er es mit Desinfektionsspray besprüht. Auf seine Anweisung hin halte ich ihm des Weiteren meine Wanderschuhe entgegen, die mit dem Spray ebenfalls von möglichen unerwünschten Insekten, Bakterien und Keimen befreit werden. Er erscheint nicht direkt herzlich, dieser Empfang. Fast komme ich mir wie eine Ausgestoßene vor.

Schließlich habe ich die Pass- und Zollkontrolle erfolgreich überwunden. Etwas verloren stehe ich nun in der riesigen Wartehalle des Melbourner Flughafens. Meine Augen suchen sie langsam nach irgendetwas ab und bleiben dabei an einem öffentlichen Telefon hängen. Zielstrebig steuere ich darauf zu, denn plötzlich verspüre ich das starke Verlangen, mit meinen Eltern zu reden. Ich wähle ihre Nummer und während ich auf die Verbindung warte, steigt ein mir mittlerweile bekanntes, obgleich befremdliches Gefühl auf. Ein Knacken und Knirschen ist in der Leitung zu vernehmen, dann der vertraute Rufton. Mein Vater nimmt ab und wir wechseln die ersten Worte.

Es klingt, als stünde er neben mir, so gut ist die Verbindung. »Ich bin gut gelandet, alles ist in Ordnung!« Und schon schiebt sich ein unaufhörliches Schlucken in meine Sätze, mit Hilfe dessen sich mein unangenehmes Gefühl Ausdruck verleiht. Die Tränen drängen nur so nach draußen. Sie rinnen schneller als ich meine Worte formulieren kann und behindern mich dabei ohnehin. Also hänge ich lieber auf, denn im Grunde bin ich voller Vorfreude: Endlich bin ich in Australien.

Meine jungfräuliche Nacht auf diesem fernen Kontinent verbringe ich auf einer bequemen Sitzgruppe des Flughafens. Mein Gepäck sichere ich gegen fremden Zugriff, indem ich es unter und neben mir verstaue. Mit noch feuchten Augen, doch mit einem Lächeln auf den Lippen strecke ich alle Viere von mir und schlafe schließlich in der Wartehalle ein. Stunden später holt mich ein reges Stimmengewirr aus den Träumen in die Wirklichkeit zurück, wobei es zwei verstörter Minuten bedarf, bis ich meinen Platz in ihr gefunden habe. Als ich meine Augen aufschlage, erblicke ich einen Mann am Rand der Sitzgruppe. Ende dreißig wird er sein, mit einem karierten Hemd, einer Sonnenbrille und einer Zeitung, in der er gelangweilt blättert. Umständlich befreie ich mich aus meinem Gepäckgefängnis, da schaut er amüsiert zu mir hinüber und wir beginnen ein ungezwungenes Gespräch. Er bemerkt meine Unwissenheit darüber, wie ich in die Stadt gelange und darüber hinaus über die Tatsache, dass sich die Planung meiner kommenden Tage erst in einer Art Vorbereitungsphase befindet. Instinkte der Gastfreundlichkeit und Hilfsbereitschaft erwachen in dem Australier und eine Minute später zerrt er mich förmlich in einen Buchladen. Den Verkäufer fragt er freundlich, ob er sich einen Stadtplan ausleihen darf und kurze Zeit später liegt er ausgebreitet – der Stadtplan – vor mir.

»Also, da ist Flinders Street und dort halten die Flughafenshuttle, hier ist das Stadtzentrum … . « Er wird langsamer in seinen Erklärungen. Er wird doch nicht einschlafen? Oder hat er es sich anders überlegt?

»Wie viel Zeit hast du?«, fragt er mich da.

»Ein Jahr.«, ist meine Antwort. Wir müssen beide grinsen.

»Nein, ich meine, hast du es eilig, vom Flughafen fortzukommen?«

»Nein, natürlich nicht, ich liebe Flughäfen. Wer will schon Land und Leute sehen?«

Er wirft mir einen abschätzenden Blick zu und lacht laut auf. Der Funke ist übergesprungen.

»Okay, junges Fräulein, ich bin Matt und wenn du willst, wartest du eine halbe Stunde mit mir auf einen Freund und dann nehmen wir dich mit in die Stadt. Einverstanden?«

Und wie einverstanden ich bin! Eine Stunde später sitze ich mit den beiden im Auto und steuere in meinem Privattaxi auf Melbourne zu. Matt und sein indonesischer Freund unterhalten sich vorn auf Indonesisch. Mein Blick hängt draußen am grenzenlos blauen Himmel und den zahllosen grünen Palmen.

»Möchtest du bei uns frühstücken und eine erfrischende Dusche nehmen?« Matt hat sich zu mir umgedreht und schaut mich fragend an. ›Genauso hab ich mir das vorgestellt‹, ist alles, was ich denke, und ich nehme ohne zu zögern die Einladung an. Wenn hier etwas nicht stimmen würde, dann wären wir uns nicht auf diese Weise begegnet, dessen bin ich mir sicher. Von Beginn an vertraue ich diesem Mann, der mich nun zufrieden anschaut und sich anschließend wieder nach vorn dreht. Einen perfekteren Einstieg kann es nicht geben. Diese Feststellung bestätigt sich, als aus der anfangs freien Taxifahrt drei Tage kostenlose Unterkunft werden, denn Matt händigt mir nach dem Frühstück einen Wohnungsschlüssel aus. Ich hinterfrage das Privileg nicht, mit dem ich meine ersten Schritte auf diesem fremden Flecken Erde aus einer unschätzbaren Sicherheit heraus setzen darf. Doch ich nehme es dankbar in beide Hände.

Nur zehn Minuten Fußweg von meiner privaten ›Jugendherberge‹ benötige ich und schon bin ich an der

Südsee. Eine ganz passable Strecke zum Beine vertreten und ein schönes Fleckchen zum Sport treiben, wie ich feststelle, als ich bei meinem ersten Lauf zahllosen Joggern, Walkern, Inlineskatern und Fahrradfahrern begegne. »How are you?«, ruft mir plötzlich ein Mann im Vorbeijoggen zu. Ich bin überrascht und weiß nicht, wie ich ihm begegnen soll. »Gut«, das wäre gelogen, schließlich kämpfe ich mit der Zeitverschiebung und meine Beine fühlen sich an, als seien sie mit Blei gefüllt. Für welche Antwort ich mich entscheide, ist allerdings egal, denn kaum gefragt, hat er auch schon wertvolle Meter zwischen uns gebracht. Soll ich ihm hinterher? Wo er doch so interessiert war. Erst allmählich lerne ich, dass das australische »How are you?« unserem »Hallo!« gleich kommt. Eine Begrüßungsfloskel, der ich anfangs häufig zum Opfer falle, indem ich zum Beschreiben meines aktuellen Zustandes ausholen möchte, während die fragende Person längst über alle Berge ist oder sich bereits um die Befindlichkeit des Nächsten kümmert. Es ist eine angenehm lockere Art, die mich in Verbindung mit den täglich großzügig verteilten Sonnenstrahlen in eine gänzlich entspannte Stimmung versetzt. Ich lasse mich gern von ihr einnehmen und als ich die Tür meiner ersten Privatunterkunft in Melbourne ein letztes Mal hinter mir zuziehe, beginnt die Reise durchs Land.

Gemächlich treibe ich nun Richtung Sydney. Langsam will ich entlang der Ostküste gen Norden ziehen und anschließend durch das Herz des Landes den Rückweg antreten. Dafür habe ich ein Jahr Zeit, das ich als eine ›arbeitende‹ Entdeckungsreise verleben möchte. Denn die Arbeit hier soll nicht allein Mittel zum Zwecke des finanziellen Überlebens sein. Vielmehr verspreche ich mir von ihr die Möglichkeit, Australien und seine Leute ungeschminkt, und wie sie sind, kennen zu lernen.

In Sydney angekommen, fühle ich mich fast ein wenig heimisch. Die Stadt ist genauso groß, luftverschmutzt und laut wie London. Unzählige Wolkenkratzer bilden über meinem Kopf eine geschlossene Decke, die in mir das beklemmende Gefühl hervorruft, aus diesem Betongewimmel keinen Ausweg zu finden. Fünf Wochen vor dem christlichen Fest ist die Stadt gut mit Besuchern gefüllt, so dass an den Wänden der Backpacker[1], den Unterkünften für den budgetbewussten Reisenden, so häufig ›No Vacancy‹ Schilder prangen, dass man meinen könnte, sie sind Teil des Weihnachtsschmucks. Infolgedessen muss ich mich in meiner ersten Nacht mit einem Zimmer mit ansprechenden kahlen Wänden und romantischen Blick auf die zwei Meter gegenüberstehende Hauswand zufrieden geben. Bereits am nächsten Tag kann ich mich jedoch in einer kleinen, angenehmen Unterkunft einnisten und mit meiner ersten Arbeitsuche beginnen. Die fünf Zimmergenossen, mit denen ich das Zimmer teile, verfolgen das gleiche Ziel, das verbindet. Die Art des Jobs unterscheidet sich grundlegend, das kann trennen. Denn, während sie eine Arbeit wünschen, der ich meiner Meinung nach auch in Düsseldorf oder Berlin nachgehen könnte, bin ich auf der Suche nach etwas Ländlichem. Schließlich hatte ich meinem Bewerbungsschreiben bei der Botschaft die Bemerkung beigefügt, unbedingt dieses so interessante Outback kennen lernen zu wollen. Und ich halte gern mein Wort. Nur gehen die Tage erfolglos ins Land, denn 1997 gibt es noch keine ›Work and Travel‹-Vereinbarung zwischen Deutschland und Australien und damit auch keine Arbeit vermittelnden Organisationen. Ich bin auf mich gestellt und bald leidet die Euphorie des Anfangs unter der Erfolglosigkeit meiner momentanen Arbeitsuche.

»«

Zusätzlich trägt eine lange Kommunikationspause zwischen meiner Heimat und mir zu meiner niedergeschlagenen

[1] Als Backpacker wird auch der Rucksacktourist bezeichnet.

Stimmung bei. Mir ist die virtuelle Kommunikation momentan eher fremd, ich konzentriere mich lieber auf Tinte und Papier. Doch ehe mich hier persönliche Zeilen erreichen, muss anfänglich eine Ewigkeit vergehen, und das aus folgendem Grund: So ganz ohne feste Bleibe offeriert mir – nicht ganz überraschend – das Postamt mit seiner Poste Restante-Abteilung die einzige Möglichkeit, Briefe zu erhalten. So hatte ich recht schnell nach der Landung auf australischem Boden meinen Freunden diese postale Adresse aus Melbourne zukommen lassen. Ganz gleich, wohin es mich in ihrem weiten Land verschlagen sollte, so versicherten mir vor wenigen Wochen die freundlichen Mitarbeiter des Postamtes mit inniger Hingabe, kostenlos würden sie die an mich adressierten Schreiben an jenes Briefzentrum weiterleiten, welches sich zum entsprechenden Zeitpunkt in meiner Nähe befände. Jetzt in Sydney will ich diesen Service erstmalig in Anspruch nehmen und unterhalte mich mit zwei Angestellten lächelnd, verständnisvoll und gutgläubig. Ein Anruf in Melbourne genüge, Postehrenwort, zur Veranlassung der Zusendung. Gesagt, getan! Vier Tage später rücke ich mit großen Taschen zum Einsacken meiner Post an, doch sie bleiben vorerst leer. Ein anderes Gesicht hinter dem Schalter empfiehlt mir, einen kurzen schriftlichen Auftrag nach Melbourne zu schicken; das würde die Erfolgschancen bei meinem nächsten Abholversuch potenzieren. Ich schicke also ein kleines, freundliches Anschreiben los. Argwohn ist geboren. Weitere Tage vergehen.

Die Briefe an mich dürften sich mittlerweile gehäuft haben. Ich überlege, ob ich mit der Schubkarre los soll, entscheide mich jedoch dagegen und liege mit dieser Entscheidung richtig. Ein weiterer, wiederum völlig ahnungsloser Angestellter rät heute, doch noch einmal in Melbourne anzurufen. Entgeistert schaue ich ihn an. Irgendwie kann ich mich des Eindrucks nicht erwehren, dass die Angestellten in Bezug auf ihre Poste Restante-Abteilung eine gewisse Ahnungslosigkeit plagt. Entweder sind die vom Chef gegebenen Anweisungen multipel interpretierbar, die Mitarbeiter wurden nach gänzlich verschiedenen Systemen eingewiesen oder ein ständig wechselnder Chef sorgt für willkürliche Änderungen. Mein Gegenüber bietet mir das Diensttelefon an, also wähle ich die Nummer des Postamts in Melbourne. Opfer meiner mittlerweile arg strapazierten Geduld wird ein junger Mann, der gerade den Schulungsraum verlassen haben muss. Völlig erhaben teilt er mir am anderen Ende der Leitung mit, dass ich selbstverständlich ein Formular ausfüllen müsse (»Hat Ihnen das denn keiner gesagt?«) und ich natürlich auch eine Gebühr für diesen Service auszurichten hätte. Kommentarlos lege ich auf und die Angestellten im Postamt, in dem ich mich befinde, befördern nach langem Kramen tatsächlich das besagte Formular zutage.

Ich habe aufgehört mitzuzählen, wie oft ich bereits erfolglos die Post betreten habe. Als ich sie nun ein weiteres Mal aufsuche, befinde ich mich eigentlich auf dem Weg zum Bahnhof. Ich habe mich entschieden, für einige Tage die Stadt zu verlassen, denn die Hektik der Großstadt legt sich auf mein Gemüt und der ausbleibende Erfolg bei der Arbeitssuche verstärkt meine Schwermut. Langsam werde ich unruhig, schließlich bin ich bereits einen Monat unterwegs, ohne Aussicht auf Arbeit. Gern würde ich auf andere Gedanken kommen und möchte deshalb Jörg und Heidi Wichmann besuchen, die in Charmhaven, nur neunzig Minuten nördlich von Sydney, wohnen. Diese wertvolle Adresse hatte mir mein Vater kurz vor der Abreise mit auf den Weg gegeben, frei nach dem Motto, er kenne da jemanden, der jemanden kennt, der jemanden kennt, der die beiden – wo war ich? Zu meiner Freude hatten sie sich bereit erklärt, mich willkommen zu heißen, sollte ich in der Nähe sein. Also werde ich heute die nötigen Kilometer zurücklegen, um diesen bedingenden Zustand herzustellen. Aber zuvor schaue ich noch kurz in der Post vorbei, auch wenn sich meine Erwartungen nahe Null befinden.

Als ich an den Schalter herantrete, meine Bitte vorbringe und meinen Reisepass zeige, dreht sich der Angestellte um, geht nach hinten und schaut in einige Regale. Hoch konzentriert verfolge ich jede seiner Bewegungen. Meine Augen hängen an seiner Mimik, die ich in Hinsicht auf den Erfolg oder Misserfolg meines heutigen Unterfangens zu interpretieren versuche. Gelangweilt kommt er schließlich zurück, einen großen Stapel unter seinem Arm. Zuerst will ich ihm die Briefe entreißen, da breitet sich plötzlich eine tiefe Ruhe in mir aus. Mit einer mich selbst überraschenden Gelassenheit, der Gelassenheit einer Siegerin, nehme ich die Schriftstücke an mich und danke dem Mitarbeiter aufs Herzlichste. Dann verlasse ich das Gebäude und gehe mit den noch ungeöffneten Briefen zum Bahnhof.

Während der Stunden im Zug kann ich mich meiner intensiven Gefühle kaum erwehren. Mit fahrigen Händen öffne ich endlich die heißersehnten Briefe und haste mit gierigen Augen über die mir anvertrauten Gedanken. Wie wertvoll sind diese Zeilen, die eine so lange Reise hinter sich haben! Im gleichen Augenblick entwickle ich eine große Vorfreude auf die Menschen, die zu besuchen ich jetzt im Begriff bin. Zwar kenne ich sie nicht, dennoch stellen sie eine Verbindung zu meinem deutschen Zuhause dar. Ich lehne mich zurück und schaue aus dem Fenster. Die Fahrt führt mich vorbei an saftigen, grünen Wäldern, kleine Hügel erheben sich zaghaft in der Landschaft. Die Gegend um den Hawkesbury River gefällt mir. Das Licht der späten Nachmittagssonne verfängt sich in den Bäumen. Mir scheint, als spiele die Natur mit sich selbst. Als jage der Schatten die Sonne oder die Sonne den Schatten. Ich schaue wieder auf meine Briefe. Zum zweiten und dritten Mal lese ich die Zeilen, um trotz all meiner Aufregung ihren Sinn zu erfassen.

Dann komme ich bei Jörg und Heidi an. Vor fünf Jahren sind die beiden mit ihren Kindern Oli und Angela aus Deutschland ausgewandert. Zu diesem Zeitpunkt war alles noch etwas einfacher und ein in Australien ansässiger Opa von Heidi genügte als Voraussetzung für eine Auswanderung unter der Rubrik ‚Familienzusammenführung'. Heute müssen weitaus mehr Kriterien erfüllt werden, um in Australien sesshaft zu werden, die goldenen Zeiten des Ansiedelns sind vorbei.

Was Familie Wichmann und mich verbindet, ist die gemeinsame deutsche Heimatstadt Magdeburg und, wie sich herausstellt, auch die gleiche Wellenlänge, auf der wir sind. Es ist der Anfang einer engen Freundschaft – die damit beginnt, dass ich bei ihnen dusche. Welche Wohltat, seit Wochen erstmals ohne Eile zu sein. Hier warten keine weiteren Backpacker mit trommelnden Fingern, auf das heiße Wasser aus dem Duschkopf. Wie entspannend, ins Bett zu gehen, ohne dafür zu bezahlen und nachts nicht versuchen zu müssen, so leise wie möglich, noch besser so wenig wie möglich, zu atmen, um die Bettnachbarn nicht zu wecken. Es ist schön, Teil dieses Familienlebens zu sein. Die Kinder gehen zur Schule, gemeinsam wird zu Abend gegessen, Streit und Harmonie in der Familie – das Übliche.

Am zweiten Abend werde ich traurig, da mir klar wird, dass diese geliebte und sorglose Routine meiner eigenen Kindheit bereits der Vergangenheit angehört. Mittlerweile bin ich den Kinderschuhen entwachsen. Mit meinem Weggang nach England vor drei Jahren war meine Kindheit plötzlich vorbei, ohne dass es mir bewusst gewesen wäre. Das erkenne ich hier, jetzt, wo ich daran erinnert werde, wie es einmal gewesen ist. Und es trifft mich völlig überraschend. Nun bin ich 21 Jahre, unabhängig und trage Verantwortung für mich selbst – eine geliebte Freiheit, mit der es mir nur momentan etwas schwer umzugehen gelingt. Deshalb bin ich umso dankbarer, bei Wichmanns für ein paar Tage zur Ruhe kommen und mich in Geborgenheit wähnen zu dürfen.

Bei lauen Temperaturen sitzen wir eines abends in ihrem Garten, umgeben von dem permanenten Zirpen der Grillen. Wir trinken Wein und halten lange Reden über das Leben. Mein Glas in der Hand haltend beobachte ich einige Minuten den Wein, als wäre er kein Getränk, sondern ein Kunstwerk, das es zu studieren gilt. Je mehr ich von diesen köstlichen Tropfen zu mir nehme, desto differenzierter scheint mein Geschmack zu werden. Es ist mehr als der Wein, den ich schmecke. Bis spät in die Nacht philosophieren wir über das Dasein des Menschen.

Nach wenigen Tagen habe ich aufgetankt. Zuversichtlich kehre ich nach Sydney zurück. Und siehe da, nach vielen kleinen Tiefschlägen reißt der Himmel schlagartig über mir auf. Am schwarzen Brett meiner Unterkunft entdecke ich ein Informationsblatt von *Visitoz*, einer Organisation, die Farmarbeiten vermittelt. Ich kann es kaum glauben. 24 Stunden nach meiner Rückkehr nach Sydney bin ich mit einem Arbeitsversprechen und einem Fahrschein für den Zug ausgestattet, der mich zur ersten Farm bringen wird.

»«

Als der Zug nach drei Stunden in Moss Vale einrollt, steht May, die Farmerfrau, bereits am Bahnhof, um mich abzuholen. In ihrem alten Jeep fahren wir weitere neunzig Minuten. Je mehr Kilometer wir zurücklegen, desto verlassener wird die Gegend. Bald löst eine unbefestigte Straße den Teer ab. Mehrere Male steige ich aus, um alte, quietschende Tore zu öffnen und hinter dem Auto wieder zu schließen. Die Zivilisation haben wir verlassen. Ich bin umgeben von unendlichen Feldern vertrockneten, gelben Grases. Stille und Hitze haben sich über das Land gelegt. Die Stimmung löst ein eigenartiges Gefühl in mir aus. Schließlich rollen wir auf meiner Arbeitsstätte ›Tugalong Station‹ ein. Ich werde mit dem Personal bekannt gemacht und mir wird ein

Zimmer in einer kleinen Hütte, einige hundert Meter vom Hauptgebäude entfernt, zugewiesen. Abends mache ich einen kleinen Spaziergang, tief bewegt von der Schönheit und Ruhe der Gegend. Endlich bin ich dort, wohin ich mich seit Wochen sehne. Doch erst jetzt werde ich mir dessen bewusst.

Mit einer Tasse Kaffee trete ich am Morgen nach meiner ersten Nacht vor die Tür und die Bewohner, die mir gestern nicht vorgestellt wurden, holen das jetzt unaufgefordert nach. Bei dem Versuch, mein Heißgetränk zu schlürfen, stürzt plötzlich ein ganzes Bündel schwarzer Fliegen unverfroren auf meine Lippen. In Massen krabbeln sie hektisch auf meinem Mund oder auf dem Tassenrand umher und als ich es nach einer Weile aufgebe, den Inhalt meiner Tasse in meinen Magen zu verlagern, begnügen sie sich eben damit, den Eingang meiner Nasenlöcher zu verschließen und ein nerviges Geräusch in meinen Ohren zu veranstalten. Nach fünf Minuten habe ich das Ganze satt und flüchte ins Haus. Willkommen im Outback! Diese Viecher sind eine Plage. Ob die Sonne scheint, gerade untergeht oder auch, wenn es regnet, immer sind sie zugegen. Mit der Zeit gewöhne ich mich an ihr ständiges und zahlreiches Dasein und ich ordne mich ihrem lästigen Verhalten unter. Anfängerfehler, wie das Essen oder der ›ungeschützte‹ Aufenthalt im Freien unterlaufen mir bald nicht mehr. Ich gehe nicht mal eben vor die Tür und beginne mit der Arbeit, nein. Erst einmal wird Sonnencreme aufgetragen, dann gibt es eine dicke Schicht Insektenschutz, Sonnenbrille, Hut – und dann kann's auch schon losgehen. Das bedeutet, dass ich mit der nackten Hand nicht einfach mal nach einem erfrischenden Apfel greifen kann. Nun, greifen kann ich ihn schon, aber um ihn zu essen, muss ich zunächst Hände und Mund von den Chemikalien befreien und fünf Minuten später, wenn die Arbeit ihre Fortsetzung findet, gibt es erst eine Schicht Sonnencreme, dann – na ja… Nachdenklich betrachte ich oft die Kühe und frage mich, wie sie sich wohl fühlen, so ganz ohne Insektenschutz.

Etwas überrascht nehme ich nach meinem ersten Frühstück die Anweisungen meiner Chefin entgegen. Meine Vorstellungen von Farmarbeit sind scheinbar veraltet, denn die Wissenschaft des Putzens wird mir nahe gebracht. Mit zwei weiteren europäischen Mädels bin ich fortan Hausmädchen auf einer Urlauberfarm, auf der ausschließlich asiatische Touristen in Scharen aus den Bussen gespieen werden, um deren Wohl es sich für uns, mit all unserer Fürsorge, zu kümmern gilt. Essen bereiten, Zimmer aufräumen, ihnen die Wünsche von den Augen ablesen, freundlich und zuvorkommend lächeln, den Po abw…, ach nein, das schaffen sie allein.

Trotz allem bin ich glücklich über meinen Arbeitsplatz. Wo ich auch hinschaue, ist Raum und Leere. Nichts, was stört. Vereinzelt sind ein paar Eukalyptusbäume auszumachen, ein kleiner Bach schneidet das flache, trockene Land. Die nächste Farm ist mit dem bloßen Auge nicht zu erkennen. Zu vernehmen sind allein die Stille und die Tiere. Das Krähen der Raben gleicht quengelnden Kindern, die Pferde wiehern, die Rinder muhen; Solisten, eingebettet in das harmonische Orchester der Grillen. Die Hitze, an die ich mich erst gewöhnen muss, wird durch die mich umgebende Ruhe verstärkt. Bereits um acht Uhr schlägt sie erbarmungslos zu, so dass ich zu Beginn meines Hierseins fast durchgängig mit Kopfschmerzen kämpfe. Oft ist mir schummrig und wie erschlagen schlafe ich häufig in meiner Mittagspause ein. Das Klima ist das Anstrengendste von allem. Die Tage erscheinen mir zäher, langsamer als die meines bisherigen Lebens. Die Arbeit hält mich gut beschäftigt, mit Sandra und Jozette verbringe ich freie Zeit, viele Briefe schreibe ich und doch, die Tage dauern länger. Dieser Meinung bleibe ich selbst nach wiederholtem Uhrenvergleich. Hier umfasst der Tag-Nacht-Zyklus ebenfalls 24 Stunden. Die Zeit vergeht, keine Frage. Es ist nur, als hätte jemand einen Gang herausgenommen aus dem Motor, der das Leben vorantreibt.

Bald habe ich mich mit Donna, einer Angestellten, angefreundet. Gelegentlich besuche ich sie zu Hause. Beim ersten Mal bin ich überrascht, denn sie bewohnt eine völlig andere Art Bleibe, als ich es bisher kannte: Ein Wohnwagen als Schlafzimmer, vorneweg ein paar Wellblechwände zusammengezimmert zu einem Wohnzimmer und einer Küche. Licht spendet eine Glühbirne, zwei mit Gas betriebene Kochflächen dienen als Herd. Eine im australischen Outback gängige Standardeinrichtung. Elementar und inmitten der Natur. Sie gefällt mir. Als ich wieder einmal hier bin, ergibt sich eine gute Gelegenheit zum Telefonieren, denn der australische Telefonanbieter hat gerade einen günstigen Auslandstarif und ich rufe für einen minimalen Betrag Uwe, einen Freund in Deutschland, an.

Mit ihm habe ich mich vor einigen Wochen angebrüllt, allerdings nur der schlechten telefonischen Verbindung wegen. Das war in Buchan, einer kleinen Ortschaft, in der ich auf meinem Weg von Melbourne nach Sydney einige Tage Zwischenstopp einlegte. Handylos wie ich war, trottete ich zum Telefonieren brav zu einer Telefonzelle und wartete, bis die vor mir eingetroffenen Personen sich mit ihren Gesprächspartnern am anderen Ende der Leitung den aktuellsten Klatsch und Tratsch ausgetauscht hatten. Das Telefonieren von Australien nach Deutschland ist verhältnismäßig teuer, aber in Buchan konnte ich Auslandsgespräche für nur vierzig Australische Cents pro Anruf führen. Ein Fehler im System einer öffentlichen Telefonzelle ermöglichte diese Besonderheit, wegen derer allein das Verweilen schon lohnte. Dementsprechend lang war auch die Schlange vor der Zelle und zeitig war ich aufgestanden, um eine realistische Chance auf ein Telefonat zu haben. Die gewünschte Gesprächsharmonie mit Uwe musste sich allerdings der schlechten Verbindung unterordnen. Fragen und Antworten überschnitten sich häufig aufgrund der verzögerten Übertragung oder ein lautstarkes Wiederholen des zuvor Gesagten unterbrach den Gesprächsfluss, aber irgendwann hatten wir den Dreh heraus.

Die jetzige Unterhaltung mit Uwe ist nach zwei Stunden beendet. Über den Inhalt sinnierend fahre ich zurück zur Farm. Ein Blick in den Rückspiegel, in dem nichts als ein rotes, staubiges Wolkenband auszumachen ist. Es scheint sich zwischen das eben geführte Gespräch und meine momentane Realität zu legen. Zurück auf der Farm holt mich die Nachricht über meine Kündigung gnadenlos in die Wirklichkeit zurück. Aufgrund schwindender Touristenzahlen muss die Leitung Kosten sparen, also Mitarbeiter. Die, die zuletzt kommen, gehen zuerst, so ist das nun einmal. Mein erster Arbeitseinsatz ist somit eher beendet als geplant. Nachdem ich einige Zeit wie vor den Kopf geschlagen vor meiner Hütte saß, beginnt sich mein Gedankenrad wieder zu drehen. Auf dessen Funktionieren ist immer Verlass. Ich gehe verschiedene Optionen durch und greife dann zum Telefon. Wieder ein Gespräch, dieses Mal mit Matt. Seitdem ich Melbourne verlassen habe, sind wir telefonisch in Kontakt geblieben. Die Verbindung mit ihm gibt mir in diesem fernen Land das Gefühl von Nähe. So, wie ich bei Wichmanns für wenige Tage den Status einer Reisenden gegen den einer Dazugehörigen eintauschen konnte, so ähnlich ist es auch bei Matt. Neben der Chance, in diesem phantastischen Land Unbekanntes zu entdecken, ermöglicht er mir eine weitere Dimension des Erlebens. Aus den Kontakten zu Einheimischen spinnen sich Fäden, die das mir Fremde und Unbekannte vertrauter, die aus meinem Australienaufenthalt mehr als einen Urlaub machen. Ich bin nicht nur unterwegs, sondern gleichzeitig auch da. So wie jetzt Matt. Als ich versuche, ihn zu erreichen, nimmt er ab. Gerade selbst im Urlaub, besucht er Verwandte in der Nähe von Sydney. Er ist vier Stunden Autofahrt von unserer Farm entfernt. Ein Katzensprung für australische Verhältnisse.

»Wie wär's mit einem persönlichen Abholdienst von deiner Arbeit?«, fragt er mich.

»Schrecklich!«

»Okay, wann soll ich da sein?«

»In zwei Tagen, 17 Uhr!«

Dann legen wir auf und ich kann kaum aufhören zu lachen. So einfach ist das also hier, mit veränderten Situationen umzugehen. Wo ich vor acht Stunden noch davon ausging, die nächsten zwei Wochen auf ›Tugalong Station‹ zu arbeiten, stehen mir völlig unerwartet einige Tage mit Matt bevor.

›Dennoch schade, die Farm jetzt schon zu verlassen‹, denke ich während der letzten Nacht auf ›Tugalong‹. Mein Blick wandert zum Fenster. In der Dunkelheit versuche ich etwas auszumachen, von dem ich weiß, dass es da ist. Es mit den Ohren einzufangen, ist allerdings wesentlich einfacher. Also schalte ich die Nachttischlampe aus. Tief kuschle ich mich in mein Kissen, lausche dem Zirpen der Grillen und der endlosen Stille des Outbacks. Doch da ist noch etwas: Unruhe. Verbirgt sich hinter ihr die Vorfreude, die ausschließlich durch Telefonate aufgebaute Nähe mit Matt in Kürze von Angesicht zu Angesicht zu erleben? Auf alle Fälle macht sie mich neugierig und gespannt. Erst recht, da sich alles völlig unerwartet einstellt.

»«

Zwei Tage später warte ich auf Matt. Meine Arbeit ist beendet, der Abschied von den Menschen, die in den letzten drei Wochen meine Bezugspunkte waren, vollzogen. Mit meinem großen Rucksack sitze ich nun an der Farmeinfahrt. Dreißig Minuten sind bereits verstrichen, ohne dass etwas passiert ist. Die Zeit vergeht, kein Motorengeräusch, kein Auto, kein Matt. Die sengende Hitze macht es nicht unbedingt angenehmer. Meine Wasserflasche ist längst ausgetrunken, der letzte Tropfen verdunstet. Ein Blick auf die Uhr. So groß wie das Land ist wohl auch der Zeitrahmen für getroffene Verabredungen. Aber, Vorfreude ist die schönste Freude, tröste ich mich.

Dann vernehme ich das dumpfe Geräusch eines Autos. Bitte, lass es Matt sein! Ich will doch endlich in die Stadt, nach zwei Tagen der Vorfreude lechze ich nach Abwechslung. Von meinem schattigen Plätzchen unter dem Baum erhebe ich mich und erspähe ein altes, blaues Auto. Ja, das muss er sein. Der Wagen kommt näher, biegt von der Hauptstraße ab und rollt in der Farmeinfahrt langsam auf mich zu, eine rote Staubwolke im Schlepptau. Schließlich kommt er zum Stehen, der Motor läuft weiter. Matt steigt aus, die Sonnenbrille auf den Augen.

Nach einem kurzen »Hallo« steige ich ein. Eine Stunde später sind wir in Moss Vale. Der Ort zeichnet sich lediglich durch ein paar Häuser und Läden aus, in denen man das Nötigste kaufen kann. Nach drei Wochen auf der isolierten Farm erscheint mir dieser kleine Ort wie eine pulsierende Stadt. Wir begegnen einigen Menschen. Nicht vielen, aber zumindest anderen, als denen meiner letzten Wochen. Zu Mittag essen wir im einzigen Pub des Dorfes. Es fühlt sich an, als ginge ich ganz groß aus.

Über drei Tage verteilt, treiben Matt und ich gemütlich zurück nach Sydney. Unseren Weg verlegen wir meist auf Nebenstraßen. Wir besuchen kleine Töpfereien, nehmen an einer Weinverkostung teil und ermöglichen uns in dieser Abgeschiedenheit ein ungestörtes Kennenlernen. Versonnen schaue ich aus dem Autofenster, als wir an unserem letzten Tag Kurs auf Sydney halten.

»Wie ist dein Leben heute?« Ich wende mich zu Matt, der vergnügt das Auto durch die einsame Landschaft lenkt.

»Traumhaft«, gebe ich zurück und kraule ihm seinen Nacken.

›Aber wie lange noch?‹, denke ich bei mir. Wir erreichen Sydney. Eilig schlucke ich mehrmals hintereinander.

»Vorbei ist sie, die Ruhe. Die des Lebens und unseres Miteinanders.«

Ich flüstere und schaue Matt dabei an. Er legt seine Hand zu mir herüber, die ich zärtlich in meine nehme. Streicheleinheiten. Während für uns beide die Zeit stillsteht, chauffiert er den Wagen durch die Hektik Sydneys, vorbei an eilenden Menschen und lauten Autos. Ich möchte nicht sagen, dass mir ihre Geschäftigkeit falsch erscheint. Eher gekünstelt, wo doch das Leben aus etwas ganz anderem bestehen kann als aus Terminen. Dann sind wir am Hauptbahnhof, dem Platz unserer Trennung. »Pass gut auf dich auf!«, mahnt Matt leise, während seine Hand zärtlich über mein Gesicht streicht. Wir nehmen Abschied. ›Wann sehen wir uns wieder?‹, bin ich im Begriff zu fragen, als ich es mir anders überlege. Woher soll er das wissen, wenn doch ich die Reisende bin? Die, die unterwegs ist und sein großes Land erkundet, auf das er so stolz ist. Ich steige in den Bus und drehe mich noch einmal um. Aber Matt ist nicht zu sehen. Einfach weg, nicht mehr da. Ich bin wieder allein. Auf mich gestellt. Ein mir mittlerweile vertrautes Gefühl. Und Matt? Wird er mir fehlen? Seine Existenz vermittelt mir Stärke und Vertrauen, in mich und das Leben. Verloren in diesen Gedanken lasse ich mich von den monotonen Bewegungen des Busses in den Schlaf wiegen.

Wenige Tage später treffe ich in Brisbane ein und kümmere mich um meinen nächsten Job. Alles klappt wie am Schnürchen. Einen Tag nach meiner ersten Anfrage bei *Visitoz* werde ich darüber informiert, wo es Arbeitsbedarf gibt. Das setzt allerdings meine Flexibilität voraus. Denn die Farmen, auf denen Arbeitskräfte gesucht werden, befinden sich selten in nächster Nähe. Um genau zu sein, werde ich achtzehn Busstunden zurücklegen müssen, um zu meinem neuen Arbeitgeber zu gelangen. Der Weg führt in das einsame Landesinnere und wichtige der viel gepriesenen Touristenorte der Ostküste muss ich aus logistischen Gründen auslassen. Die langen Strände der Sunshine Coast oder Fraser Island werde ich nach wie vor nur von Bildern der Reiseführer kennen. Fragen der Rechtfertigung drängen sich auf: Möchte ich wirklich auf die bekannten Urlaubsorte verzichten und stattdessen dorthin, wo mich die Einsamkeit erwartet? Aber es bestehen keine echten Zweifel, denn erstmalig wird mir klar: Ich habe wenig Geld, aber viel Zeit, und dieses Verhältnis bestimmt meinen Aufenthalt. Anstatt des Reiseführers entsprechend die Routen zu wählen, hängt meine Planung eben von den Menschen ab, die ich treffe, und den Jobs, die ich bekomme. Die Ereignisse der letzten Tage sind der lebende Beweis. Von der Arbeit, die mich jetzt erwartet, von der Gegend, in die es mich nun treibt, habe ich nur vage Vorstellungen. Die nächsten Wochen sind finanziell gesichert, ich habe Arbeit, eine Bleibe und werde mir Unbekanntes vertraut machen. Nach mehr suche ich nicht.

»«

Am frühen Abend komme ich nach einer anstrengenden Busfahrt in Clermont an und als ich müde aus dem klimatisierten Bus klettere, erschlägt mich die schwüle Hitze beinahe. Tom, mein neuer Arbeitgeber, holt mich ab. Wie er da so in Arbeitsstiefeln und einem karierten Hemd vor mir steht, dazu einen Hut mit breiter Krempe auf dem Kopf und in abgetragenen Hosen, verkörpert er das klassische Bild eines Farmers. Wir verstehen uns ab dem ersten Moment und die sechzig Minuten Autofahrt zu seiner Farm ›Solferino‹, sozusagen von der Einsamkeit in die absolute Einsamkeit, vergehen wie im Flug.

Die örtliche Abgeschiedenheit der Farmen bedeutet nicht zwangsläufig die geistige Trennung vom Rest der Welt, das wird immer wieder deutlich. Gleich in den ersten Stunden unseres Zusammenseins schüttet mich Tom mit historischen Fakten und Geschichten von A bis Z zu. Was er sich im Selbststudium angeeignet hat, ist beeindruckend. Und das, obwohl er sein ganzes Leben auf der Farm verbracht hat. Mit großem Interesse fragt er mich nach meiner Kindheit in der Deutschen Demokratischen Republik, dem Leben dort und wie ich zu den jetzigen Verhältnissen stehe. Für viele Australier, die ich bislang getroffen habe, ist die deutsche Geschichte ein interessantes Thema. Die meisten von ihnen können sich politische und gesellschaftliche Bedingungen, wie sie vor 1989 bei uns herrschten, nicht vorstellen. Einschränkungen und Probleme des täglichen Lebens resultieren hier im Outback Australiens vorrangig aus den geographischen Bedingungen, jedoch nicht aus gesellschaftlichen Zwängen.

Häufig werde ich mit Fragen zur deutschen Wiedervereinigung konfrontiert. So auch jetzt, während Tom mit mir in einem alten Jeep eine Runde über die Farm dreht. Er scheint keiner konkreten Spur zu folgen, stattdessen lenkt er das Auto querfeldein. Scheinbar wahllos peitscht er uns Böschungen hinauf und wieder hinunter, durch Büsche hindurch und hinweg fegt er über die Unebenheiten des unbefestigten Farmbodens. Während ich mich mit beiden Händen verkrampft, aber fasziniert am Sitz festklammere, beantworte ich seine politischen Fragen, so gut ich vermag. Nein, ich fühlte mich in der DDR nicht eingeengt. Ja, die derzeitige Reisefreiheit weiß ich sehr zu schätzen. Ein Widerspruch?

Vor einem großen Getreidefeld bleiben wir plötzlich stehen, direkt neben einem verlassenen Traktor. Als mir Tom eröffnet, dass meine erste Aufgabe das Pflügen des Feldes sein wird, versuche ich, so gut es geht, die Größe des Fahrzeugs zu ignorieren. Auf dem Rückweg entdecken wir eine breite Mulde, in der ein halb versunkenes Schaf lautstark zetert. Auf der Suche nach einem kühlen Ort muss es sich nach Toms Einschätzungen vor einigen Tagen in diese feuchte Senke gelegt haben, die nun mit dem ausbleibenden Regen zunehmend austrocknet. Mittlerweile hat sich die Wolle des Schafes so vollgesogen, dass das Tier es nicht aus eigener Kraft schafft, sich aus dieser Falle zu retten. Also führen wir eine Rettungsmaßnahme durch. Um den Kopf des Tieres befestigt Tom eine Schlinge, an deren anderen Ende wir zu zweit ziehen. Mir ist seltsam zumute, da ich befürchte, das Tier dadurch zu erwürgen. Nachdem wir es halb aus dem Schlamm gezogen haben, wird eine zweite Schlinge um die Vorderbeine gelegt. Noch ein paar kräftige Züge, ein lautes Klagelied vom Schaf und es ist befreit. Ohne Ambitionen aufzustehen, bleibt es zunächst bewegungslos auf dem Boden liegen. Es muss bereits mehrere Tage eingesunken gewesen sein, denn es ist sehr schwach und knickt immer wieder ein, als wir es zum Aufstehen animieren wollen. Plötzlich kommt ein Lamm ganz aufgeregt angelaufen, sichtlich erfreut, seine Mutter befreit zu sehen. Lautstark begrüßen sie sich und nach einigen weiteren Gehversuchen des Muttertiers laufen beide schließlich meckernd davon. Dieses Schaf hatte Glück, wir konnten es noch retten. Gerippe und Kadaver, die ich immer wieder vereinzelt auf der Farm entdecke, zeugen jedoch davon, dass es oftmals für eine Rettung zu spät ist. Der Trockenheit müssen viele Tiere mit ihrem Leben Tribut zollen, immer dann, wenn die Farmer für ein paar Tage weggefahren sind. Aber das ist äußerst selten der Fall.

Am nächsten Morgen begeben sich Tom, Brian, einer seiner Söhne, und ich auf das Feld. Beide vorneweg, ich im eigenen Dienstfahrzeug hinterher. Das Leben hier reduziert sich in vielerlei Hinsicht auf das Wesentliche: Die Bremsen meines Autos, das deutlich älter ist als ich, funktionieren nicht. Also lerne ich, auch ohne diese ein Auto anzuhalten. Es bedarf etwas Übung, der die Männer mit einem breiten Grinsen zuschauen, während ich hastig viele Kreise vor den Zauntoren ziehe, die in regelmäßigen Abständen auftauchen. Anders ist es mir anfangs nicht möglich, einen Zusammenstoß mit den Zauntoren zu verhindern. Bald bin ich in Schweiß gebadet. Doch schließlich lerne ich, rechtzeitig herunter zu schalten und die kreisrunden Spuren meiner ungeschickten Halteversuche verblassen schnell. Heil auf dem Feld angelangt, steige ich aus dem Auto in den Traktor; und komme damit vom Regen in die Traufe. Die ›Fahrschule‹ dauert hier zehn Minuten, die ich mit Tom in der Fahrerkabine zubringe. Er schreit mir Sätze zu, die vom Lärm des Traktors verschluckt werden. Abwechselnd nicke ich, in der Annahme die Anweisungen verstanden zu haben, gelegentlich frage ich nach. Nur zur Sicherheit! Um den Anspruch zu erhöhen, darf ich das riesige Gefährt zunächst einmal wenden – und setze es dabei in den Drahtzaun. Was für ein Start! Als hätten die Männer diesen schwierigen Teil nicht selbst übernehmen können! Während wir nun zu dritt eine halbe Stunde damit beschäftigt sind, Traktor und Pflug vom Draht zu befreien, befürchte ich Hohn vonseiten Brians. Toms Söhne hatten ihren Vater nicht verstanden, warum er eine junge Frau für die Arbeit auf der Farm engagierte – und ihre Zweifel scheinen sich bereits am ersten Tag zu bestätigen. Doch ihm blieb nicht viel Wahl. Oft hat er Probleme Leute zu finden, die diesen weiten Weg zu ihnen in Kauf nehmen. ›Euch werde ich es zeigen‹, denke ich mir deshalb, als ich mich nach einer Weile zum zweiten Versuch in die Fahrerkabine schwinge. Und siehe da, unfallfrei pflüge ich nun das Feld, Kreis um Kreis ziehe ich meine Spur. Gelegentlich springe ich aus dem Fahrerhäuschen, um meinen zwanzig Meter langen Pflug vom Unkraut zu befreien oder um zu tanken. Tanken: die nächste Hürde. Ein ausgeklügeltes Pumpsystem befördert das Benzin in den Traktor. Doch nun bin ich schon etwas geschickter. Ohne weitere Probleme arrangiere ich Schläuche, bediene die Pumpe und transferiere den Kraftstoff aus dem Tanklager in den Tank des Traktors. Danach sinke ich zurück in den

Sitz, durch den ich jedes Mal aufs Neue die Federn spüre.

Mein weitschweifender Blick wird durch nichts gestört, rein gar nichts beeinträchtigt die Sicht auf grasende Kängurus oder auf davoneilende Emus. Alles scheint seiner Bestimmung zu folgen. Die unendliche Ruhe wird nur durch den gleichmäßigen Lärm des Traktors gebrochen, der stoisch seine Runden zieht. Ich bin allein mit der Welt und den Gedanken und zufrieden mit meiner Aufgabe auf dem Feld.

›Jackaroos‹ (Männer) und ›Jillaroos‹ (Frauen), wie die Aushilfen auf den Farmen genannt werden, wohnen meist in kleinen Hütten. Zu meinem anfänglichen Leid ist jene Bleibe auf ›Solferino‹ außer Sichtweite des Farmhauses. Fünf Minuten fahre ich mit dem Motorrad aus der Sicherheit der Farmer in die zunächst beängstigende Abgeschiedenheit meiner eigenen vier Wände. Nur langsam gelingt es mir, nach getaner Arbeit in den wohlverdienten Schlaf zu fallen. Fälschlicherweise dachte ich immer, es ist die Stille, an die ich mich in der Natur gewöhnen muss, aber es sind die vielen Tiergeräusche, die mir Probleme bereiten. Todmüde und dennoch hellwach horche ich nach jedem Laut, erschrecke bei jedem Knacken. Mein Blick fällt immer wieder auf die dünne Gardine, die sich im Fenster bewegt. Mal sanft, dann wieder ganz plötzlich und etwas heftiger. Irgendwann halte ich es nicht mehr aus und schließe trotz der nächtlichen Hitze das Fenster. Bei den Versuchen, den Bewegungen der Gardine ihre Ursache zuzuordnen, sind meine mentalen Grenzen erreicht. Ich habe schlichtweg Angst. Die ersten Nächte verbringe ich mit schnell schlagendem Herzen, flachem Atem und trockenem Mund. Die Frage, warum ich mir das freiwillig antue, schiebt sich dabei immer wieder ins Bewusstsein. Hier ist die Einsamkeit größer, wirklicher, vordergründiger als auf ›Tugalong‹ und gefeit bin ich vor ihr noch lange nicht. Es gibt keine anderen Menschen in der Nähe, geschweige denn einen Blick auf etwas Vertrautes, an das ich mich klammern könnte. So etwas, wie ein anderes Haus oder eine Straße. Ein Hund, oder irgendetwas. Aber da ist nichts. Nur ich und das Leben.

An einem dieser lästigen Abende mit meiner albernen Angst vor dem großen schwarzen Mann gehe ich hinaus, um mich mit der Dunkelheit und den Geräuschen der Nacht anzufreunden. Diese Selbstberuhigungstaktik schlägt leider fehl, sehe ich doch in der Ferne in regelmäßigen Abständen ein Licht aufleuchten, das unbestreitbar zur Taschenlampe jenes Mannes gehört, der sich auf dem Weg zu mir befindet, um meine schlimmsten Albträume wahr zu machen. Alarmiert und mit rasendem Herzen mache ich auf dem Absatz kehrt und renne zum Telefon, um Tom zur Rettung zu rufen. Aber Coleen, seine Frau, nimmt den Hörer ab und beruhigt mich. Sie erklärt mir, dass es sich um ›spotshots‹ handelt. Die Männer der Familie sind aufs Feld gefahren, um Kängurus und Füchse zu erlegen. Ich überlebe! Denn bei der ›Taschenlampe‹ handelt es sich um grelle Scheinwerfer, mit denen die Tiere auf der Jagd überrascht werden sollen. Das führt meist dazu, dass ein Känguru in seiner Bewegung augenblicklich verharrt. Dieser Moment wird vom Jäger genutzt, um das Tier mit Geschick und Gewehr zu erschießen. Eine Taktik, die eine hohe Trefferquote garantiert, denn ein Känguru ist tagsüber schwer zu treffen, weil es bis zu 60 km/h schnell werden kann.

Kängurufleisch ist in Australien ganz selbstverständlich auf vielen Speisekarten zu finden, und hier spreche ich nicht von den Essenresten der vorigen Gäste. Ich bringe es jedoch nicht über das Herz, ein solches Stück Fleisch zu mir zu nehmen. Zu hartnäckig sind meine Kindheitserinnerungen. Für mich verkörperte das knuffige Känguru schon immer das mystische Australien. Ein Symbol, kein Gericht! Die aus Europa eingeführten Füchse hingegen stellen zusammen mit Katzen und Kaninchen eine große Bedrohung für viele einheimische Tiere dar. Seit und aufgrund der Besiedlung des australischen Kontinents durch die Europäer sind bereits siebzehn Beuteltierarten ausgestorben, weitere neun finden nur noch auf einsamen Inseln die nötigen Bedingungen zum Überleben. Zu groß war (und ist) die Konkurrenz der nichteinheimischen Tiere.

Meine anfänglichen nächtlichen Todesängste also erweisen sich als unbegründet. Allmählich bleibt auch mein Herzmuskel während der Nächte wieder völlig entspannt. Anders bei anderen Gelegenheiten, denn als ich zum ersten Mal völlig naiv und unbedacht joggen gehen möchte, rät mir Tom, eine Binde mitzunehmen. Nur zur Sicherheit, falls ich Opfer eines Schlangenbisses werde und mir das Bein abbinden muss. Meine aus diesem Hinweis resultierenden Laufzeiten werde ich wohl nie wieder unterbieten können! Eine Begegnung mit einer Schlange bleibt mir jedoch erspart. Nach meinem ersten Lauf lasse ich mich über diese tierische Gefahr aufklären. In Down Under gibt es 172 Schlangenarten an der Zahl, die Begegnung mit 115 von ihnen kann unter ungünstigen Umständen tödlich enden. Jedoch, beruhigt mich Tom, alarmiert durch meine akute Gesichtsblässe, spricht die Statistik für uns Menschen. Denn von einer Million australischer Einwohner verlieren nur 0,13 ihr Leben aufgrund eines Schlangenbisses. In Indien sind es da schon dreizehn und in Sri Lanka sogar fünfzig Menschen. Diese Tatsache sollte die verbreitete Meinung ›Australien gleich Schlange gleich Tod‹ etwas relativieren. Von nun an konzentriere ich mich oft auf dieses Zahlenverhältnis, wenn ich allein durch die Gegend streife.

Routiniert halte ich also bei meinen kommenden sportlichen Betätigungen Ausschau nach Schlangen. Doch eines Tages droht die Gefahr aus den Lüften, denn ich werde von einem Magpie, zu Deutsch: Flötenvogel, attackiert. Mit seinem spitzen Schnabel steuert er gekonnt meine Schädeldecke an und dreht erst bei, als ich wütend, und immer rechtzeitig genug, mit meinen Händen wild und unkontrolliert herumfuchtle. Die Magpies sind besonders im September, ihrem Brutmonat, aggressiv. Dann ist man vor ihnen gar nicht sicher, denn sie verteidigen vehement ihren frisch geschlüpften Nachwuchs. Immer wieder liest man in dieser Zeit von Vorfällen, bei denen Personen mit Platzwunden am Kopf oder mit von einer Attacke entzündeten Augen behandelt werden müssen. Selbst vom tödlichen Verlauf einer solchen Begegnung musste bereits berichtet werden. Also hefte ich meinen Blick von nun an nach unten auf den Weg und schaue bei jedem verdächtigen Geräusch nach oben in die Luft, wobei ich genau in diesem Augenblick befürchten muss, über den Körper einer Schlange zu stolpern. Zusammengefasst kämpfe ich hier, um gesund und fit zu bleiben, mit hohen Temperaturen, lästigen Fliegen, heimtückischen Magpies und giftigen Schlangen. Aber ansonsten, ein ganz entspanntes Läufchen!

Des Weiteren gewöhne ich mir an, vor dem Anziehen der Schuhe diese auf das etwaige Vorhandensein von Spinnen, von denen es schließlich auch ein paar giftige Exemplare gibt, zu überprüfen. Ich mag während meiner Zeit hier nicht viele Menschen treffen, aber ich bin bestimmt nicht allein. Nicht einmal in meiner Hütte: Ratten, Frösche, Eidechsen, Spinnen – mit allen teile ich meine Bleibe und finde nach kurzer Zeit auch nichts Anstößiges mehr daran. Unter der Dusche bitte ich die Frösche lediglich um etwas Platz, ein wenig Privatsphäre will ich mir schließlich bewahren. Die Ratten weise ich an, meinen Lebensmittelvorrat zu respektieren und zum Radio schreie ich alle zehn Minuten hinüber, doch bitte den Sender zu halten. Das Farmleben im Outback Australiens hat definitiv seine Besonderheiten. Es sind kurze Augenblicke des Innehaltens und Lauschen, die Atmosphäre am Morgen und am Abend in dieser Weite, bei dieser Hitze. Die Stille, die zunehmend lauter wird, je öfter ich ihr lausche. Immer besser gelingt es mir, die Tiere den

Geräuschen zuzuordnen. Ich beginne, aus dieser Szenerie Ruhe und Kraft zu schöpfen, ein dünnes Band zum Leben in und mit der Natur zu knüpfen. So wird aus dem trockenen, abgeschiedenen, öden Farmdasein ein liebenswürdiges, charakterstarkes Leben und je öfter ich es erlebe, desto sensibler werde ich dafür: Mutter Erde riechen, die Tiere wahrnehmen und von ihnen umgeben sein, ohne ständigen Komfort.

Mittlerweile bin ich drei Wochen auf der Farm. Täglich flimmert die Luft, Land und Erde sind trocken. Mensch wie Tier wie Pflanze, wir alle warten auf den erlösenden Regen. Als das Thermometer eines Tages auf 48 Grad klettert, bekomme ich arbeitsfrei. Und dann endlich: Das lang ersehnte Nass geht auf den Boden nieder. Leben kommt in die müden Geister, die Stimmung steigt schlagartig an. Aufgeregt teilt man sich an den heißlaufenden Telefonen die aktuellen Niederschlagsmengen mit. Die Freude über ein Weihnachtsgeschenk könnte nicht größer sein. Später, am Abend, holt mich Tom ab. In Regenjacke und Gummistiefeln machen wir uns beide auf, um einen Traktor vor dem Versinken zu retten, dessen Stellplatz sich schlagartig in eine bedrohliche Schlammgrube verwandelt hat. Auf dem Weg schlittern wir von links nach rechts und von rechts nach links. An den Toren springe ich aus dem Auto, um sie zu öffnen. Während von oben der Regen auf mich prasselt, sinke ich unten mit den Füßen in die weiche Erde ein. Aber weder ich, noch der Traktor werden von ihr verschluckt. Einen Tag später sieht es fast so aus, als wäre nichts geschehen. Gierig wurde die so dringend benötigte Feuchtigkeit aufgesogen. Fast ein wenig beschämt, so scheint es, bitten die hängenden Köpfe einiger Pflanzen bald um die nächsten Tropfen. Beinah fordernd tun sich bald wieder Risse im trockenen Boden auf.

Das Warten beginnt von Neuem. Der Alltag geht weiter.

Einige Tage darauf steht die Schafschur an. Es ist die erste, der ich beiwohne. In Australien ist es üblich, für die Schur professionelle Scherer anzuheuern. Diese ziehen meist zu zweit von Farm zu Farm, um für einige Tage zu bleiben, bis die Herde kahl geschoren ist. Bei uns dauert das Ganze zwei Tage, während derer jeder seine Aufgabe hat. Die Scherer scheren – daher die Berufsbezeichnung – und werfen dann das Fell auf einen Tisch, an dem ich stehe und die verklebten Zotteln abtrenne. Anschließend kommt es in einen großen Jutesack, der in einem Holzgerüst hängt. Dort tritt Justin, ein weiterer Farmersohn, die Wolle fest und die Säcke füllen sich allmählich, während ein Schaf nach dem anderen zur Schur gegriffen und anschließend – nackt – wieder laufen gelassen wird. Die Handgriffe gelingen mir immer besser und bald stellt sich eine reibungslose Teamarbeit zwischen allen Beteiligten ein. Diese wird allerdings unterbrochen, als ich mich ans Scheren mache. Die Männer wollen wohl sehen, wie sich eine junge Frau dabei anstellt. Also nehme ich die elektrische Schere in die Hand und hoffe inständig, dass dem Tier beide Ohren erhalten bleiben. Am Bauch beginnend, fahre ich über den Rücken, die Vorder– und Hinterbeine, den Kopf und ganz zum Schluss die Ohren entlang. Wofür Profis zwei bis drei Minuten benötigen, beanspruche ich ganze zwanzig Minuten, in denen ich auf dem Schaf eine kleine Hügellandschaft aus Wollresten produziere. Das Tier überlebt die Schur aber und ich den Test.

Wieder etwas gelernt!

Nicht anders gestaltet es sich kurze Zeit später, als wir beginnen, eine große Rinderherde neu zu strukturieren. Die Muttertiere mit jungen Kälbern sollen vom Rest der Herde getrennt werden, um sie auf fruchtbareren Koppeln weiden zu lassen. Meine Aufgabe ist es, die Herde per Motorrad zusammenzuhalten, während Tom und Justin die Tiere heraussuchen, um sie anschließend unter Stockeinsatz auf die andere Koppel bringen. Sobald Justin ein Muttertier mit seinem Kalb isoliert hat, reißt Tom ein Tor auf, durch das er beide Tiere treibt. Die Rinder sind nicht dumm und so versuchen viele Kälber, immer wieder auszubrechen, sobald sie aus den Augenwinkeln den sich nähernden menschlichen Feind wahrnehmen. Manchmal wird mit so einem Fluchtversuch die gesamte Herde in Bewegung versetzt. Obwohl ich sicher auf meinem Motorrad sitze, wird mir immer wieder mulmig, wenn ich die vielen schwarzen Augenpaare, die zu bulligen Tierkörpern gehören, auf mich gerichtet unruhig auf mich zukommen sehe.

Wir alle sind ständig in Bewegung: Die Herde, Tom, Justin und ich. In regelmäßigen Abständen ertönt ein lang gezogenes »Hey« und »Ho« der Männer, das sich wie ein schwerer Schleier über die Herde legt, in dem Versuch, damit die Tiere zu lenken. Bei gut vierzig Grad eine schweißtreibende Angelegenheit. Wasser strömt aus allen Poren. Mit dem Unterarm fahre ich mir immer wieder über die Stirn, über den Mund. Salz, vermengt mit Staub und Dreck. Am Ende des zweiten Tages ist die Herde getrennt, Tom hat ein letztes Mal das Tor geöffnet und wieder geschlossen. Ich beobachte ihn, sein verstaubtes Gesicht, sein durchnässtes Hemd. Auf meinem Motorrad sitzend, halte ich inne und genieße die Ruhe, die sich langsam ihren Platz auf der Farm zurückerobert. »Hey, Jess, wir sind fertig, falls du es noch nicht bemerkt hast!«, ruft Justin herüber. Der Staub, den die Tiere ständig aufwirbelten, hat sich gelegt. Die Luft ist fast wieder klar, obgleich vor Hitze flimmernd. Zusammengerottet stehen die Rinder murrend auf ihren Koppeln herum. Unsere Wortwechsel verlieren sich in der Größe des Ganzen. Ruhe ist zurückgekehrt.

Es ist bereits dunkel, als ich mich auf den Heimweg begebe. Mich beschleicht das bekannte, mulmige Gefühl, als mich meine dunkle Hütte in der schwarzen Nacht empfängt. Schnell schalte ich das Licht an. Ich mag gerade wieder mit irgendwelchen Hirngespinsten kämpfen, im Grunde aber bin ich selig. Die Arbeit ist erfüllend, da sie mich körperlich anstrengt und im Freien stattfindet, eingebettet in eine

Abgeschiedenheit und Einsamkeit, wie sie den Großteil des Landes ausmacht. Führt man sich vor Augen, dass die meisten Städte Australiens innerhalb von hundert Kilometer Reichweite zum Meer verstreut liegen und 87 Prozent der Bevölkerung in diesen Städten leben, fällt die Vorstellung leicht, dass das Verlassen des Küstenstreifens mit einer Reise in die Einsamkeit gleichzusetzen ist. In dieser Leere und Weite, scheint mir, herrscht wegen der klimatischen Verhältnisse eine besiedlungsfeindliche Atmosphäre. Und doch, je länger der Zeitraum ist, den ich auf ›Solferino‹ verbringe, desto kleiner wird die Lust, an die touristische und bevölkerte Ostküste zurückzukehren. Das Outback, welches aus Distanz mystisch und völlig fremd erschien, ist mittlerweile ein mir vertrauter Lebensraum geworden. Ich habe nicht mehr das Gefühl, nur hier zu sein, weil ich Geld verdienen muss, sondern, weil ich genau hier das finde, wonach ich während meines Unterwegsseins suche.

Suche? Merkwürdiger Gedanke, ich sei auf der Suche. Ich verlebe doch lediglich eine angenehme Auszeit vom Alltag.

Nun, ich mag es nennen, wie ich möchte, es sind die Erfahrungen während meiner Arbeit, die ich mir eigentlich verdiene. Mit Australien, seinen Menschen, in ihrem Alltag. Wenngleich ich mir als Jilleroo Fertigkeiten aneigne, deren Nützlichkeit sich in meinem Stadtleben wohl erst noch beweisen muss. Denn mit Rindern werde ich in diesem Ausmaß nicht mehr zu tun haben; vielleicht mit ein paar Hornochsen hier und da, die aber werden nur zwei Beine haben und mit ihnen werde ich mir sicher nicht meinen Lebensunterhalt verdienen.

Für fünf Wochen bin ich ein kleiner Zahn in dem großen Rad, welches das Leben auf dem Land in Bewegung hält. Viel zu schnell dreht es sich, denn der Abschied rückt in beängstigende Nähe. Vier, fünf Wochen ist der übliche Zeitraum, für den man auf Farmen vermittelt wird. Meist liegen die Saat oder die Ernte an, bei denen Unterstützung benötigt wird, dann wieder gibt es Zeiten, in denen keine zusätzlichen Hände vonnöten sind. Auf ›Solferino‹ habe ich meine Arbeiten erledigt. Es ist Zeit zu gehen.

Am frühen Morgen meines letzten Arbeitstages begegne ich Tom; auf halbem Weg zwischen dem Farmhaus und meiner eigenen Hütte erblicke ich ihn. Ohne Auto, ohne Hund, ohne Arbeitsutensilien. Seltsam! Ich halte an und steige von meinem Motorrad.

»Guten Morgen, was machst du denn hier?«, rufe ich ihm zu. Er blickt mich an, ohne zu antworten. Schweigend schauen wir gemeinsam in die Landschaft. Einige Minuten verstreichen, bevor wir zum Farmhaus zurückkehren und mit dem Tagesgeschehen beginnen. Dann ist auch dieser Tag vorbei und als ich am nächsten Morgen zum Abschied Hände schüttle, ist mir, als würde ich etwas verlassen, zu dem ich doch dazugehöre. Aber das ist wohl der Alltag eines unsteten Menschen: Begegnungen und Abschiede, Wege, die sich mit denen fremder Menschen kreuzen und anschließend wieder gabeln. Dass ich allein unterwegs bin, führt gelegentlich zu starken emotionalen Bindungen, so stelle ich fest. All das macht meinen derzeitigen Lebensstil so einzigartig und interessant. Und zeitweise so schwer. Zuletzt gebe ich Tom die Hand, doch verabschiedet haben wir uns bereits. Gestern, schweigend.

Im Bus nach Mackay sitze ich Stunden später traurig auf meinem Platz und starre in die Dunkelheit. Aus den Fenstern der Farmhäuser, die wir gelegentlich passieren, dringt ab und an ein Licht in die Dunkelheit. Dann nähern wir uns kleinen Ortschaften, in denen es mehr Licht gibt. Wie gebannt hängt mein Blick an den Fenstern. Hinter ihnen werden Familien zu Tisch sitzen, irgendwo wird ein Kind schreien, getröstet von der Mutter oder dem Vater. Mein eigenes Zuhause ist für die nächsten zwei Nächte eine Jugendherberge. Während ich einchecke, kämpfe ich gegen Tränen an. Später im Bett ergebe ich mich ihnen und lasse sie ungehindert rollen. Lange liege ich wach. Ein leises, aber permanentes Stimmengewirr, das Brummen irgendeines elektrischen Gerätes und ein paar Räume weiter ein dudelndes Radio begleiten mich beim Einschlafen. Kein Tierlaut ist zu hören. Das Haus ist voll und doch leer. Die Geräusche der Natur werden ersetzt durch die der Zivilisation, die Sorgen eines Farmlebens abgelöst von denen eines Globetrotters; plötzlich beschäftigen mich Planungsgedanken über meine nächsten Stationen Richtung Norden. Weiter geht's.

»«

Die Wochen vergehen und ich lege Kilometer um Kilometer zurück, die meisten von ihnen trampend. Kaum stehe ich das erste Mal am Straßenrand, den Daumen ausgestreckt, halb auf der Fahrbahn, hält auch schon ein kleiner roter Wagen an. Glücklich schultere ich meinen Rucksack und springe zu einer jungen Frau ins Auto, die ängstlich dreinschaut. Ob ich mir das denn gut überlegt hätte mit dem Trampen, fragt sie mich. Sie erzählt mir, sie hätte mich nur deshalb mitgenommen, damit es nicht der Falsche tue. Mit einem Unglück, das sie hätte vermeiden können, möchte sie nicht leben. Sie hat Recht, jedes Für und Wider dieses Reisestils habe ich nicht eingehend in Erwägung gezogen, was auch daran liegt, dass meiner begrenzenden finanziellen Situation die Entscheidungsgewalt obliegt. Die Beweggründe, die die Leute dazu veranlassen, einen Tramper mitzunehmen, sind verschieden. Sie sollen mir egal sein, Hauptsache, ich kann einsteigen. Zumal die Angst vor Verbrechern auf der Straße zumindest in meinem Fall unbegründet ist. Ich sammle nur positive Erfahrungen. Kaum hat mich die Frau wieder abgesetzt, hält auch schon der nächste Fahrer an. Noch die warnenden Worte seiner Vorgängerin im Ohr, frage ich zuerst nach seinem Ziel und welch ein Glück - es stimmt mit meinem überein. Allerdings muss ich durch die Hintertür einsteigen und anschließend nach vorn klettern, da die Beifahrertür kaputt ist. Kaum sitze ich, läutet bei mir ein kleines Alarmglöckchen: Was, wenn mir die verriegelte Tür zum Verhängnis wird? Bald wechsle ich jedoch die Seite, denn auf unserer nun gemeinsamen langen Fahrt nach Cairns kommt Paul, meinem Fahrer, eine Mitfahrerin sehr gelegen. Er ist müde und fragt mich, ob ich nicht die Hände am Lenkrad und die Füße an den Pedalen platzieren möchte. Nichts lieber als das! Dann macht er es sich auf der Rückbank bequem und schließt die Augen. Ich chauffiere uns durch die einsetzende Dunkelheit und hänge meinen Gedanken nach, während das Radio leise vor sich hindudelt. Mit einem Lächeln auf den Lippen wird mir bewusst, dass mein limitiertes Budget mir mit dieser Art, vorwärtszukommen, wertvolle Möglichkeiten und einen direkten Kontakt zu den Einheimischen ermöglicht. Zu problemlos reise ich auf diese Weise, um mich von Geschichten über vermisste Tramper umstimmen zu lassen.

In Cairns trennen sich unsere Wege und ich begebe mich weiter in Richtung Cape Tribulation. Hier möchte ich Australiens Regenwälder kennen lernen und die beeindruckend bunte und vielfältige Wasserwelt des Great Barrier Reefs entdecken. Im Reisebüro der kleinen Ortschaft Mossman kaufe ich ein Busticket und komme mit Laura, der Mitarbeiterin, ins Gespräch. Wir finden sofort einen Draht zueinander und schwatzen bis zur Abfahrt des Busses. Als ich gehe, meint sie: »Sollte es dir dort oben zu langweilig werden, bei uns bist du jederzeit herzlich willkommen!«

Kurze Zeit später schiebt sich der Bus mit schwitzenden Passagieren durch einen saftig grünen, dichten Wald, um uns ans Ziel zu bringen. Die Luft wird schwüler, ich befinde mich nun in der tropischen Zone. Neugierig, so scheint es, hängen die riesigen Farne ihre Köpfe auf die unbefestigte Straße, um die Eindringlinge zu betrachten. Gemeinsam mit den Wedeln vieler Palmen und anderen immergrünen Laubbäumen säumen sie stolz und stilvoll den Straßenrand. Keine Frage, das hier ist ihr Revier. Ich denke an die konstante Trocken- und Kargheit im Outback vor nur wenigen Wochen und bin beeindruckt von diesen unterschiedlichen Vegetationszonen in so kurzer Zeit. Zwei Extreme, eine Faszination!

An meinem ersten Tag am Kap schließe ich mich einer kleinen Reisegruppe an. Auf einem Boot fahren wir hinaus auf das Meer. Einige Teilnehmer zwängen sich in die Taucheranzüge, während der Rest von uns mit dem Schnorchel knapp unter der Wasseroberfläche paddelt. Zum Tauchen fehlen mir grundlegende Kompetenzen. Schon der Gedanke an eine Sauerstoffmaske vor Mund und Nase löst klaustrophobische Anfälle bei mir aus. Ich finde die Schnorcheltiefe vollkommen ausreichend zur Betrachtung der farbenfrohen Fische und faszinierenden Korallen. Die Meereswelt besticht durch die Intensität und Vielfalt ihrer Farben. Eine eigene Welt fernab menschlicher Ufer. Hier sind wir ein verschwindend kleiner Teil eines mächtigen Ganzen, dem Meer. Es strahlt etwas Erhabenes aus, während es seine Wellen in regelmäßigen Abständen gegen unser Boot schickt, die mir auf der Rückfahrt große Übelkeit verursachen. Noch lange, nachdem ich von dem wankenden Boot gestiegen bin, macht mir mein Magen Vorhaltungen über diesen Ausflug. Er ist da ganz eigen.

Recht bald wird mir langweilig. Oder ich tue so, als ob. Denn ich überdenke das Angebot von Laura. Hier verläuft sie wohl wieder, meine eigene Reiseroute, die sich vorrangig an den Menschen orientiert, denen ich glücklich bin, zu begegnen. Ich wäre nicht ich, würde ich nicht ihrer Einladung nachkommen. Zu sehr freue ich mich auf das Kennenlernen weiterer Einheimischer, und darauf, den Schlafsack für ein paar Nächte gegen ein Bettlaken einzutauschen. Also klopfe ich nach einem Anruf und wenige Tage später an ihre Haustür.

Laura lebt kinderlos mit ihrem Partner Wayne, beide etwa Anfang vierzig, in einem geräumigen Haus. Ein kleiner

Pool im Garten hilft, die schwülen und heißen Sommertage zu überstehen. Ihr Grundstück grenzt unmittelbar an einen etwa hundert Meter breiten Streifen Regenwald und hat man diesen durchstreift, sieht man sich augenblicklich dem Meer gegenüber. Nicht schlecht für eine kostenlose Unterkunft!

Die zwei sind seit neun Jahren ein glückliches Paar und das trotz – oder wegen? – der Tatsache, dass sie gelegentlich Verhältnisse mit anderen Menschen eingehen. Ganz offiziell und im harmonischen Einvernehmen. Ich brauche hier gar nicht lange zu fragen, bei einem Glas Wein erzählen sie das von ganz allein. Sie wissen, sie gehören zusammen und werden den Lebensabend miteinander verbringen. Beide akzeptieren ihre gelegentliche Begierde nach einem anderen Menschen, der sie nachgehen und die vielleicht auch deshalb meist schnell wieder verfliegt. Ein angestrengtes Verheimlichen bleibt aus. Kein schlechtes Gewissen und auch keine vorschnelle Trennung vom ›richtigen‹ Partner, die man später eventuell bereut und nicht mehr rückgängig machen kann. Auf diese Weise stellen sie sich gegen die gängigen Moralvorstellungen, die im westlichen Leben maßgeblich sind. Anfänglich bleibt mir der Mund offen stehen, und doch klingen die Argumente für ihren Lebensstil so plausibel, dass ich nach einer Weile versucht bin, zuzustimmen. Kein Wunder, dass beide Verkäufer sind, so überzeugend, wie sie sich erklären.

Sechs Tage bei Laura und Wayne erteilen mir eine Lebenslektion, über die ich nachdenke, während ich täglich am einsamen Strand joggen gehe. Nie begegne ich einer Menschenseele, immer bin ich allein auf dem unendlich breiten und weißen Strand. Eine Woche Urlaub im Garten Eden. Nicht umsonst – doch kostenlos! Stolz und zufrieden wie eine Königin finde ich mich beim ersten Mal in diesem Paradies wieder.

Spätestens jetzt weiß ich, dass meine Art zu reisen, die einzig richtige für mich ist. Manchmal stolpere ich sprichwörtlich von einer Lebensgeschichte in die nächste und komme mir dabei vor wie ein Schwamm, der alle Erlebnisse aufsaugt: fremde Lebensweisen, zwischenmenschliche Begegnungen und naturnahe Erfahrungen. Natürlich fällt der Abschied auch von diesen beiden schwer. Zumal wir uns einig sind, dass ich noch ewig bleiben könnte. Mein großzügiger zeitlicher Rahmen und die Tatsache, allein unterwegs zu sein, verleihen meinem derzeitigen Leben eine Freiheit, mit der ich aufgrund der zahlreichen Optionen erst einmal umgehen lernen muss. Doch jetzt möchte ich weiter und leiste mir deshalb einen Flug von Cairns nach Darwin.

Die Hauptstadt des Northern Territory dient nur als Zwischenstopp. Hier finde ich einen Bus, der mich in den Kakadu-Nationalpark bringt. Während der Fahrt schaue ich plötzlich erschreckt in ein riesiges Paar schwarzer Augen, das zu einer übergroßen, auf ein Schild gemalten Fruchtfliege gehört. Sie kündigt eine Obst- und Gemüseinspektion an. Dabei geht es den Kontrolleuren weniger um die Sicherstellung einer ausreichenden Vitaminzufuhr der Reisenden als vielmehr darum, den Nationalpark vor der gefährlichen Fruchtfliege zu beschützen. Zitrushaltige und ausgewählte andere Früchte dürfen in den Nationalpark nicht eingeführt werden. Äpfel z.B. müssen entweder schleunigst vertilgt oder leider abgegeben werden, es sei denn, auf der Verpackung ist eine explizite Prüfung der Früchte ausgewiesen. Während unser Bus langsam auf die zur Kontrolle wartende Autoschlange zu rollt, schlinge ich deshalb gierig eine Banane herunter und zwinge meinen Magen zur Aufnahme von fünf Möhren in drei Minuten. Aus vorangegangener Erfahrung weiß ich, dass Diskussionsversuche mit den Kontrolleuren höchstens zu schlechter Laune derer führen und eine mögliche Strafe von bis zu 20.000 AUD (ca. 10.000 Euro) nach sich ziehen können. Einen gescheiterten Schmuggelversuch möchte ich nicht riskieren. In der Hektik vergesse ich indes, dass

Möhren nicht zum Gefahrengemüse zählen – da hätte ich sie wenigstens noch zerkauen können. Als wir die Kontrolle passieren und ich das ›feindliche‹ Gemüse, das sich auf dem Tisch stapelt, sehe, denke ich mir, dass für die vitaminreiche Versorgung der Angestellten wohl gesorgt ist.

Auf dem Weg nach Jabiru, der größten Ortschaft im Kakadu-Nationalpark, passiert der Bus eine Gruppe Demonstranten. Sie protestieren gegen Jabiluka, der sich hier befindlichen, weltweit drittgrößten Förderstätte für Uran. Bei den Diskussionen zwischen den Befürwortern und Gegnern dieser Mine spielen zwei Punkte die Hauptrolle: Es geht zum einen um strittige Eigentumsverhältnisse des Bodens zwischen den Aborigines und den englischen Besiedlern, zum anderen um die Eröffnung einer weiteren Mine in diesem Nationalpark, der im Weltkulturerbe gelistet ist. Wir kommen an einem großen Camp vorbei, in dem die Demonstranten übernachten. Der Protest hält bereits seit drei Wochen an. Es ist ein stetes Kommen und Gehen und manche Teilnehmer nehmen extra Urlaub, um sich hier einzubringen. Ihr Ehrgeiz ist bewundernswert.

Nach einer anstrengenden Fahrt komme ich schließlich in meinem Ziel Ubirr an, schlage mein Zelt auf dem kleinen ruhigen Campingplatz auf und begebe mich auf Erkundungstour. Auf einer Bank am Ufer des kleinen Flusses East Alligator lasse ich mich nieder und beobachte ein paar Angler, wie sie ihre Fischerboote zu Wasser lassen. Wir wechseln einige Worte. Small talk – das Übliche.

Auf dem Rückweg am späten Nachmittag bleibt mein Blick an einer Telefonzelle neben einem kleinen Laden hängen. Das Telefon, mein bester Freund dieser Tage. Ich wähle Matts Nummer, mit Erfolg. Während unseres Gesprächs verflüchtigt sich mein, in den letzten Stunden aufgekommenes Gefühl des Alleinseins. Zwar kann ich Matt nicht sehen, dennoch ist er bei mir. Wir führen ein langes Gespräch und als ich nach dreißig Minuten wieder nach draußen trete, hat sich der Tag längst dem Ende geneigt. Dunkelheit liegt über dem Land. Der Weg zum Zeltplatz führt zum großen Teil entlang eines dichten Waldes. Unbehagen steigt in mir auf, als ich diesen mit laut pochendem Herzen passiere. Alle sehnsüchtigen Gedanken an meinen Freund werden augenblicklich verdrängt.

Mit Matt zusammen zu sein, stellt die verschiedensten Herausforderungen an mich!

Bei der Überlegung, was ich mit dem angebrochenen Abend anstelle, bleibt mir nicht viel Wahl. Entweder ich setze mich vor das Zelt und überlasse mich den Mücken oder ich nehme mein Abendbrot im Zelt ein und lese ein paar Seiten. Es ist zwar erst sieben Uhr, aber was soll ich machen?! Also entscheide ich mich für die letztere Variante und ziehe den Reißverschluss meiner Zelttür erst wieder auf, als meine Blase drückt. Von der Toilette zurückgekommen, bemerke ich, dass Leben in die Nachbarzelte gekommen ist. Es sind die Angler vom Nachmittag. Einer von ihnen erkennt mich. Ohne zu zögern, lädt er mich zu ihrem Barbecue ein. Die Männer sind zu siebt und genießen die Ruhe ihres mehrtägigen Angelurlaubs. Ich hingegen genieße die Sicherheit ihres Zelts aus Netz, das uns erlaubt, im Freien zu sitzen und trotzdem nicht von den Mücken aufgefressen zu werden. Bevor ich mich ein paar Stunden und Weingläser später zur Nacht verabschiede, muss ich ihnen versprechen, am kommenden Tag gemeinsam mit ihnen auf Angeltour zu gehen.

Noch im Morgengrauen schlage ich wenige Stunden später die Augen auf. Meine Nachbarn sind bereits zugange. Schnell pelle ich mich aus dem Schlafsack, um bei den Vorbereitungen mit Hand anzulegen. Selbst in dieser frühen Morgenstunde sind die Männer schon gut aufgelegt. Eine sarkastische oder ironische Bemerkung hier und da nimmt die Ernsthaftigkeit des, ach, so schweren Lebens. Dafür mag ich die Australier. Wenig später treibt das kleine Boot, in dem ich mit Colin, Gavin und Lenny sitze, friedlich auf dem spiegelglatten Wasser des East Alligators dahin. Bald steht die Sonne hoch und brennt auf der Haut, aber nachdrücklich warnen mich meine Begleiter davor, auch nur die Beine ins kühle Nass zu halten. Denn mehr noch als erfrischend, ist es gefährlich. Krokodile lauern überall, meinen sie. Sie sollen Recht behalten. In dieser Gegend wurden vor vielen Jahren einige Szenen von Crocodile Dundee gedreht. Diese Entscheidung kam nicht von ungefähr. Immer wieder mahnen Schilder zur Vorsicht und besonderer Aufmerksamkeit, um eine gefährliche Begegnung mit einem Krokodil zu vermeiden.

Am Ufer, wohl zwölf Meter von uns entfernt, sehen wir dann plötzlich ein Exemplar faul in der Sonne liegen. Es ist meine erste Begegnung mit Krokodilen außerhalb eines Zoos. Mein Herz beginnt heftig zu schlagen und als Colin Kurs auf das Tier nimmt, fühle ich mich nicht wohler. Er ist in die Rolle des Touristenführers geschlüpft und möchte mir die Geschöpfe seiner Heimat direkt aus nächster Nähe zeigen. Eindringlich versuchen Lenny und ich, ihn davon zu überzeugen, Abstand von seiner Idee und dem Reptil zu nehmen, aber er lässt sich nicht beirren. So nah kommt Colin dem grünen Ungetüm, dass es sich plötzlich bedroht fühlt, blitzschnell ins Wasser und unter unserem kleinen Kahn hinweggleitet. Als ich seinen Körper unter dem Boden unseres Bootes spüren kann, bleibt mir beinah das Herz stehen. Doch nichts passiert, das Boot gleitet dessen ungeachtet weiter und zehn Sekunden später ist die Gefahr auch schon wieder vorüber. Das Krokodil hat sich in sichere Entfernung begeben. Es ist abgetaucht, weg, nicht mehr zu sehen. Colin wird eingehend für diese Aktion gerügt und ich bemühe mich, meine Fassung wiederzugewinnen.

Am Abend wird die Geschichte immer wieder zum Besten gegeben, die Größe des Tieres nimmt dabei stets etwas zu und großzügig gehen Wein und Bier über den Tisch. Auch ich habe mittlerweile meine Sprache wieder gefunden und mein Lachen ist zurückgekehrt. Es kommt sogar soweit, dass ich mich über dieses Erlebnis freue und zufrieden bin, mich vor wenigen Tagen gegen einen Ausflug auf einem Touristenboot entschieden zu haben, das mit trainierten Krokodilen als Attraktion gelockt hatte.

Froh des Tages entweiche ich in der Nacht zufrieden in das Land der Träume und kehre erst wieder zurück, als am nächsten Tag die Sonne längst über mir steht. Ich schlage die Augen auf und meine Zelttür zurück – keine Angler mehr zu sehen, nur eine Notiz an einem Baum, die sie mir hinterlassen haben. Sie sitzen schon wieder in ihren Booten und ich selbst mache mich auf die Socken, um weiter zu kommen. In Tramperschuhen versuche ich meinen Rückweg anzutreten und nehme an einer Tankstelle mein Glück selbst in die Hand. Ein Mann fällt mir ins Auge. Mit seinen langen, ungepflegten Haaren und zahlreichen Tattoos an den nackten Armen und Beinen passt sein Aussehen so gar nicht in das Bild meiner ordentlichen Kindheit. Augenblicklich fällt mir Scott ein, ein Mitarbeiter auf ›Tugalong Station‹. Er hatte ein ähnliches Äußeres und ist einer der liebenswertesten Menschen, denen ich je begegnet bin. Deshalb frage ich diesen Fremden, ob er mich mitnehmen könnte und mein Vertrauen in ihn bestätigt sich. Er lädt meinen Rucksack und mich ein und nimmt sogar einen Umweg in Kauf, um mich an mein Ziel zu bringen.

»«

Die Wanderlust hat von mir Besitz ergriffen! Das liegt zwar schon einige Jahre zurück, doch die zaghaft erwachende Bereitschaft, auch dann den Rucksack zu schnüren, wenn gerade kein Wanderpartner vom Himmel fällt, war bisher eine große Unbekannte für mich. Ich kann nicht leugnen, dass mir diese Idee etwas Unbehagen bereitet, aber sie lässt mich auch nicht mehr los. Schon eine Weile beschäftige ich mich gedanklich mit dem Larapinta-Trail, einem Wanderweg in den West Macdonnel Ranges. Als ich in Alice Springs ankomme, und damit die erste Hälfte der Nord-Süd-Durchquerung des kleinsten Kontinents der Erde geschafft habe, erkundige ich mich nach den Einzelheiten der Wanderung. In einem kleinen Informationszentrum erhalte ich nach etwas Suchen eine Karte, die mich zwar nicht mit Details, doch wenigstens mit Anhaltspunkten versorgt. Bereits am nächsten Tag verlasse ich allein zu Fuß die Stadt. So schnell geht das!

Seit ich im Inneren des Landes unterwegs und fern der Küste bin, hat sich die Umgebung und gleichzeitig der Charakter meiner Reise wieder verändert. Es gibt mehr Ruhe, größere Hitze, weniger Menschen, kaum ein Auto. Diese grenzenlose Leere, in der sich die wenigen Menschen, die ich treffe, auch noch verlieren – diese Gesamtheit versetzte mich schon vor Tagen in eine schwer zu beschreibende Stimmung, die sich verstärkt, als ich Alice Springs jetzt verlasse. Sie ist innere Spannung, Neugier und die plötzliche Vergegenwärtigung, vollkommen allein zu sein. Kein Tom, der mal eben auf dem Feld vorbei schaut, keine, wenn auch noch so isolierte Hütte, zu der ich abends zurückkehren werde. Ohne den Bezug zu anderen Menschen und ohne die Sicherheiten eines zivilisierten Lebens fühle ich mich jetzt nackt. Angenehm nackt!

Wie intensiv kann Wahrnehmung eigentlich sein?

Ich ziehe an einer alten Telegrafenstation vorbei, überquere das ausgetrocknete Flussbett des Todd Rivers, unterquere Brücken und muss irgendwann feststellen, dass sich der Wanderweg verliert. Bereits nach eineinhalb Stunden setze ich den Rucksack ab und den Späherblick auf, die Hand zur Blickschärfung klassisch vor die Stirn gehalten. Daraufhin entdecke ich einen schmalen, ausgetretenen Pfad. Er ist zwar nicht groß, aber ich kann ihn wenigstens sehen. Ich versuche mein Glück und folge ihm einige hundert Meter. Wenig später sehe ich ein paar Wellblechdächer und eine Mülltonne, kurz darauf höre ich Stimmen. Plötzlich wird mir klar, mich gerade in der Nähe einer Aborigines-Siedlung zu befinden. Mir wird mulmig. Die Geschichten gewalttätiger, männlicher Ureinwohner sind mir noch gut im Ohr. Einerseits glaube ich, dass sie völlig übertrieben sind und einem Klischee entstammen, dessen Entstehung mit der Besiedlung Australiens durch die Engländer und dem damit begonnenen Kampf zwischen den Weißen und dem Urvolk zusammenfällt. Es ist eine vorgefertigte Meinung, welche die Aborigines als damals unzivilisiert und Tieren gleichend darstellte, und derer sich bedient wurde, um das harte Vorgehen gegen sie, und um die vollzogene Zivilisierung zu rechtfertigen. Andererseits denke ich mir jetzt, da ich der Siedlung unsicher gegenüberstehe, muss ich es hier nicht darauf ankommen lassen, das Gegenteil zu beweisen, und kehre besser um. Den richtigen Weg zu finden, gebe ich auf und drei Stunden nach Verlassen Alice Springs' bin ich wieder zurück. Was für ein Start! Schmunzelnd klopfe ich mir in einer Mischung aus Erleichterung und Enttäuschung gedanklich auf die Schulter. Ich und die große Herausforderung. Es hat noch nicht sollen sein.

Schnell entwerfe ich Plan B und per Anhalter gelange ich wenige Stunden später fast bis nach Simpsons Gap, dem Ziel meiner ersten Tagesetappe. Zwei Kilometer vor dem eigentlichen Ziel ist die Straße zu Ende. Schließlich wandere ich also doch noch einen Teil der Strecke, die ich ursprünglich ganz zu Fuß absolvieren wollte. Die relative Nähe zur Straße bedeutet die Anwesenheit einiger Tagesausflügler, die diese kleine Schlucht besichtigen wollen. Je fortgeschrittener die Stunde, desto stärker nimmt ihre Zahl aber ab. Bald sind auch die letzten Besucher gegangen.

Es gibt keinen richtigen Campingplatz, eher ein paar flache, begraste Plätze, an denen einige wenige Zelte aufgebaut werden können. Als die Dunkelheit hereinbricht, ziehe ich mich in mein Zelt zurück. Es ist das einzige, das heute hier steht. Ich richte mich in der vertrauten Erwartung beklemmender Ängstlichkeit ein, dem angestrengten Lauschen nach Geräuschen, die ich in meiner grenzenlosen Phantasie schrecklichen Ursachen zuordnen werde, um mich daraufhin zu Tode zu fürchten. In einer verborgenen Ecke meines Bewusstseins wartete ich bereits den ganzen Tag mit geschärften Sinnen auf die ungeliebte Vertraute Angst. Heute abend versetzt sie mich allerdings. Bis auf ein kurzes unangenehmes Gefühl treten meine Befürchtungen nicht ein. Ruhig und zufrieden übergebe ich mein Bewusstsein dem Schlaf. Aus diesem erwache ich am nächsten Morgen. Unbeschadet und mit Hab und Gut.

Von hier den Weg zu finden, gelingt besser als gestern. Das ist allerdings kein Kunststück, denn das Bild der Landschaft ist karg, mit nur vereinzelten verknöcherten Büschen und Bäumen und eben dem offensichtlichen Weg. Beizeiten wickle ich mir ein großes Tuch als Schutz vor den nervigen Fliegen um das Gesicht und blinzele lediglich durch zwei Schlitze, um den Weg nicht wieder zu verlieren. Der Schweiß rinnt mir in Bächen den Kopf hinab. Mit tagsüber knapp 40°C ist es sehr heiß. Als ich nach einem weiteren erfolgreichen Wandertag mein Zelt aufschlage und mich zur Nachtruhe begeben möchte, muss ich jedoch feststellen, dass ich mich mitten im Juni auch mitten im australischen Winter befinde. Rapide sind die Temperaturen gesunken und schnell streife ich mir die eigens für diesen Treck erstandene Unterhose über. Sie hatte ich mir in Alice Springs bei schweißtreibender Hitze widerstrebend zugelegt. Zum Glück! Am Morgen will ich die Zelttür zurückschlagen, doch sie gibt sich ein wenig steif: Frost hat sich auf sie gelegt. Frierend zünde ich ein kleines Knickerchen an, um meine kalten Hände daran zu wärmen. Nur wenig später ist die Sonne am Himmel und der Planet wieder heiß.

Derartig gravierende Temperaturschwankungen versetzen mich in Staunen. Ebenso wie einmal mehr die Stille. Aber was heißt eigentlich Stille? Ich vernehme den Wind, er streift über meinen Kopf. Das zarte Plätschern irgendeines Rinnsals, das sich seinen Weg durch den ausgetrockneten Boden bahnt, verbindet sich mit dem Gesang einiger weniger Vögel zu einem harmonischen Wohlklang für meine Ohren. Nichts stört die Intensität, mit der ich diesen faszinierenden Augenblicken der Reinheit, der Unberührtheit ausgesetzt bin. Es ist der Herzschlag der Natur, den ich förmlich hören kann und mir kommt es vor, als könnte ich nackter nicht sein. Auf eine unerklärliche Weise ist mir, als müsste ich diese Erfahrungen, bar künstlicher Reize und Einflüsse, unbedingt sammeln. Sie rütteln an meinen Wurzeln und machen mir diese dadurch bewusst. Zunehmend passt sich mein Innenleben der Umgebung an; es wird leerer, karger. Nur das Wahre bleibt.

Nach vier Tagen des Alleinseins verlasse ich den Larapinta-Trail und treffe nach einigen Stunden auf eine Straße. An diese stelle ich mich, neben mir den Rucksack, vor mir meinen Daumen. Nach fünf Minuten nehme ich ihn herunter und ein Buch zur Hand. Kein Auto! Eine Stunde vergeht. Mittlerweile sind zwei Autos an mir vorbeigefahren, ohne anzuhalten. Verloren stehe ich bei sengender Hitze in dieser grenzenlosen Weite, doch schließlich zeigt jemand Gnade. Als ich mich auf den Sitz fallen lasse, höre ich die erwartete Frage mit dem vertrauten Unterton in der Stimme: Was ich in dieser gottverlassenen Gegend am Straßenrand verloren hätte. Zugegeben, manchmal frage ich mich das auch. Ich schaue aus dem Fenster und muss meinem Fahrer eine konkrete Antwort schuldig bleiben. Stattdessen philosophieren wir über die Einsamkeit des Outbacks und sicher gelange ich nach Alice Springs zurück.

Zufrieden und glücklich mit meinen letzten Tagen schließe ich mich zur Erkundung weiterer

Sehenswürdigkeiten einem nationalen Allerlei an: zwei Engländern, zwei Franzosen und einem Israeli. Gemeinsam besuchen wir in drei Tagen den Kings Canyon, den Uluru, der native Name des Ayers Rock, sowie die nahe gelegenen Olgas. Hier wimmelt es nur so von Besuchern. Gleichwohl es sich um überwältigende Monolithen handelt, deren Erscheinungsbild außerordentlich imposant ist, fällt es mir schwer, mich ähnlich von der Natur beeindrucken zu lassen wie vor wenigen Tagen auf dem Larapinta-Trail. Zu viele Menschen stören meine Aufmerksamkeit. Wir besuchen die Ausstellung über den Uluru und das heilige Land der Ureinwohner, durch die uns ein Angehöriger der Aborigines führt. Mein Blick bleibt an seinem Billabong T-Shirt hängen und an der Colabüchse, die er in der Hand hält. Auf halbem Weg verlasse ich die Führung und gehe hinaus. Dieser Trip beschäftigt mich nicht ausschließlich seiner faszinierenden Orte wegen, sondern mindestens eben so sehr aufgrund der kontrastreichen Eindrücke, die sich mit ihnen verbinden.

Zurück in Alice Springs stehe ich abends auf einem kleinen Hügel der Stadt. Ihre Häuser verlieren sich unter dem Eindruck der angrenzenden leeren Weite, in die sie gebettet sind. Dann entdecke ich ein Schild von MacDonald's, das sich über die flachen Gebäude erhebt. Einsamkeit, Leere, Massenaufläufe am Uluru, Coca Cola und die Aborigines, es schwirrt nur so in meinem Kopf. »Hi Jess«, höre ich da unverhofft meinen Namen. Als ich mich umdrehe, steht mir ein Pärchen gegenüber, mit dem ich vor etwa zehn Wochen eine dreitägige Segeltour um die Whitsunday-Inseln überlebt hatte. Überlebt deshalb, weil mir wegen meiner mir bis dahin unbekannten Anfälligkeit für die Seekrankheit drei qualvolle Tage übel gewesen war. Jetzt halten wir uns vor Lachen die Bäuche, weil wir uns hier inmitten des Nichts wiedertreffen und fünf Minuten später kühlen wir uns mit einem Bier im Pub die trockenen Kehlen.

»Und was hast du in der Zwischenzeit getrieben?«, fragt mich Ben. Ich berichte von dem, was ich besucht habe, gesehen. Mit dieser Realität ist es einfacher umzugehen. Sie lässt sich verständlicher darstellen als meine gemischten Gefühle, die das Erlebte in mir auslösen.

»«

Mittlerweile bin ich acht Monate in Down Under unterwegs. Ich fühle mich bereits heimisch hier. Gelegentlich gehe ich arbeiten, mit einigen Australiern schloss ich Freundschaft und mit Matt bin ich nun für den Heysen-Trail in den Flinders Ranges verabredet. In der Küstenstadt Port Augusta nimmt er mich für zwei Wochen in seine Arme. Eine vertraute Person und ein eigenes Auto, welch Luxus in meinem derzeitigen Leben! Auch wenn ich in den letzten Monaten nur selten mit Matt zusammen war, habe ich eine beispiellos enge Verbindung zu ihm aufgebaut. In gewisser Hinsicht ist er ständig präsent, er gehört zu meinen Erfahrungen dazu. Jetzt mit ihm zusammen auf Reisen zu gehen, ist wunderbar entspannend und ein wohliges Gefühl durchströmt mich, als ich ihn auf dem Beifahrersitz schlafen sehe, während ich am Steuer sitze.

Je weiter ich Port Augusta hinter mir lasse, desto eintöniger und verlassener wird die Gegend. Bald liegt die Straße als ein gerader Asphaltstreifen vor mir, bei dem ich Kilometer um Kilometer meine, noch die Linealspuren ausmachen zu können, mit deren Hilfe diese Straße angelegt wurde. Eine sanfte Kurve hier und da stellt die aufregendste Abwechslung dar. Sie ist eine kurze Abweichung vom Lot, das perfekt durch diese Straßen gefällt werden könnte. Gelegentlich unterbreche ich das Hinausstarren durch das Überholen eines Trucks. Einmal schalten, Spurwechsel und augenblicklich folgt das monotone Fahrgeräusch des ewigen Geradeausfahrens. Ständig den Blick nach vorn gerichtet, führt mir das Land sprichwörtlich vor Augen, wie öde es mitunter sein kann. Wo ich hinschaue, ist nichts. Zur Abwechslung fliegt höchstens ein Rosella vorbei, ab und an gibt es ein paar einsame, verknöcherte Bäume. Ich drücke uns die Daumen, dass das Auto durchhält, denn sollte es jetzt technischen Mängeln erliegen, sehen wir uns mit einer zeitraubenden Angelegenheit konfrontiert. Der Abschleppdienst oder die nächste Tankstelle befinden sich nicht gerade um die Ecke und die in diesem Fall nachteilige mangelnde Frequentierung der Straße reduziert die Chance einer schnellen Hilfe zusätzlich. Der Reiz der Einsamkeit kann sich da ganz schnell verlieren!

Schließlich heben sich die Ausläufer der Flinders Ranges vom Flachland ab, wie kleine Wichtel, die sich recken und rufen: Hier sind wir! Schließlich in sie eingebettet, winde ich mich um sie herum, durch sie hindurch und passiere dabei immer wieder verlassene Hausruinen. Zerfallen stehen sie am Straßenrand, Zeugen einer Epoche, in der die ersten Siedler hier ihr Glück versuchten. In ihnen ruht die Zeit. Sie strahlen etwas Beruhigendes aus, während ich im Auto an ihnen vorbeieile.

Die Fahrt wird zunehmend anstrengend. Mit einem schlafenden Matt neben mir und ohne Radioempfang im Auto kämpfe ich mit der Last meiner Augenlider. Australiens Nebenstraßen bieten hervorragende Bedingungen zum Dösen. Die Gedanken kann man sich selbst überlassen. Die Hand am Steuer lenkt schon mal automatisch. Der Fuß am Gaspedal hat sich in eine Position ›gefroren‹, was soll schon passieren? Aber, die Idylle trügt! Australiens Tiere erheben immer wieder Anrecht auf das Überqueren der Straßen. Selten stehen sie dabei am Straßenrand und warten, bis das einzige Auto, das innerhalb einer Stunde am Horizont auftaucht, auch vorbeigefahren ist. Oftmals beschließt ein Känguru kurzerhand, sich zeitgleich mit dem anrollenden Gefährt dasselbe Stückchen Straße teilen zu müssen.

Trauriges Ergebnis dieses Zweikampfes sind unzählige Tierkadaver am Straßenrand. Wombats, Kängurus und Wallabies. Für manche Touristen die einzigen Tiere, die sie in freier Wildbahn sehen. In Tasmanien gibt es in der Nähe des Mount Field-Nationalparks eine Straße, die von toten Tieren regelrecht gesäumt und für diese traurige Besonderheit bekannt ist. Unangemessenes Tempo der Autofahrer und die Unberechenbarkeit mancher Tiere sind die Ursache. Mir selbst bleibt so eine Begegnung zum Glück erspart.

Die Flinders Ranges befinden sich in Südaustralien, dem trockensten Bundesstaat des Landes. Den Großteil der Last für den Heysen-Trail macht deshalb der Wasservorrat aus. Ich bewältige meinen bisher heißesten und trockensten Treck. Erst am Ende des dritten Tages werden wir Wasser nachfassen können, zehn Liter müssen so lange zum Kochen, Waschen und Trinken reichen. Auf der Suche nach kleinen Wasseransammlungen heften wir unsere Blicke deshalb stets auf den Boden. Gelegentlich haben wir Glück. Umso mehr lerne ich Obst in seiner Bedeutung als Wasserreservoir kennen. Bis zu fünfzehn Minuten schaffe ich es, an einer Apfelhälfte zu knabbern und mich an ihrer Flüssigkeit zu ergötzen. Auch beim Essen gilt Bescheidenheit, denn die Lebensmittel müssen sich den begrenzten Stauraum im Rucksack mit den Campingutensilien und den Wasservorräten teilen.

Den überwiegenden Teil unserer Wanderung legen wir in ausgetrockneten Fluss- und Bachbetten zurück. Während meine Füße ständig über die kantigen Steine rutschen, schieben sich immer wieder Bilder eines reißenden Stroms vor das innere Auge. Von Wasser jedoch keine Spur. Die Wegmarkierungen verlaufen sogar oftmals im Flussbett selbst und gelegentlich passieren wir in ihm befindliche Raststellen. Am zweiten Abend schlagen wir unser Zelt an einem dieser Plätze auf und die Ironie des Schicksals schlägt zu.

Die Geschlechterrollen sind verteilt. Ich richte als Frau des Hauses das Lager im Zelt, während der Mann sich um die Nahrung kümmert. Die harten Zeiten der Jagd sind allerdings vorbei, Matt muss lediglich den Kocher in Gang setzen und die Tütensuppe entsprechend der Anweisung zubereiten. Serviervorschläge wie: ›Butter hinzufügen‹ oder ›mit Gemüse verfeinern‹, ignorieren wir geflissentlich.

Ich breite gerade den zweiten Schlafsack über unseren Isomatten aus, als ich ein plätscherndes Geräusch vernehme. Es regnet ein wenig und meine Freude über den Wetterumschwung ist groß. Endlich wird es etwas kühler und vielleicht können wir sogar unsere Wasservorräte auffüllen. Als das Tröpfeln zunimmt und ich den Zelteingang öffne, um mir ein Bild von der Lage zu verschaffen, stelle ich mir allerdings die Frage, ob wir möglicherweise das Zelt umsetzen sollten. Sie wird von einem panisch hantierenden Matt wortlos bejaht, noch bevor meine Bedenken aussprechen kann. Binnen weniger Minuten steigt das Wasser in dem seit Wochen ausgetrockneten Flussbett und wird zu einem reißenden Strom, dem wir nun fluchtartig versuchen, zu entkommen. Nachdem Matt das Kochgeschirr bereits blindlings ans Ufer geworfen hat, schnappen wir buchstäblich in letzter Sekunde das Zelt an allen vier Enden, ziehen es mit vereinten Kräften so hoch wie möglich, um den vom vielen Gepäck durchhängenden Zeltboden nicht im Wasser versinken zu lassen und befördern es an das rettende, trockene Land. Die eingebrochene Dunkelheit verstärkt meine innere Anspannung und wir tragen das Zelt unsicher auf einige Distanz, von der wir hoffen, dass sie ausreicht, um uns vor den überraschenden Fluten zu schützen. Hier müssen wir unsere Bleibe zwar an einer Schräge aufbauen, doch die Gefahr eines Blutsturzes oder die Wahrscheinlichkeit, aufgrund der Neigung ständig an die gleiche Zeltwand zu rollen, spielt in dieser Nacht nur eine untergeordnete Rolle. Hauptsache trocken und sicher!

Nachdem wir uns vom Schrecken erholt und uns in die etwas klammen Schlafsäcke gekuschelt haben, malen wir uns das erfrischende und längst überfällige Bad im Fluss am kommenden Tag aus. Bis dahin machen Sturm und Regen das Schlafen in der Nacht allerdings fast unmöglich. Es ist eher das Verbringen von Stunden in der Rückenlage, mit gelegentlich einsetzenden, wüsten Traumphasen, unterbrochen vom Lauschen nach den vom Wind verursachten Geräuschen und Bewegungen des Zeltes.

Als wir uns am nächsten Morgen aus dem Schlafsack schälen, müssen wir uns gegenseitig kneifen, um zu glauben, was uns unsere schlaftrunkenen Augen zu vermitteln versuchen. Nicht mal zu einem müden Plätschern reicht jetzt mehr das Wasser, welches uns am Tag zuvor in Panik versetzte. Der Boden hat gierig aufgesaugt, was der Himmel ihm gab und war schneller als wir, die wir uns jetzt mit einer Minipfütze begnügen müssen. Ein lächerlicher Beweis dafür, dass nur wenige Stunden zuvor unser Hab und Gut in Gefahr war.

Ein Schlafsack und ein paar Sachen sind feucht geworden, ein Kochtopf wurde vom Wasser fortgetragen, aber ansonsten verzeichnen wir keine weiteren Verluste nach dieser Nacht. Es hätte auch anders kommen können! Immer und immer wieder stelle ich mir vor, was passiert wäre, hätte uns das Wasser mitten im Schlaf statt am einsetzenden Abend überrascht.

Einen Tag darauf erreichen wir schließlich den lang ersehnten Campingplatz. Wasser! Endlich. Unsere Flüssigkeitsreserven haben wir vollständig aufgebraucht. Auch einen kleinen Laden gibt es, in dem wir gierig Schokolade und andere Leckereien kaufen, nachdem in den letzten Tagen die Lebensmittel streng rationiert waren. Wir stopfen Chips und Süßigkeiten in den Mund, als gäbe es kein Morgen und grinsen uns dabei überglücklich an. Unter den jetzigen Umständen kommt der Nahrungsaufnahme ein deutlich höherer Stellenwert zu.

Gestärkt von unserem ausnahmsweise ausgiebigen Frühstück schultern wir am nächsten Tag die Rucksäcke. Gedankenverloren stapfen wir hintereinander her, als Matt jäh stehen bleibt. Ich laufe auf ihn auf. »Was ist denn los?«, will ich ihn gerade ungehalten fragen, da erblicke ich zu unserer rechten eine tödliche Brown Snake – zum Angriff bereit. Schneller kann mein Herz nicht schlagen und mein Körper kann mehr Adrenalin kaum produzieren. Verstört schubse ich meinen Freund weiter. Nur weg von hier. Die Brown Snake ist eine der giftigsten Schlangen im Land. So sehr haben sie sich in ihrer Erscheinung der Umgebung angepasst, dass man sie mitunter erst bemerkt, wenn sie wenige, in unserem Fall für meinen Geschmack viel zu wenige, Zentimeter entfernt ist. Meist entschwinden Schlangen von allein, sobald sie Menschen wahrnehmen. Sie ›hören‹, indem sie niedrigfrequente Vibrationen fühlen können. Nun verläuft unser Wegabschnitt des Schreckens auf Planken, die sich etwa zehn Zentimeter über dem Boden befinden und angelegt wurden, um der Vegetation eine Chance zu geben, sich von der erdrückenden Last der vielen Wanderschuhe zu regenerieren. Unsere ungewollte Annäherung ergab sich also, weil das Tier die von uns verursachten Vibrationen nicht wahrnehmen konnte.

Die Natur entlässt uns jedoch ungeschoren in die Zivilisation. Wir entkommen einem Schlangenangriff. Als wir nach neun Tagen und einem letzten mehrstündigen Fußmarsch die Straße erreichen, strecken wir gemeinsam die Daumen aus, um zurück nach Hawker zu gelangen, wo unser Auto steht. Nach einer kleinen Ewigkeit sitzen wir schließlich in einem Kleintransporter und verwickeln uns in ein lustiges Gespräch mit dem Fahrer. Als ich einen Witz zum Besten gebe, höre ich den vertrauten Satz: »Und ich dachte, die Deutschen hätten keinen Sinn für Humor!« Manchmal könnte ich wirklich meinen, ich hätte Down Under eine Mission, nämlich die Aussies, wie sich die Australier liebevoll selbst nennen, vom Gegenteil zu überzeugen. Meiner Rolle als Missionarin versuche ich so oft und gut es geht, gerecht zu werden. Ihrer sarkastischen und ironischen Art habe ich meist etwas entgegenzusetzen. Auch deshalb fühle ich mich so wohl hier. Wir Deutschen werden zwar als strebsam und pflichtbewusst, aber eben auch als todernst wahrgenommen. Immer diese Pauschalisierungen ...

»«

Ich kann es drehen und wenden, wie ich will, schließlich ist soweit. Ein Jahr ist um, ob ich es wahrhaben möchte oder nicht. Die letzten zwei Wochen gehörten Tasmanien, nun habe ich auch diesen Flecken Erde erkundet und somit einen Kreis gezogen. Zurück bin ich an dem Ort, an dem mein Abenteuer Down Under begann. Ein letztes Mal Melbourne bedeutet ein letztes Mal Matt. Mit dem Abschied von diesem überwältigend großen Land mit seinen beeindruckend gastfreundlichen Menschen geht auch die örtliche Trennung von meinem Partner einher. Ihn nicht ständig in der Nähe zu haben, erfordert keine Umstellung. Jedoch die Vorstellung, ihn nicht mehr täglich anrufen zu können, tut weh. Matt und Australien sind ein Teil von mir geworden, von dem sich zu trennen unmöglich erscheint. Als ich in den voll besetzten Flieger steige, habe ich gemischte Gefühle im Gepäck. Ich bin grenzenlos leer und verlassener, als an den unzähligen Tagen, die ich während der vergangenen Monate allein bestritt. Auf meinen unbegleiteten Touren beschlichen mich nur selten Einsamkeit oder Unsicherheit. Schließlich schaffte ich mir auf diese Art eine Unabhängigkeit, durch die ich frei war für neue Begegnungen und Unternehmungen. Dass ich mitunter meine Beine zum Schlafen auf einer Parkbank ausstreckte oder zu wildfremden Menschen ins Auto gestiegen bin, gehörte einfach zum Konzept. Billig zu reisen, so höre ich oft, sei für Männer leichter. Sie wären weniger ängstlich und in ihrem Leben gäbe es weniger Situationen, in denen sie um ihre Sicherheit bangen müssten. Das mag zwar sein, es hielt mich jedoch nicht davon ab, meinen Weg fortzusetzen. Nur, wie er jetzt weitergeht, ist offen. Eine große Unbekannte hat sich in mein Leben geschlichen.

(6) Im Strudel

»Entweder-oder.«

Zurück in Deutschland geht es weiter, als sei ich nie weggewesen. Ich füge mich ein in die Strukturen, welche mein Leben in Leipzig ausmachen. Vorlesungen besuchen, Hausarbeiten schreiben, die gleichen Freuden und Kämpfe mit denselben Freunden und Dozenten. Einem lustigen Abend folgt ein Familienwochenende in Magdeburg. Es bedarf keinerlei Anstrengung, meinen gewohnten Platz in dem Mosaik der Heimat, dem ich ein ganzes Jahr sprichwörtlich entfallen war, einzunehmen. Wenn ich von meinen Erfahrungen in Australien erzähle, dann so, als berichte ich von dem Film, den ich gesehen oder von einem Traum, den ich geträumt hätte. Allein die Verbindung zu Matt lässt mich an die Authenzität meiner Erlebnisse glauben. Es sind zwei verschiedene Welten und Australien wird hier in Deutschland nur in den ersten sowie letzten Minuten des Tages lebendig, wenn ich sehnsuchtsvoll beim Aufwachen und Einschlafen gedanklich in Down Under weile oder wenn ich mit meinem Freund telefoniere. Ansonsten ist sie kaum existent. Erst recht nicht für mein Umfeld, dem ich sie vorenthalte.

Mit einem Job im Fitnessstudio schaffe ich es, zwei weitere, mehrmonatige Reisen zu Matt zu finanzieren. Dafür muss ich jedoch viel arbeiten. Freie Zeit ist deshalb knapp, auch für Freunde. Immer mehr geht mir der Bezug zur Heimat verloren. Vor allem deswegen, weil in Australien alles besser ist und ich mit meinen Freunden hier nicht das teilen möchte, was ich mir dort aufgebaut habe. Sie können nicht verstehen, also erzähle ich erst gar nicht.

Allmählich entwickelt sich in mir das Gefühl, mich bewähren zu müssen. In Bezug auf meine Souveränität, mit der ich glaube, die Situation zu meistern und in Bezug auf den Platz, den ich unbemerkt zwischen zwei Stühlen eingenommen habe, von denen einer in Deutschland und der andere in Australien steht.

Siebzehn Monate nach meiner ersten Rückkehr aus Australien beginnen mich verwirrende Träume heimzusuchen. Als ich eines Morgens aus einem solchen verstört erwache, habe ich eine anstrengende Wanderung hinter mir: Mein Zelt musste ich abbauen, denn neben dem meiner Eltern war kein Platz mehr, also suchte ich einen Stellplatz bei meinen Studienfreunden, aber auch dort war alles besetzt. Voller Hoffnung begab ich mich mit meinem Zelt zu australischen Freunden, nur um erneut abgelehnt zu werden. Diese nächtlichen Bilder sind der Anfang eines gedanklichen Durcheinanders. Nach und nach schleichen sich Zweifel ein, ob die rein körperliche Anwesenheit in Deutschland wirklich vernünftig ist. Die Fassade des geliebten, aber vielleicht idealisierten Lebenswandels in Australien, nach dem ich mich fortdauernd verzehre, bekommt Risse. Fragen, die ich mir lange Zeit nur unterschwellig stellte, kann ich nun nicht weiter ignorieren. Auch wenn es nicht leicht fällt. Doch muss ich zugeben, dass etwas nicht in Ordnung ist, denn ich werde unglücklich. In den letzten Monaten hat sich eine Schwere auf mein Gemüt gelegt, die immer stärkere Kontrolle über mich erhält.

In einem hellen Moment fasse ich schließlich den Entschluss, dagegen anzukämpfen. In kleinen Schritten beginne ich, die Situation zu hinterfragen, inneren Schwächen nachzugeben. Ich lerne, meine Aufenthalte in Australien etwas differenzierter zu betrachten. Mag sein, dass es lange die Angst vor der Konsequenz, vor der eigenen Courage war. Mich Gedanken zu stellen, die ich seit Längerem ignoriere, ist nicht der einfachste Weg. Zumal mit den emotionalen Verwirrungen eine Neueinordnung meiner Beziehung zu Matt einhergeht. Das Ergebnis ist die Trennung von ihm bei meinem letzten Besuch in Australien. Für uns beide geht ein Traum zu Ende, an den er weniger zu glauben wagte als ich. Ich stoße bei ihm auf absolutes Verständnis für diesen Schritt. Einst war er selbst ein Globetrotter. Er kennt meine Gefühle, denn mich zieht es weiter in die Welt. Sich für eine Sache zu entscheiden, heißt jetzt, eine andere aufzugeben. Entweder-oder, ich sehe keinen Platz für mehr. Als ich Matt zum letzten Mal verlasse, zieht es mir den Boden unter den Füßen weg. Noch nie habe ich mich einsamer gefühlt als auf diesem Rückweg nach Deutschland.

Doch schließlich gelingt es mir, meine Aufmerksamkeit neu zu fokussieren. Mit Abschluss des Studiums zur Diplomsportlehrerin im Sommer 2001 begehre ich eine letzte Auszeit, bevor ich mich wohl oder übel mit dem Arbeitsalltag anfreunden muss. Ich möchte nach Nepal, ein Land, in dem ich zwei lang gehegte Wünsche miteinander verbinden und mir erfüllen kann.

Die begeisterte Berichterstattung meiner Eltern über ihre Aufenthalte dort und meine erfolgreichen Bemühungen um eine Stelle als Volontärin (Volunteer) in Kathmandu bei einer deutschen Organisation, die Entwicklungshilfe leistet, sind Antrieb für die Planung meiner nächsten Reise.

Freunde fragen mich nach der Finanzierung und den Gründen dieses neuen Unternehmens, woraufhin ich zu erklären versuche, wie jeder seine eigenen Prioritäten setzt. Ich investiere nicht in mein Leben zu Hause, sondern in Erfahrungen unterwegs.

(7) Nepal: Helfen und Wandern - 2001

»Das Leben elementarisiert sich deutlich.«

Mitte September ist der Monsun in Nepal erst wenige Wochen abgeklungen. In Kathmandu empfängt mich deshalb eine extrem heiße und feuchte Luft, einer Dampfsauna gleich. Axel, ein Volontär von *Shanti Sewa Griha*[2], holt mich vom Flughafen ab. Während wir mit dem Jeep über holprige Straßen fahren, starre ich gebannt aus dem Fenster und bin fasziniert. In einem heillosen Durcheinander säumen unzählige, kleine Verkaufsstände die Straße. Um sie herum, zwischen ihnen und auf scheinbar jedem freien Stück Straße stehen und sitzen Menschen. Die intensiven Farben der Frauenkleider heben sich aus diesem Wirrwarr ab. Das permanente Hupen der Autos, die sich scheinbar ohne jede Ordnung in eine Richtung schieben, dringt erbarmungslos in meine Ohren. Kurze Zeit später kommen wir bei Shanti, meiner neuen Arbeitsstelle, an. Kaum, dass ich begrüßt werde, legen mir die anderen Volontäre auch schon die ersten wichtigen Überlebensregeln wärmstens ans Herz. Beim Einkaufen an Ständen und auf Märkten solle ich den zuerst genannten Preis eher als Einstiegsgrundlage für anschließende Verhandlungen betrachten und das verlangte Geld auf keinen Fall bezahlen. Ich erfahre die üblichen Preise für Obst und Gemüse, so dass ich eine faire Chance habe. Des Weiteren empfängt mich die Nachricht, dass gerade heute die Wasserpumpe kaputt ist – das heißt, kein kostbares Nass in Bad und WC. Der Strom ist leider auch ausgefallen. Typischer könnte mein Start in Nepal nicht sein, bemerkt jemand.

Mein erster Tag beginnt mit einem Rundgang durch die Anlage von *Shanti Sewa Griha*, in der ich insgesamt zwei Monate arbeiten werde. Shanti ist eine Einrichtung, die auf Privatinitiative der Dortmunderin Marianne Großpietsch 1992 zur medizinischen Versorgung und sozialen Betreuung

[2] Shanti Seha Griha bedeutet frei übersetzt: Ein Heim in Frieden und Pflege.

von an Lepra erkrankten Menschen ins Leben gerufen wurde. Lepra ist in diesem Land eine noch immer nicht flächendeckend kontrollierte Krankheit. Weltweit sind derzeit 1,2 Millionen Menschen betroffen sind. Als ich Freunde und Familie mit der Idee konfrontierte, auf einer Leprastation in Nepal zu arbeiten, fielen nicht wenige Kinnladen. Die Vorstellung einer ansteckenden, tödlichen Krankheit dahinsiechender Menschen ist nach wie vor fest in unseren Köpfen verankert. An der Krankheit klebt ein Stigma. Aber nicht nur bei uns in Europa, wo Lepra seit dem 16. Jahrhundert als ausgerottet gilt, sondern auch hier in Nepal und in Indien erschweren die unaufgeklärten Vorstellungen den Betroffenen die Integration in die Gesellschaft, selbst in die Familie. Noch immer werden die Menschen von den eigenen Verwandten verstoßen, als Strafe und aus Angst vor Ansteckung. Dabei ist Lepra längst heilbar und die Ansteckungsgefahr weit weniger wahrscheinlich als befürchtet. Nur bei intensivem und langem Kontakt mit bereits Erkrankten in Verbindung mit schlechter Ernährung und Hygiene besteht Ansteckungsgefahr. Zur Überraschung vieler verfügen 90 bis 95 Prozent der Weltbevölkerung über eine natürliche Immunität gegen diese durch Tröpfcheninfektion übertragbare bakterielle Krankheit. Für Menschen mit einem stabilen Immunsystem besteht also kaum Gefahr.

In Nepal allerdings begünstigen viele Faktoren das Auftauchen von Lepra: Die Bevölkerung ist unzureichend aufgeklärt, das Gesundheitssystem funktioniert kaum. Überdies sind mangelnde Hygiene, schlechte Ernährung und das Wohnen auf engstem Raum die normalen Lebensbedingungen in weiten Teilen des Landes. Abseits gepflasterter Straßen stellen Spekulationen der Familien- oder Dorfmitglieder oftmals die einzigen medizinischen Diagnosen dar. Aufklärende und präventive Informationen über Lepra und andere chronische Krankheiten gelangen nur schwer oder gar nicht bis in die hoch gelegenen Bergdörfer, zu denen sich oftmals nicht einmal eine Straße windet. Die Menschen in oder nahe bei Städten haben es etwas einfacher, denn dort gibt es, obgleich unzureichend, Gesundheitsdienste. Diese ermöglichen Untersuchungen sowie Krankheitsprävention und helfen an Lepra erkrankten Menschen beim Zugang zu den Medikamenten, die von der Pharmafirma *Novartis* kostenlos zur Verfügung gestellt werden.

Lepra beginnt an Fingern und Zehen sowie im Gesicht, wo sensible Fasern zerstört werden. Das führt zum Verlust des Tast-, Wärme und Kältegefühls und stellt das eigentliche Problem dar. Denn infolgedessen kommt es immer wieder zu Verletzungen mit Folgeschäden, wie Abszesse oder Gewebstod. Bleiben sie unbehandelt, greifen sie auf Sehnenscheiden, Gelenke und Knochengewebe über. Jedoch gibt es eine medikamentöse Therapie, die bei Früherkennung der Symptome diesen Prozess abmildern und das Ausmaß bleibender Schäden minimieren kann. Es handelt sich dabei um eine Kombination dreier verschiedener Antibiotika, die bei regelmäßiger Einnahme über einen Zeitraum von sechs bzw. zwölf Monaten die Krankheit vollständig zum Stopp bringt und die Ansteckungsgefahr bereits innerhalb der ersten zwei Wochen aufhebt.

Vor allem die negativen sozialen Folgen für die betroffenen Personen, die sich mit der Erkrankung aufgrund des hier hinderlichen Glaubens und mangelnder Aufklärung ergeben, versucht Shanti zu mildern. Das Auffangen von an Lepra erkrankten Menschen war das Initialmotiv für das Projekt, welches sich ausschließlich über Spenden und durch den Verkauf der selbst hergestellten Produkte in Nepal und Deutschland finanziert sowie durch Volontäre unterstützt wird. Für dreizehn Menschen stellte Shanti anfänglich eine neue Heimat mit freier medizinischer Versorgung, Unterschlupf und Arbeit dar. Mittlerweile finden auch anders benachteiligte und kranke Menschen Zuwendung. Etwa siebenhundert Menschen werden derzeit auf verschiedenste Weise betreut, sei es durch einen Arbeitsplatz in einer der Werkstätten (z.B. Leder-, Strickarbeiten, Teppichweberei, Gemüsegarten), durch die Betreuung sowie Bildung ihrer Kinder im integrierten Kindergarten bzw. der Schule oder eben durch die medizinische Versorgung. Es ist Anliegen der Begründer und Mitarbeiter, diesen benachteiligten Menschen wieder einen Lebenssinn zu geben und ihnen eine aktive Einflussnahme auf die eigene Lebenssituation zu ermöglichen. Durch produktive Arbeit, Lohn und das Zusammensein mit anderen Menschen gleichen Schicksals wird der Weg geebnet für ein wertvolles Leben in Zuversicht und Freude.

Während unseres Rundgangs erläutert mir Krishna, der Leiter von Shanti, die Struktur der Einrichtung und ich werde mit einigen Mitarbeitern bekannt gemacht. In der Klinik z.B. arbeiten zwei nepalesische Ärzte, die Unterstützung erhalten von Laboranten, Krankenschwestern, einem Apotheker sowie einem Röntgenexperten. Alle Mitarbeiter von Shanti sind Nepalesen, den (überwiegend) deutschen Volontären kommt eine unterstützende Funktion zu, denn das Anliegen der Begründerin war es von Beginn an, die Einrichtung auf unabhängige Füße zu stellen. Zum Schluss besuchen wir die Kinderklinik. Sie besteht aus einem Rundblock mit spartanischen Zimmern, in deren Mitte sich eine Art Hof befindet. Als Krishna und ich diesen Ort betreten, schlägt mir eine schwer definierbare Atmosphäre entgegen. Sie hat etwas Beklemmendes. Ein Haus voll Kinder – und kaum ein Ton ist zu vernehmen; eine Gruppe von zehn Kindern, die sich allesamt gleichen, wie sie so lethargisch auf dem Boden sitzen. Ich bin erschüttert und es fällt mir schwer, den Kindern ungezwungen gegenüberzutreten, stattdessen beäugen wir uns gegenseitig. Krishna ist sich der Situation durchaus bewusst. Fast entschuldigend meint er, dass seit einigen Monaten kein Volontär für diesen Bereich verantwortlich war. Als wir den Ort verlassen, fasse ich den Entschluss, am nächsten Tag wiederzukommen. Also wird sich meine Arbeit auf zwei Bereiche verteilen, auf die Physiotherapie und Kinderklinik.

Meine neue Heimat ist ein etwa zehn Quadratmeter großes Zimmer, das ich mir mit Tobi, einem Volontär aus Braunschweig, teile. Wir haben Glück, verstehen uns auf Anhieb und sind ein ausgezeichnetes Team. Seine unbekümmerte, unterhaltsame Art lenkt mich nach meinem Rundgang von meiner schwermütigen Stimmung ab. Der Komfort unseres Zimmers erinnert mich an meine Lieblingsfarm in Australien. Es gibt zwei Bettgestelle, zerrupfte Matratzen und einen kleinen Tisch, das war's.

Gleich zu Beginn wird mir klar: Will ich mich hier wohl fühlen, muss ich mich von vertrauten hygienischen Vorstellungen trennen. Drehe ich den Wasserhahn auf, springt mich, meist stoßweise, braunes Wasser aus der verrosteten Leitung an, woraufhin sich mir die Frage stellt, ob das überhaupt Sinn hat, zu duschen?! Bin ich anschließend vielleicht schmutziger als vorher? Umstellungsfähigkeit ist gefragt, die Duschen dienen nur mit kaltem Wasser. Als ich mich das erste Mal drunterstelle, rieselt aus neun Löchern des Duschkopfes Wasser, das mit vereinten Kräften versucht, die Seife von meinem Körper zu spülen. Warum hat der Duschkopf eigentlich fünfzig Löcher, wenn doch nur aus so wenigen das Wasser rieselt? Ja, fünfzig, ich habe gezählt, ich habe ja Zeit! Fragen, die beantwortet werden möchten! Der Abfluss verstopft auf irgendeiner Höhe auch schon mal, so dass gelegentlich ein Vordringen zur Toilette nur in Badelatschen möglich ist, will ich ein Fußbad vermeiden.

Das Wasser aus der Leitung verwenden wir ausschließlich zum Waschen. Auf der Anrichte der Küche stehen deshalb zwei Wassercontainer. Einer, mit nur einmal gefiltertem Wasser zum Geschirrwaschen, der zweite enthält Trinkwasser, welches wir uns in Zwanzig-Liter-Einheiten aus der Küche holen können. Eine Spüle gibt es nicht. Das Wasser muss auf dem Herd, von dem leider nur zwei der vier Heizflächen funktionieren, erhitzt werden, bevor wir in einer großen Schüssel das Geschirr säubern. Der Multifunktionalität von Geschirr und Besteck ist sich jeder Volontär bewusst: Alles wird mehrfach hintereinander benutzt. Die Waschmaschine steht im Thamel, dem Touristenviertel, oder wir machen es wie unsere Großmütter und waschen selbst mit der Hand in einer Schüssel – mit dem braunen Wasser, so wie die Nepalesen tagtäglich.

Das Leben elementarisiert sich deutlich, ich gebe mich mit wenig zufrieden, auch, was die nepalesische Sprache betrifft. Gerade in den ersten Tagen ist meine Arbeit geprägt von sprachlichen Hürden, vor denen ich stehe, als ich direkt mit den Menschen arbeiten möchte. Den Vormittag verbringe ich in der Klinik als Bewegungstherapeutin und bald richte ich mir mein eigenes Fachwörterbuch ein, das ich Tag für Tag mit neuen Vokabeln füttere. Ganesh, der einheimische Physiotherapeut, ist vorerst mein ständiger Übersetzer. Es macht großen Spaß mit den vier Wörtern, die ich bereits fließend beherrsche, Kräftigungs- oder Geschicklichkeitsübungen zu erklären. Mit: Hoch, runter, links oder rechts versuche ich komplexe Übungsanweisungen zu geben, unterbrochen von deutschen Satzteilen, die mir entrutschen und die Kuriosität der Situation unterstreichen. Während meine Patienten physische Übungseinheiten absolvieren, erledige ich meinen Sprachunterricht und recht bald kann ich mich halbwegs verständlich ausdrücken und den gestellten Aufgaben an die Patienten den Ton und Ausdruck verleihen, den ich bei meiner Arbeit zu Hause an den Tag lege. Die Situationen, in denen sie aufstehen, obwohl ich sie eigentlich zum Hinlegen animieren will, werden seltener.

Meine ersten Arbeitstage bei den Kindern gestalten sich ähnlich unterhaltsam. Hier habe ich keinen Übersetzer und mir bleiben ausschließlich Hände und Füße, um meine Spielvorschläge zu unterbreiten. Vereinzelt verfügen die Kinder zwar über Englischkenntnisse, doch reichen sie keinesfalls aus, um ihnen ›Komm mit – Lauf weg‹ oder andere kleine Spiele zu erklären. Mit einem breiten Grinsen bieten mir die Kinder deshalb so viele Varianten zu meinen unverständlichen Beschreibungen an, bis sie die richtige getroffen haben und schließlich zu spielen beginnen können. Oft ziehe ich mit den kleinen Patienten durch Pashupatinath, der nahe gelegenen, hinduistischen Tempelanlage. Währenddessen ruhen stets viele Augenpaare auf uns. Wer nicht mich anstarrt, weil ich mit drei bis fünf behinderten nepalesischen Kindern durch die Gegend ziehe, der taxiert das verbrannte Gesicht von Wangtsu, einem dreizehnjährigen Jungen. Gleich bei meinem ersten Spaziergang mit den Kindern muss ich in die Offensive gehen, als wir auf einer Wiese Ball spielen. Binnen weniger Minuten versammeln sich etwa fünfzig Nepalesen, um uns zu beobachten und zu bestaunen. Junge und alte Männer, mulmig, mulmig! Ich versuche, sie in das Spiel zu integrieren, den Kontakt aufzunehmen, also schieße ich den Ball vorsichtig den Zuschauern zu. Zögerliche Reaktionen zu Beginn. Wir müssen uns den Ball zweimal gar selbst zurückholen. Die anfängliche Scheu verflüchtigt sich nur langsam. Ich würde lügen, behauptete ich, bei mir sei es anders. Doch nach und nach nimmt die Anzahl der Zuschauer ab, zugleich lässt die Kontaktangst nach. Bald spielen wir gemeinsam eine Runde Fußball, mit den Männern, die geblieben sind.

Während meiner Arbeit als Physiotherapeutin habe ich engen körperlichen Kontakt mit den Patienten. Mit Suwatra etwa übe ich direkt am bzw. im Bett. An den immer wieder aufsteigenden Uringeruch gewöhne ich mich irgendwann. Es ist eine Einstellungsfrage. Mein Sauberkeitsbedürfnis wächst jedoch. Komme ich von der Arbeit, desinfiziere ich meine Hände nach dem Waschen oder habe das dringende Verlangen nach einer Dusche, das leider nicht immer befriedigt werden kann. Das Wasser wird in den meisten städtischen Haushalten Nepals mit einer elektrisch betriebenen Pumpe in die auf dem Dach stehenden Tanks gepumpt, von wo aus das Wasser in die häuslichen Leitungen verteilt wird. In unserer Unterkunft sind wir für das stete Nachfüllen der Tanks selbst verantwortlich. Steht man unter der Dusche, und plötzlich tröpfelt es nur noch, oder bedient man die Toilettenspülung und nichts passiert, so weiß man: Es ist wieder soweit; zu den ungünstigsten Momenten, das versteht sich von selbst! Dann heißt es, Schlüssel schnappen, die Treppen hinunter, verschiedene Türen aufschließen und rein mit dem Stecker in die Dose. Das Auffüllen der Tanks dauert etwa eine Stunde, nach deren Ablauf ein leises Plätschern darauf hinweist, dass die Tanks am Überlaufen sind. Dann stürzt man (vorsichtig) die Treppen noch einmal hinunter und wiederholt die Arbeitsschritte in umgekehrter Reihenfolge. Verpasst man allerdings den richtigen Moment, weil man sich derweil vom Ort des Geschehens entfernt hat, eingeschlafen ist oder andere Gründe ein angemessen schnelles Reagieren auf die ersten Anzeichen des Überlaufens vereiteln, dann läuft das Wasser literweise an der Hauswand herunter und verliert sich mitunter in dem einen oder anderen offenen Fenster.

Regelmäßig kämpfen wir mit Stromausfall und der damit einhergehenden gestörten Wasserversorgung. Die längste Periode ohne Elektrizität beträgt für mich zweieinhalb Tage. Wir sind fünf Volontäre, die sich mit dem Wasservorrat arrangieren müssen, als uns der Strom verlässt. Nach einem Tag sind die Tanks leer, eine manuell zu betreibende Behelfspumpe liefert uns für die nächsten Stunden Wasser, doch bald ist auch diese Reserve erschöpft. Irgendwie überstehen wir die Tage. Vor dem Spülvorgang auf der Toilette wird kameradschaftlich herumgefragt, ob noch jemand anderes menschliche Bedürfnisse hat.

Man rückt zusammen und in uns entwickelt sich ein noch stärker werdendes Gemeinschaftsgefühl, das einen Hauch Romantik erhält, als wir die Abende bei Kerzenschein verbringen müssen. Bei einer dieser Gelegenheiten horche ich in mich hinein und stelle fest: Es geht mir gut. Mir gefällt das Dasein ohne Fernseher und auf engem Raum mit den anderen Volontären. Die Entscheidung über die Abendgestaltung ergibt sich aus der Wahl zwischen Kartenspielen, dem Philosophieren über Deutschlands Osten und Westen, Religionen und über das Leben im Allgemeinen. Der Grad der Kommunikation nimmt zu und erreicht eine hohe Intensität. Ich lebe nicht nur, sondern ich erlebe. Ich bemerke, dass ich da bin. Es scheint, als vergäße ich das in meinem deutschen Alltag zuweilen.

Und doch: So sehr ich meine neuen Umstände auch mag, sie sind nur ein Element der gesamten Lebenssituation, im Rahmen derer sie sich für mich ergeben. Ab und zu übermannt mich eine undefinierbare Hilflosigkeit und Traurigkeit, aber immer gibt es jemanden, bei dem ich Zuflucht suchen kann. Das Angewiesensein der Patienten auf die Mitarbeiter der Einrichtung und uns Volontäre sowie der fehlende Aktionismus mancher Menschen selbst wiederum machen mir anfangs schwer zu schaffen. Es gibt Zeiten, in denen ich den Wunsch verspüre, diesem Anblick, dem Leid zu entkommen. Da hilft es, sich Menschen anzuvertrauen, die verstehen, wenn ich von meinem Kloß im Hals rede, den ich gelegentlich spüre, wenn ich durch die Gänge von Shanti schleiche und seinen Bewohnern begegne. Wenn ich mir manchmal am liebsten die Nase zuhalten möchte, weil ich mich an diese Geruchmischung aus Schweiß, Urin, scharfem Essen und anderen undefinierbaren Nuancen doch noch nicht gewöhnt habe. Ich weiß, dass ich meinen Job nur zufriedenstellend und effektiv absolvieren kann, wenn ich selbst stark und glücklich bin. Um mein anfängliches Mitleid zu überwinden, bedarf es jedoch einige Zeit.

Es ist nicht ausschließlich der Umgang mit den Leprakranken selbst, der mir Probleme bereitet. Sie machen nur einen kleinen Teil meiner Patienten aus und unterscheiden sich für mich nicht grundlegend von anderen Kranken oder Behinderten. Lepra verursacht körperliche Einschränkungen, aber sie löst in mir keine furchterregenden Gefühle aus. Doch ich muss lernen, die einfachen hygienischen Bedingungen zu akzeptieren, unter welchen die Menschen dauerhaft leben, während sie für mich eine unterhaltsame Abwechslung darstellen. Ich muss üben, in die großen, braunen Augen vieler meiner Patienten zu schauen, ohne gleichzeitig mein eigenes Leben mit dem ihren zu vergleichen. Ich muss es schaffen, für den Augenblick zu arbeiten, denn erst dann werde ich sensibel und zugänglich für wertvolle und amüsante Momente, die sich währenddessen ergeben können. Mitleid und Zuversicht lösen einander derzeit wellenförmig ab.

Nicht selten stoße ich an Grenzen bei der Arbeit. Beispielsweise weiß ich nicht, wie ich manch physischen Problemen meiner Patienten begegnen soll. Meist sind es Knieschmerzen, über die sie klagen. Natürlich kann ich sie kurzfristig behandeln, jedoch an der Ursache kann ich nichts verändern. In Nepal – hier beziehe ich mich hauptsächlich auf die Landbevölkerung – werden fast alle Tätigkeiten in der Hocke verrichtet. Das Waschen der Wäsche in der Schüssel, das Kochen, der Toilettengang, die Unterhaltung mit dem Nachbarn. Und diese Menschen klagen über Knieprobleme? Was soll ich ihnen entgegnen? Sie möchten sich doch erst einmal einen ordentlichen Stuhl und Tisch zulegen bzw. ihre Alltagshandlungen in die stehende Position verlagern!? Ich kann es versuchen, aber hier handelt es sich um jahrelange Traditionen. Welche Rolle kann meine Arbeit spielen?

Auch Maria kämpft mit den Kulturunterschieden. Sie ist eine deutsche Waldorf-Kindergärtnerin, die versucht, dieses Konzept in Shantis Kindergarten einzuführen. Sie erzählt von den Problemen, die sie hat, den Kindern zum Beispiel das

Spucken abzugewöhnen. Nun handelt es sich hierbei nicht um ungezogene Kinder, sondern um eine Angewohnheit, die sie von ihren Eltern übernommen haben. Die Nase wird eben nicht geputzt, sondern alles wird hochgezogen und ausgespuckt. Und im Kindergarten lernen die sie nun, dass sich so etwas nicht schickt?! (Abgesehen davon mag es umgekehrt seltsam erscheinen, den Nasenschleim in einem Taschentuch in der Hosentasche herumzutragen!) Auch beginnt für die Kinder der Tag jetzt um neun, statt – wie jahrelang zuvor – um zehn Uhr. Maria führt es ein, weil sie es so aus Deutschland gewöhnt ist. Mit Unbehagen höre ich ihr zu, denn ich befürchte, dass hier in mancher Hinsicht ignorant gearbeitet wird. Mit Feingefühl muss man grundlegende kulturelle Unterschiede erkennen und manche von ihnen einfach akzeptieren. Bestimmte Konzepte einer Kultur sind eben nicht problemlos auf eine andere zu übertragen.

»«

Ich bin zwei Wochen bei Shanti, als ein Bewohner stirbt und uns wird freigestellt, der Bestattung beizuwohnen. Schüchtern frage ich, ob wir bis zur eigentlichen Bestattungsstelle am Fluß mitgehen dürfen, denn normalerweise sollten sich Touristen auf der anderen Seite des Ufers aufhalten. Aber irgendwie gehören wir durch unsere Arbeit als Volontäre auch zur Familie und dürfen unmittelbar dabei sein. Tobi und ich halten uns am Ende der kleinen Gefolgschaft auf, als der durch ein weißes Tuch abgedeckte Tote auf einer Bahre über die Straße zum nahe gelegenen Tempel getragen wird.

Die Anlage Pashupatinaths wurde am Ufer des heiligen Bagmati-Flusses errichtet. Hier finden die hinduistischen sowie buddhistischen Bestattungszeremonien statt und das Kastensystem des Hinduismus hat Spuren hinterlassen:

Je näher die Verbrennungsplattform am Zentrum der Tempelanlage desto höher die Kaste, der der Verstorbene angehörte. Jetzt gibt es einiges zu tun: Holz muss gekauft, der Scheiterhaufen gebaut werden. Der allgegenwärtige Geruch von Räucherstäbchen steigt mir in die Nase. In Nepal ist die Kremation die Hauptbestattungsform, die von den Familienangehörigen selbst durchgeführt wird. Da es in diesem Fall ausnahmsweise keine Familienmitglieder mehr gibt, übernehmen einige Freunde diese Aufgabe. Die Bestattung beginnt damit, dass der Tote dreimal um den Scheiterhaufen getragen, bevor er auf ihm abgelegt und mit Stroh abgedeckt wird. Anschließend entfacht jemand das Feuer, beginnend in Höhe des Mundes des Toten, damit seine Seele als erstes entweichen kann. Im Normalfall übernimmt der jüngste Sohn diese Aufgabe bei der Mutter, der älteste beim verstorbenen Vater. Die starken Familienbande halten bis zum körperlichen Tod.

Ich bin von mir selbst überrascht, der Verbrennung einer Leiche so gelassen zuschauen zu können. Nur als sich plötzlich aus dem brennenden Haufen ein Arm deutlich nach oben empor streckt, schüttelt es mich kurz. Irgendwann knallt es, der Kopf explodiert von der großen Hitze. Das Feuer wird so lange erhalten, bis der Körper vollständig zu Asche geworden ist, was meist mehrere Stunden dauert. Mitsamt den verbrannten Scheiten stoßen zwei Männer sie irgendwann in den Fluss. Hundert Meter weiter spielen Kinder im Wasser und Frauen waschen die Wäsche.

Der Lauf des Lebens.

Die Zeremonie, der wir beiwohnen, wird allerdings durch das pietätlose Verhalten einiger Touristen gestört. Anstand und die eigenen Ansprüche an den Respekt anderer wurden scheinbar zu Hause gelassen und nur die Kameras eingesteckt. Denn diese klicken unaufhörlich. Ohne die Diskretion zu wahren, nehmen sie die Bestattung aus nächster Nähe auf. Ein junger Mann hält dem predigenden Priester den Apparat direkt vor die Nase und meinen Augen kann ich nicht glauben, als eine aufdringliche Frau ihre digitale Kamera tatsächlich zehn Zentimeter über dem Toten laufen lässt; mit einem selbstzufriedenen Lächeln auf dem Gesicht, offenbar weil sie so nah dabei ist. Ich stelle mir vor, wie sie später am hübsch gedeckten Kaffeetisch ihr prächtiges Fotoalbum präsentieren wird. Fassungslos und mit Wut im ganzen Körper beobachte ich diese Respektlosigkeit und Ignoranz, mit der die Riten der Zeremonie gestört werden und mit denen sie den trauernden Angehörigen sowie dem Toten gegenüber treten. Diese Erhabenheit ist so typisch ›weiß‹ und nicht zum ersten Mal schäme ich mich, eine Weiße zu sein. Dieses beklemmende Gefühl kenne ich bereits von meinem Besuch beim Ayers Rock in Australien. Auch dort nahmen weiße Touristen keine Rücksicht auf die von den Aborigines vorgebrachte Bitte, ihren heiligen Berg nicht zu besteigen. Stattdessen sah ich eine lange Kette zahlloser Menschen auf dem Weg auf den Berg. Kulturelle Bräuche und Auffassungen (anderer) Naturvölker, sie scheinen im Bewusstsein vieler Westler keine Bedeutung zu haben. Diese Arroganz macht mich wütend.

»«

Bei Shanti habe ich ein altes Fahrrad entdeckt. Es bedarf lediglich einer kleinen Generalüberholung, wofür ich es zur nahe gelegenen kleinen Fahrradwerkstatt schiebe. Um die Wartezeit zu überbrücken, schlendere ich zum Gemüsehändler um die Ecke, bei dem ich in den letzten Tagen meine praktischen Erfahrungen im Handeln sammeln konnte. Die in Nepal üblichen Preisverhandlungen fielen mir anfänglich schwer, schließlich sind die Summen verglichen mit deutschen Beträgen lächerlich tief. Zudem wird in Deutschland der Preis bezahlt, der verlangt wird. Aber allmählich entdecke ich große Freude daran, dem Verkäufer empört zu verstehen zu geben, dass der von ihm genannte Preis unerhört hoch ist. Elementare Verhandlungsvokabeln, wie »viel zu teuer« und »ich kaufe woanders«, habe ich mir gleich in den ersten Tagen angeeignet. Kann ich die Nepalesen erst einmal mit ein paar Brocken ihrer Sprache überraschen, sinken die Preise auch viel schneller. Ich muss nicht erst jedes Mal scheinbar in Ohnmacht fallen, um das Produkt zu einem fairen Preis zu erhalten. Heute möchte ich mit dem Gemüsehändler nur ein paar Worte wechseln, man kennt sich mittlerweile. Abgesehen davon ist ein Feilschen beim Einkauf hier nicht mehr nötig. Ein unsichtbares Band hat sich zwischen uns geknüpft, so dass es keiner Verhandlung mehr bedarf. Während wir in einer Mischung aus Nepalesisch und Englisch ein wenig plaudern, teilt er einen Apfel in mehrere Stücke. Als er mir eines reicht, lehne ich ab und er versteht. Er trennt die Schale vom Fruchtfleisch, denn Obst und Gemüse müssen wir Ausländer mit Trinkwasser reinigen oder eben schälen, um der Gefahr einer Magen- und Darmverstimmung oder Schlimmerem aus dem Weg zu gehen.

Eine halbe Stunde später kehre ich zum Fahrrad zurück, das mit zwei geflickten Schläuchen nun fahrbereit auf mich wartet. Mit Stadtplan und einem breiten Grinsen, etwas eingeengt durch das vor Abgasen schützende Tuch vor Nase und Mund, ziehe ich zu meiner ersten Tour in die Stadt los.

Der Weg dauert etwa zwanzig Minuten. Ich versuche mich einzugliedern in das Chaos, das sich hier Straßenverkehr nennt. Wie singt Grönemeyer in seinem Lied ›Mambo‹: »Ein Hupkonzert wie von tausend Trompeten«? Er muss es Kathmandu gewidmet haben. Das Hupen erscheint mir anfangs ein wildes, willkürliches und äußerst nerviges Durcheinander. Ich vermute ein völlig unnützes Prinzip dahinter. Man setzt sich ins Auto und hupt erst einmal: als Integrationsmaßnahme sozusagen. Mit der Zeit lerne ich jedoch, dass hier gehupt wird statt zu blinken. Und auch die bloße Überlegung, eventuell in zweihundert Metern überholen zu wollen, wird durch die Betätigung des Horns mitgeteilt. Eine Spur zu finden, in der ich mich als Fahrradfahrer geschützt aufhalten kann, gelingt mir nicht. Begrenzungslinien suche ich vergeblich und irgendwie schaffen es die Nepalesen, bis zu sechs ›Spuren‹ zu benutzen (wohlgemerkt je Straßenseite), bei einem Platzvermögen, das zu Hause vielleicht für zwei reicht. Regeln, an die ich mich halten kann, auch die suche ich erfolglos. Es gibt maximal eine: Alles ist möglich! Man kann von links oder rechts überholen – je nach Lieblingsseite – und ein jeder deutet das geräuschvoll an. Dementsprechend der Krach, aber es klappt. Dass die Fahrradfahrer da mittendrin und nicht am Rand mitfahren, stört, wenn überhaupt jemanden, nur sie selbst. Fußgänger, heilige Kühe, Rikshas, Autos, Fahrradfahrer – eine träge, undefinierbare Masse, die in eine gemeinsame Richtung rollt und bei der sich jeder am besten zwei Paar Augen zulegt, um gefahrlos zu überleben.

Dennoch, die Angst vor einem Unfall bleibt aus, als ich mich aktiv durch den Verkehr schlängle, denn diesem ›Freestyle‹-Fahrstil muss sich die Geschwindigkeit zwangsläufig unterordnen. So überhole auch ich mal ein Auto oder ziehe mit einem Motorradfahrer gleich. Bald bin ich genauso kaltblütig wie die einheimischen Verkehrsteilnehmer. Zielgerichtet schneide ich immer öfter einen Kreisverkehr, so dass sich die anderen unterordnen müssen, weil ich tapfer meine Richtung halte. Sollte ich ein Chaos hinter mir lassen, so bekomme ich es nicht mit. Und letztlich: Auf eines mehr oder weniger kommt es hier auch nicht an.

Beim Fahren fällt mir die Evolutionstheorie von Lamarck dabei ein: Tiere passten sich demnach aktiv an ihre Umwelt an. Hier ist es ebenso: Nur wer bereit und wachsam ist, hat eine Chance. Wer bremst, verliert. Leider wurde Lamarcks Theorie nicht anerkannt, stattdessen kam

Darwin daher und lehrte etwas von zufällig verändertem DNA-Material. Ach, wäre Darwin nur auf Nepals Straßen gewesen! Allein Aufmerksamkeit und Koordination sind gefragt. Hastig bremsen, spontaner Richtungswechsel und sich an dem unerwartet stehenbleibenden Fahrzeug gefühlvoll vorbeischlängeln, während das zur gleichen Zeit vier weitere Verkehrsteilnehmer rechts und links neben einem tun, sind die gefragten Kompetenzen. Orientierungsfähigkeit ist vonnöten, wenn es heißt, sich unfallfrei im fließenden Verkehr von der linken auf die rechte Seite der fünfzehn Meter breiten Einbahnstraße zu manövrieren. Es gilt in diesem Durcheinander, mögliche Spurenwechsel der nicht blinkenden Fahrzeuge zu erahnen, sich mit einem plötzlich auftauchenden Schwarm von Motorrädern zu arrangieren und die eigene Position mit jener der übrigen Masse ins richtige Verhältnis zu setzen. Kopfschüttelnd, aber schrammenfrei kämpfe ich mich nun täglich per Fahrrad durch den Verkehr!

Nach und nach lerne ich, mich in der Stadt zu orientieren und die Unabhängigkeit, die ich mit dem Fahrrad habe, sehr zu schätzen. Ich kann es nicht anders sagen, nach nur wenigen Wochen bin ich mit mir und meinem Leben in Nepal im Einklang. Gewöhnt habe ich mich an den Geruch der Stadt, bei dem es sich um eine Mischung aus Abgasen, Duftstäben und Essengerüchen handelt. Fasziniert schlendere ich über die unzähligen Gemüsemärkte, auf denen die Ware zumeist auf dem Boden feilgeboten wird und lausche dem Stimmenwirrwarr, der mit dem Handel einhergeht. Die unzähligen fremden Komponenten meines neuen Alltags sind nunmehr ein vertrauter Bestandteil meines Daseins. Gedanken an Zuhause ziehen sich bald in einen kleinen Winkel meines Bewusstseins zurück und erwachen nur, wenn ich in einem der zahllosen Internetcafes im Thamel auf virtuellem Wege Kontakt zur Heimat suche. Ansonsten führe ich bald, auch aufgrund der fehlenden gemeinsamen Vergangenheit mit den übrigen Volontären, ein Leben im Hier und Jetzt.

Meinen jetzigen Zustand kann ich mit einem kleinen Satz beschreiben: Ich bin glücklich. Abgesehen von Behandlungen für einige Patienten gibt es nichts, das ich vor- oder nachbereiten muss, um das es sich fieberhaft zu kümmern gilt. Keine Hausaufgaben, keine Hausarbeiten, keine Zukunftsgedanken, die sorgenvoll meinen Tag begleiten. Alles, was zählt, ist die tägliche Arbeit, die Absprachen mit den Volontären für die Abendgestaltung, das Kennenlernen der faszinierenden Kultur mit ihren liebenswürdigen und liebevollen Einwohnern. Vehement haben sich die bisherigen Selbstverständlichkeiten meines Lebens Aufmerksamkeit erkämpft. Sei es sauberes Wasser, konstanter Strom oder unverdorbenes, frisches Essen. Gerade ihre derzeitige Unzuverlässigkeit gibt diesen Ressourcen ihren Wert wieder. Um sie gilt es sich zu kümmern, nicht um die Rente der fernen Zukunft, nicht um den Blick in den Spiegel, der sicherstellt, das mein Äußeres den gesellschaftlichen Anforderungen entspricht, nicht um den Streit um Seminare oder Abschlüsse. Das Leben ist Gegenwart.

Manchmal erscheint mir unsere Volontärsbleibe wie eine Oase. Inmitten des großen Leids, das anfänglich meine ganze Aufmerksamkeit auf sich zog, entwickelt sich hier im kleinen Rahmen eine Miniwelt des Zusammengehörens, des Vertrauens und der Geborgenheit, wie ich es in dieser Intensität und Harmonie noch nicht kannte. Ich schöpfe daraus die Kraft, mit Lepra, der Armut und den einfachen Lebensumständen umzugehen. Hier lerne ich, mich nach außen, so gut es geht, abzugrenzen. Nach nur vier Wochen meine ich, diesen Alltag schon eine Ewigkeit zu leben.

»«

Dann verlasse ich diese Oase für drei Tage und tauche ein in das ›echte‹ nepalesische Leben. Mit Julia, einer Österreicherin, die ich im Flugzeug kennen lernte, gehe ich auf Wanderschaft. Für beide von uns ist es der erste Ausflug in Nepals Bergwelt, die vielerorts mit bezaubernden und herausfordernden Wanderungen assoziiert wird. Voll Vorfreude und Spannung sind wir beide.

Wir brechen auf in die Helamburegion, die sich nördlich von Kathmandu befindet. Sie ist eine verhältnismäßig selten begangene Gegend, denn nur wenig findet sie Erwähnung in den spektakulären Reiseführern oder Berichten über Nepal und seine Achttausender. Der Weg führt uns so auch nicht durch gigantische Bergmassive, wir bestaunen sie lediglich aus der Ferne. Doch der Zauber des ersten Mals wohnt unserer Wanderung inne, die, so abgeschieden vom Massentourismus, von den ersten Minuten einen unvergesslichen Charakter erhält.

Nachdem wir die Häuser von Buddhanilkanta, unserem Ausgangsort, hinter uns gelassen haben, öffnet sich vor uns ein großer Wald, der uns willkommenen Schatten spendet, während wir die ersten nepalesischen Höhenmeter nehmen. Recht bald begegnen wir einem Förster, der es sich nicht nehmen lässt, uns bis zur Bergspitze ›Shivapuri‹ zu begleiten. Die ganze Zeit redet er über die wunderbare Ruhe hier in den Bergen. Leider kann ich von dieser nicht viel wahrnehmen, während er mir lautstark ins Ohr plärrt. Dreißig Minuten lang! Oben angekommen, trennen sich nach einer kurzen Rast unsere Wege und wir wandern froh allein weiter. Den richtigen Weg zu finden, gestaltet sich bald als Ratespiel. In regelmäßigen Abständen sehen wir uns unausgewiesenen Weggabelungen gegenüber. Mindestens zwei Pfade, lehrt uns die Erfahrung, werden sich im Nichts verlieren. Ein, zwei andere führen zum selben Ziel, aber welcher ist der unsere? Mitunter haben wir Glück und ein paar Einheimische sind in der Nähe, die wir fragen können. Mein Nepalesisch reicht bereits für einige Sätze, was mich mit Stolz erfüllt. Nur muss ich mich entscheiden, ob ich die Sprache üben oder am Ziel ankommen möchte, denn auf vorsichtig und lückenhaft gestellte Fragen gibt es schnelle Antworten, für die meine nepalesischen Sprachkenntnisse doch noch nicht ausreichen.

Es ist ein anstrengender Tag. Das Wandern in den nepalesischen Bergen zeichnet sich, nicht ganz überraschend, durch ein stetes Auf und Ab aus. Und das konsequent. Wehmütig denke ich öfter an die Wasserpumpe in Kathmandu. Stecker rein, Strom Marsch, und sie geht wieder. Was würde ich darum geben, meine eigene Pumpe so einfach mobilisieren zu können! Dieses ewige Hoch und Runter erscheint bisweilen sinnlos. Es würde doch genügen, hier und da eine Brücke zu spannen. Aber es ist ja immer wieder meine eigene Entscheidung. Nichts hindert mich daran, meine Wanderurlaube z.B. nach Holland zu verlegen.

Als wir uns am Ende des ersten Tages dem Dorf Pati Bhanjyang nähern, treffen wir einige Meter vor dem Ortseingang auf mehrere kleine Kinder, die uns aufmerksam betrachten. Genau wie wir sie. Eines von ihnen schreit plötzlich los, offensichtlich der Späher, der seine Dorfbewohner darüber informiert, dass Touristen im Anmarsch sind.

Während wir unsere Unterkunft beziehen, müssen wir den Büchern mit ihren Versprechen vom freien Blick auf die beeindruckende Langtang-Bergkette zunächst ungesehen Glauben schenken, denn der Himmel ist verhangen. Also hören wir auf unsere leeren Mägen, die für Nahrungsaufnahme plädieren. Nach einem langen Wandertag füllen wir sie mit Dal Bhaat, dem Nationalgericht und wärmen uns mit einer großen Kanne heißer Zitrone, die vor allem dem ersten Teil ihres Namens gerecht wird. Wir sind die einzigen Gäste und in dem großen, schummrigen Speiseraum kommen wir uns bald verloren vor. Wir beschließen, uns zur Nachtruhe zu begeben. Die erste Nacht meiner ersten Wanderung in Nepal. Es durchströmt mich ein tiefes Glücksgefühl, als wir unsere Schlafsäcke auf den Betten ausbreiten. Zwei einfache Holzpritschen und eine Kerze, mehr ist da nicht.

Während sich Julia nebenan wäscht, versuche ich das eigenwillige Hebelprinzip unserer Zimmertür zu analysieren und zu bedienen, um diese zu schließen. Leider war Physik noch nie meine Stärke, es dauert also eine Weile. »Huuuuuua«, höre ich Julia irgendwann kreischen. »Was ist los?«, rufe ich zu ihr hinüber, während ich bemüht bin, die Türhebel ins richtige Verhältnis zu setzen. »Das Wasser ist eisig«, gibt sie zurück und steht nach wenigen Minuten schon wieder vor mir. »Katzenwäsche, mehr ist nicht drin.« Das Rohr aus der Wand spuckt auch mir kaltes Wasser entgegen und bald darauf liegt jede von uns fest eingekuschelt in ihrem Schlafsack. Nur das Gesicht schaut heraus, obenauf die Mütze, die vor kostbarem Wärmeverlust schützt. »Fein ist´s!«, meint Julia in ihrem österreichischen Akzent, lacht mich an und schließt die Augen. Ich lösche das Kerzenlicht und bin selig.

Als wir am nächsten Morgen durch unser Fenster die Sonne anblinzeln, begrüßen uns aus der Ferne die versprochenen weißen Hauben der Langtang-Bergkette. Wir krabbeln durch das Fenster auf die Terrasse und begeistert bleiben wir vor der Kulisse stehen. Die Berge sind nebeneinander aufgereiht, als wären sie zum Appell angetreten. Von Ost nach West, so weit das Auge reicht. Zum ersten Mal in meinem Leben sehe ich mich Siebentausendern gegenüber. Minutenlang bin ich gebannt von der Majestät, die sie ausstrahlen. Die Sonne steht diesem Strahlen in nichts nach, während wir das Frühstück auf der Terrasse einnehmen. Mit dem Campingkocher bereiten wir Tee zu und knabbern an unserem Brot, in freudiger Erwartung an die Erleichterung des Gepäcks. Julia und ich kommunizieren in diesen Minuten nicht viel miteinander. Eine jede unterhält sich wohl mit den Bergen oder sich selbst, oder mit dem Leben.

Auf dem Weg nach Nargakot, dem heutigen Tagesziel, passieren wir mehrere kleine Ortschaften. In jeder empfängt uns zu allererst ein vielstimmiges: »Chocolaterupeepen!«

(Schokolade, Rupie, Stift). Die Hartnäckigkeit, mit der die Kinder, und manch Erwachsener, etwas einfordern, von dem sie meinen, sie haben ein Recht darauf, verstimmt mich zusehends. Das freundliche Lächeln, mit den weißen Zähnen verliert an Zauber, wenn es diese fordernde Frage einleitet. Ein Pawlowscher Reflex: Ein Nepalese sieht in den Bergen einen Weißen und streckt fordernd die Hand aus, da man gelernt hat, dass jene stets mit etwas gefüllt wird.

Ich werde sehr nachdenklich, diverse Bettelversuche bleiben bei mir dennoch erfolglos. Meine Absage, die ich den Kindern immer wieder erteile, kann ich glücklicherweise in ihrer Sprache geben und diese Tatsache ist für die Kinder fast genauso schön, als hätten sie tatsächlich etwas erhalten. Mitunter bekomme ich auch den Eindruck, dass mich die kleinen Rabauken kennen. Oft heißt es: »Hello sweets!«, oder »Hello pen!« Soll das eine persönliche Begrüßung sein? Es klingt wie: »Hallo Gabi Meier!« Gelegentlich ergibt sich daraus ein lustiger Informationsaustausch, mit gebrochenem Englisch ihrer- und Nepalesisch unsererseits, mit Händen und Füßen. Einmal gehe ich zum Gegenangriff über und frage einen kleinen Trupp von schmutzigen aber strahlend schönen Kindern, ob sie denn etwas für mich hätten oder wo der »chocolaterupeepen« denn sei, von dem sie reden? Schon nehmen sie Abstand von ihrer Forderung und schauen mich ob der nepalesischen Brocken erstaunt mit großen, klaren Blicken an. Nur schließt sich jetzt ein wahres Bombardement an Fragen an, die ich natürlich nur zur Hälfte verstehe. Aber es hilft mir, mich mit der Situation für den Augenblick auszusöhnen und Spaß mit den Kindern zu haben. Es ist spannend zu erleben, wie man verbal eingeschränkt, trotzdem so verständlich miteinander kommunizieren kann. Besonders deutlich wird diese Tatsache, als wir den Abend bei einer nepalesischen

Familie verbringen, die eine kleine Lodge führt. Wir dürfen ihr Wohnzimmer, die Küche, das Schlafzimmer der Eltern sowie das ihrer drei Kinder betreten – und dabei verlassen wir nie den etwa fünfzehn Quadratmeter großen Raum. Ein kleines Feuer lodert in der Ecke, an dem wir sitzen dürfen und dabei der Mama beim Kochen zusehen. Wie einfach das Leben hier ist. Nur aus dem Elementaren bestehend, bestehen könnend. Es gibt keine Möglichkeiten für mehr, dafür ist die industrielle Entwicklung noch nicht tief genug ins Landesinnere vorgedrungen.

Gemeinsam nehmen wir das Frühstück am nächsten Morgen ein. Der Tag ist noch kalt und so sitzen wir am Feuer. Jeder wärmt sich an seiner Teetasse. Chapati, ein weicher Brotteig, mit Marmelade bestrichen und wir sind gestärkt für den Tag. Es ist der letzte unserer kurzen Wanderung und nach drei Stunden scheint es, als marschierten wir direkt in das grüne Kathmandu-Tal hinein. Wohin wir den Blick auch wenden, ihm bieten sich die zahllosen, in Terrassenform angelegten Felder, während wir die grandiosen schneebedeckten Berggipfel langsam hinter uns lassen. Welch überwältigendes Naturschauspiel! Wir wandern durch die mit roten Farbklecksen übersäten Felder hindurch. Es sind purpurrote Tücher, die den Frauen als Kleider dienen. Das intensive Rot bildet mit der dunklen Haut und den schwarzen Haaren der Frauen einen faszinierend harmonischen Kontrast.

Es wimmelt nur so von Menschen, denn die Reisernte ist in vollem Gang. Spontan halten Julia und ich Brotzeit, um das emsige Treiben auf uns wirken zu lassen. So weit das Auge reicht, überall sehen wir kleine Grüppchen auf den Feldern verteilt.

Jeder hat bei der Ernte seine Aufgabe und fließend gehen die Arbeitsgänge der unzähligen, schmalen Hände ineinander über. Hier finden sich bis zu zehn Menschen auf einem kleinen Flecken des Feldes zusammen und ernten den Reis. Jemand schneidet mit einer Sichel die Pflanzen, die nächste trägt sie zu einem Haufen, wieder eine andere nimmt ein paar dieser Reispflanzen auf und reicht sie dem Mann, der an der Trommel steht und diese durch ein Pedal in Bewegung hält, einer alten Nähmaschine gleich. Die Trommel ist mit etlichen herausstehenden Nägeln bestückt und trennt aufgrund ihrer ständigen Bewegung die Reiskörner von den Halmen, die büschelweise an die Trommel gehalten werden. Eine Frau fegt die Körner zusammen, neben ihr werden die vom Korn befreiten Pflanzen fortgeschafft. Hier und da noch ein paar Handlanger und die Arbeitsvorgänge sind komplett. Das ganze Bild erinnert mich an einen Bienenschwarm. Nur, dass nicht gesummt wird.

Wir ziehen weiter und gelangen nach Sankhu. Als wir durch die Ortschaft laufen, bleibe ich plötzlich wie angewurzelt stehen, da mich die Zusammenarbeit zwischen einem Mann und seinem Ventilator begeistert. Auf einem großen Tablett aus Bast befindet sich der kürzlich geerntete Reis und wird langsam vor dem Ventilator zu Boden geschüttet. Das wertvolle Korn wird von der nutzlosen Spreu durch den vom Gerät verursachten Wind getrennt und verfeinert damit den Vorgang der Arbeiter auf dem Feld. Lange bleibe ich stehen und schaue dem Mann ganz gefesselt zu. Julia zeigt auf die Vorplätze der kleinen Häuser. Überall im Dorf liegt der Reis auf großen Flächen verteilt vor der Hütte. Wir beobachten Frauen, die gelegentlich durch den Reis laufen, um alle Seiten des Korns der Sonne zuzuwenden und dabei ein wiederkehrendes Muster zu hinterlassen.

Ich bin dankbar für das Erlebnis. Bisher habe ich Reis gegessen, ohne mir klar darüber zu sein, welch langwierige Arbeit und wie viele Einzelschritte hinter der Verarbeitung des Korns stecken. Meine Geographiestunden sind schließlich schon eine Weile her. Reis ist in Nepal das

Hauptnahrungsmittel. Wir essen Brot, sie Reis. Wir legen mal Käse, mal Wurst auf das Brot, bei ihnen gibt es immer Linsen dazu, nur das Gemüse wechselt – alles zusammen nennt sich Dal Bhaat. Je höher die Region desto monotoner jedoch die Beilage.

Mit diesen eindrucksvollen Bildern im Kopf steigen wir kurze Zeit später in den Bus, der uns an Reisfeldern vorbei zurück nach Kathmandu bringt. Eingekeilt sitzen wir zwischen den Einheimischen und müssen uns dem Straßenchaos überlassen. Meine sonst aktive Verkehrsteilnahme per Fahrrad macht die Situation etwas erträglicher. Ein häufiges Anfahren und Abbremsen, das plötzliche Ändern der Fahrtrichtung und dieser unaufhörliche Lärm, all das hat für mich eine Bedeutung. Das Fahrrad fahren hat meine Nerven mit einem gewissen Ausdauervermögen ausgestattet, auch wenn das heillose Durcheinander nach wie vor nicht spurlos an mir vorbeigeht. Zumal nach drei so ruhigen Tagen der Empfang der Stadt nicht anstrengender sein könnte. In den ersten Stunden kostet mich das Hiersein wertvolle Nerven. Dreck überall dort, wo man hin schaut, Abgase erschweren das Atmen, das Hupen legt sich nervend auf die Ohren. Welcome to the city! Kontrastreicher könnte sich ein Tagesverlauf nicht gestalten. Begonnen hat er mit Blick auf die Berge, klarer Luft, gefüllt von nichts anderem als dem Vogelgezwitscher und dem Geplapper der Menschen – eine Idylle, eingebettet in sanfte Hügel und wir mittendrin. Nun setzen wir unsere Schritte wieder auf gepflasterte Wege, gehörend zu einer Stadt, die dennoch gerade wegen ihrer chaotischen Zustände und der in ihr lebenden, stets zu lachen scheinenden Menschen etwas Einmaliges darstellt.

Am nächsten Tag flüchte ich nach Bodnath, der größten tibetischen Siedlung in Nepal, gelegen am Stadtrand von Kathmandu. Als 1959 etliche Tibeter aus ihrer Heimat, heute zu China gehörend, flüchteten, fanden viele von ihnen hier ein neues Zuhause. Ein etwa vierzig Meter im Durchmesser betragender buddhistischer Stupa bildet das Zentrum der Siedlung. Bodnath ist weltweit eines der größten religiösen Bauwerke seiner Art. Wann immer ich es besuche, pilgern etliche Menschen im Uhrzeigersinn um ihn herum, das Mantra ›Om mani padme hum‹[3] leise vor sich hin murmelnd. Dabei drehen sie eifrig an den in die Wand des Stupa gebauten Gebetsmühlen, ebenfalls im Uhrzeigersinn. Mönche und viele alte Menschen halten ihre eigene kleine, aus Holz gefertigte, Gebetsmühle in der Hand. In deren Zylinder befinden sich kleine Papierrollen, die mit Mantras bedruckt sind. Wird die Gebetsmühle in Bewegung versetzt, soll sie dadurch die Wirkung des durch die entsprechende Person aufgesagten Mantras erhöhen.

Suche ich Ruhe, ist hier der Ort in dem chaotischen Kathmandu, an dem ich sie finde. Zu gern gebe ich mich der schwer zu definierenden Magie des Ortes hin. Bei jedem Besuch schauen mich Buddhas Augen vom Stupa scheinbar allwissend an und strahlen eine friedliche Ruhe auf mich aus. Oft verbringe ich Stunden in Bodnath, sitze auf einer der vielen Stufen der Anlage und beobachte, wie die Gläubigen in ihr Gebet vertieft an mir vorüber ziehen.

»«

Mittlerweile bin ich sechs Wochen im Land. Die erste Wanderung liegt Wochen zurück und schnell habe ich mich in den abwechslungsreichen Alltag bei Shanti zurückgefunden. Vor mir liegt nun ein Besuch meiner Eltern. Noch vor meiner Abreise aus Deutschland planten wir eine gemeinsame Wanderung in Nepals Bergen und nun ist es soweit: Ein neues Abenteuer. Momentan scheint mein gesamtes Leben aus solchen zu bestehen.

---

[3] Übersetzt: „Ehre sei dir, du Juwel der Lotusblüte!"

Phantastisch!

Sie sind unter den Letzten, die das Flughafengebäude verlassen und als ich sie erspähe, überwältigt mich eine Welle tiefer, warmer Emotionen. Das Gefühl von Vertrautheit tut gut. Doch unsere Wiedersehensfreude muss sich vorerst einem logistischen Problem unterordnen. Es sind zwar beide Elternteile, jedoch nur ein Rucksack in Kathmandu gelandet. In dem fehlenden Gepäckstück befindet sich die gesamte Wanderausrüstung meines Vaters, inklusive Kocher und Medikamente für seine gerade abklingende Mittelohrentzündung. Der Start könnte besser sein, allerdings bemühen wir uns, es optimistisch zu sehen: Es kann jetzt nur noch bergauf gehen. Unsere ersten Tage sind also vorerst organisatorischer Natur und von Einkäufen geprägt. Mein Vater ersteht als Ersatz für seine qualitativ hochwertige und modische Wanderhose eine einfache, bunte Stoffhose im nepalesischen Muster, die meine Mutter und ich lachend in Augenschein nehmen.

Nach und nach stellt sich auch bei meiner Mutter das Urlaubsgefühl ein und ich selbst entledige mich endlich des befremdlichen Gefühls, welches mich in Bezug auf meine Eltern gleich im Anschluss an meine Freude beschlichen hatte. Ich muss an ihren Besuch damals in England denken, als ich völlig überrascht wurde von meinen unbekannten Gefühlen. Jetzt kann ich schon ein wenig besser damit umgehen, obwohl mich die Situation auch dieses Mal wie ein kalter Lappen im Gesicht trifft. Zu sehr war ich bis zum letzten Augenblick in meinen neuen Alltag eingebunden. Mein hiesiger Lebensstil unterscheidet sich deutlich von jenem zu Hause. Er hat andere Prioritäten, Aufgaben, Eindrücke. Der Kontrast ist zu groß, als dass ich in der Lage wäre, beides fließend miteinander zu verbinden. Ist es vielleicht besser, eins mit dem anderen nicht zu vermischen? Blieben auf diese Weise meine verwirrenden Gefühle und Gedanken aus?

Am dritten Tag nach der Ankunft meiner Eltern haben wir jedoch wieder zueinander gefunden und endlich beginnt auch unsere Reise in Richtung Upper Mustang, wo wir zehn Tage wandern werden.

Müde schälen wir uns morgens um halb sechs aus dem Bett, um pünktlich um halb sieben am Bus zu stehen, der uns nach Pokhara bringen wird. Ein Bus hinter dem anderen steht am Straßenrand. Bereits in dieser frühen Morgenstunde herrscht geschäftiges Treiben. Den unzähligen, nach ihrem Bus suchenden Touristen werden Wasser und Gebäck angeboten. Nachdem wir unseren Bus ausfindig gemacht haben, schnappe ich mir gleich einen der vorderen Sitze, der mir Beinfreiheit und den Blick nach vorn garantiert. Diese Präventionsmaßnahme führe ich durch, da sich der Weg in den ersten fünf der insgesamt acht Stunden und 200 km langen Fahrt in unzähligen Serpentinen und Haarnadelkurven durch die Berge schlängeln wird. Mit meinem dafür sehr anfälligen Magen sehe ich dem Bus gleich an, dass ein vorderer Platz das Beste für ihn ist und meine wenigen nepalesischen Worte erklärend an den Fahrer gerichtet, reichen aus, einen der eigentlich für Nepalesen reservierten Plätze beanspruchen zu können. Der Bus ist recht klein, dennoch transportiert er etwa vierzig Passagiere. Man mag es als Platzökonomie bezeichnen, dass hier überraschend viele Sitze hineingequetscht werden, die dadurch die Beinfreiheit des Einzelnen schmerzhaft reduzieren. Dennoch, die Erfahrung ist es allemal wert. Als ich den Bus betrete, schlägt mir der konzentrierte Geruch von Räucherstäbchen entgegen. Gleich fünf davon klemmen am Armaturenbrett und räuchern den Bus so zu, dass zu vermuten ist, etwas soll vertuscht werden. Vielleicht der Geruch von auslaufendem Öl oder Benzin? Zum Glück bestätigt sich diese Angst nicht, es ist nur eine der landesüblichen Sitten, wo immer möglich, Duftstäbe zu entzünden.

Während meine Müdigkeit langsam weicht, wird unser Gepäck oben auf dem Dach festgeschnallt, denn die Busse haben keinen Stauraum und werden wohl in keiner Weise unseren TÜV-Anforderungen gerecht. Wahrscheinlich würden die Fahrzeuge maximal deutsche Müllhalden damit bestücken. Vom Armaturenbrett ist nur der Rahmen übrig, ich kann weder einen Tachometer noch andere mir bekannte Anzeigen entdecken. Schwarze Löcher gähnen mir stattdessen entgegen.

In Nepal dauert alles etwas länger. Und so sind wir, zu meiner angenehmen Überraschung, schon dreißig Minuten nach Abfahrtstermin fahrbereit. Als sich der Bus endlich in Bewegung setzt, passieren wir eine zierliche Frau, die mit einem Strohbesen die Straße fegt und sich vom vorbeifahrenden, Dreck aufwirbelnden Verkehr in ihrer Sisyphusarbeit nicht stören lässt.

Nach drei Stunden und unzähligen Kurven gibt es die erste Pause. Die Schlange vor der Toilette bildet sich binnen weniger Minuten. Das ist hier genauso wie anderswo. Ich beobachte ein europäisches Pärchen, das verstohlen Zärtlichkeiten austauscht. Sie werden von einem Nepalesen gestört, der offensichtlich daran Anstoß nimmt. Die allgemeine Akzeptanz von Zuneigungsbekenntnissen ist anders als bei uns. Von Beginn an fiel mir auf, dass hier die Männer offen ihre Sympathien bekunden. Händchen haltend ziehen sie durch die Straßen, sitzen zusammen und legen dabei freundschaftlich den Arm um die Schulter des Freundes oder sie lassen die Hand auf dem Oberschenkel des Nachbarn ruhen. Andere Länder, andere Sitten!

Genau acht Stunden später rollen wir auf einen Schotterplatz in Pokhara, auf dem uns Mitarbeiter der verschiedensten Hotels und etliche Taxifahrer bald wie Geier umkreisen. Es ist der Busbahnhof. Das Fahrzeug ist noch nicht einmal zum Stillstand gekommen, da strecken die ersten ihre Hände durch die Fenster und winken mit bunten Visitenkarten. Kaum haben wir den Bus verlassen, werden wir traubenartig umschlossen und Opfer eines wahren Hahnenkampfs. Ich weiß nicht, ob ich lachen oder schreien soll. Energisch richte ich deshalb ein paar Worte an alle, um zumindest Raum für unser Gepäck zu machen, das wir vom Dach des Busses entgegennehmen. Kurzzeitig stürzt man sich auf andere Opfer, aber lange werden wir nicht in Ruhe gelassen. Meine Eltern sind mit diesem Spektakel bereits vertraut, auch mit den horrenden Preisen für die Taxifahrt. Zielstrebig marschieren wir deshalb wie Pferde mit Scheuklappen Richtung Ausgang und mit jedem Meter sinkt der angebotene Taxipreis des nicht von uns ablassenden Taxifahrers. Noch ein paar Meter und mein Vater ist mit dem Angebot zufrieden, wir steigen ein und werden zum Hotel kutschiert. Am Abend dann spaziere ich entlang des Sees, dem Pokhara seinen Namen verdankt. Gedanken an meine Arbeit machen sich breit. In den vergangenen Wochen habe ich mein Volontärdasein in Kathmandu sehr lieb gewonnen. Jetzt als typischer Tourist im Land unterwegs zu sein, daran muss ich mich erst noch gewöhnen. Erst später am Abend, bei der Routenbesprechung mit unserem Führer und bei Dal Bhaat erhält die Vorfreude auf die bevorstehende Wanderung eine Chance und erwacht.

Pünktlich stehen wir am nächsten Morgen um sechs Uhr am Flughafen, von dem aus uns eine kleine Passagiermaschine nach Jomsom, dem Ausgangspunkt unserer Wanderung, bringen soll. Die geplante Abflugzeit von sieben Uhr kann nicht eingehalten werden, denn die Piloten fliegen auf Sicht und diese ist durch dichten Nebel stark eingeschränkt. Nicht selten werden die Flüge aufgrund der schlechten Wetterverhältnisse ganz gestrichen. Also halten wir Frühstück auf der Dachterrasse des Flughafengebäudes, beobachten die Landung der aus Kathmandu eintrudelnden Maschinen und harren der Dinge.

Der Wettergott meint es gut mit uns, drei Stunden später hebt sich unser mit sechzehn Passagieren beladener Flugkörper endlich in die Lüfte. Der Flug führt uns durch die tiefste Schlucht der Erde, dem Kali Gandaki Tal, das von den beiden Achttausendern Dhaulagiri westlich und Annpurna I östlich, ihrerseits jeweils in zahllose Siebentausender eingebettet, gebildet wird. Der Luftweg hindurch gestaltet sich beeindruckend, führt uns für meinen Geschmack jedoch mitunter gefährlich nah an den steilen Berghängen entlang. Dreißig Minuten nach dem Start setzen wir auf einer kleinen Landebahn sicher in 2800 Meter Höhe in Jomsom auf. Als wir aussteigen, schlägt uns eine recht kühle Luft entgegen. Die lustigen Hosen meines Vaters flattern heftig im starken Wind. Lächelnd beobachte ich sie. Während wir auf das Ausladen unseres Gepäcks warten, schaue ich mich um und sehe mich so hohen Bergwänden gegenüber, dass ich fast eine Genickstarre erleide, als ich ihre Gipfel erspähen will. Ganze 28 Prozent Nepals, das in seiner Fläche den gemeinsamen Ausmaßen Österreichs und der Schweiz entspricht, liegen über 3000 Meter, gar zehn Prozent über 5000 Meter. Wir selbst werden uns in den nächsten zehn Tagen zwischen 3000 und 4400 Meter bewegen, während wir gen Norden nach Lho Mantang, der Hauptstadt Upper Mustangs, ziehen und anschließend einen Bogen schlagen, um an unseren Ausgangspunkt zurückzukehren.

Langsam setzen wir uns Richtung Kagbeni, unserem ersten Tagesziel, in Bewegung. Drei Stunden später erreichen wir den Ort, der die Grenze zu ›heiligem‹ Boden darstellt, wie uns stolz viele Schilder verkünden. Das kleine Königreich Mustang innerhalb Nepals, dessen König jedoch über keine wirkliche Macht mehr verfügt, ist erst seit 1992 für Ausländer zugänglich und die Besucherzahl auf jährlich 1000 limitiert. Schilder an der Gebietsgrenze verkünden, dass ein Weiterkommen nur in einer geführten Gruppe möglich ist. Deshalb sind meine Eltern, Harald, ein weiterer Wandersmann, und ich Mitglied einer kleinen Expedition, zu der des Weiteren ein Regierungsbeamter, ein Wanderführer, ein Koch, drei Helfer sowie sechs Maultiere gehören. Der Regierungsbeamte hat die wichtige Aufgabe, jeglichen Fluchtversuch unsererseits nach Tibet zu verhindern. Das gibt der Wanderung einen Hauch von Abenteuer. Vielleicht ist mir ja mal danach, seine Kompetenz zu testen?

Die Prozedur am Kontrollposten gestaltet sich entsprechend wichtig. Unsere Trecking-Erlaubnis sowie die Aufenthaltsgenehmigung (für zehn Tage 700 €) werden in wichtige vergilbte Bücher eingetragen, die vermuten lassen, dass nicht nur das Königreich schon einige Jahre auf dem Buckel hat. Mit ernsthafter Miene werden die Passbilder auf unseren Papieren mit dem lebendigen Pendant verglichen. Irgendwo müssen wir noch unterschreiben, bevor wir die Wanderung endlich fortsetzen können.

Je länger wir wandern, desto weiter lassen wir die schneebedeckten Gipfel zurück. Die Trocken- und Kargheit des tibetischen Hochplateaus umschließt uns zunehmend. Mit der unmittelbaren Nähe und Nachbarschaft zu Tibet weist Upper Mustang, geprägt vom ewigen Wind, der den Sand in Bewegung hält, Merkmale einer Bergwüste auf. Aufgrund der tiefen Schluchten erodierter Flusstäler entwickeln sich täglich schwere Winde, welche die kleinen Steine überall verewigen: Im Schlafsack, im Zelt, in den Haaren, der Kleidung, im Rucksack – diverse Ritzen nicht zu vergessen. Landschaftlich werde ich stark an das australische Outback erinnert und die Gegend unterscheidet sich erheblich vom übrigen Nepal. Wie eine große Farbpalette besticht sie durch ihre Nuancen und zahlreichen Töne, ein Relief in verschiedenen Rottönen, Lila, Braun, Grau und Ocker, ein stahlblauer Himmel und die weißen Spitzen der hohen Gipfel in der Ferne.

Es ist ein besonders beeindruckendes Schauspiel in den frühen und späten Stunden des Tages, mit der auf- bzw. untergehenden Sonne als Regisseur.

Hier in Upper Mustang erscheint der Unterschied zwischen dem Stadtleben und dem Leben in einem Bergdorf, zwischen Fortschritt und Stillstand besonders gravierend. Als wir am dritten Abend in Tangbe ankommen, fühle ich mich ins Mittelalter versetzt. Strom gibt es nirgends. Wasser holen die Dorfbewohner vom oftmals einzigen Dorfbrunnen und tragen es in großen Kanistern zu ihren Bleiben. Die Wasserstelle ist Treffpunkt für die Menschen hier. Geschirr wird gespült, Wasser geholt, die Zähne geputzt und die Kinder mit dem kalten Wasser abgeschrubbt.

Meine Mutter und ich wollen es ihnen gleich tun. Nach einem schweißtreibenden Wandertag nehmen wir Handtuch und Waschzeug, um uns am Brunnen zu reinigen. Bevor wir mit dem Waschen beginnen, warten wir lange, bis die Wasserstelle endlich leer ist, denn hier sollte man als Frau sehr vorsichtig mit der Zurschaustellung nackter Haut umgehen. Derweil beobachte ich eine Mutter mit ihrem Kind. Die Nase des kleinen Sohnes läuft, die Mutter entfernt den Rotz durch einen energischen Griff mit Daumen und Zeigefinger und schüttelt ihn dann gekonnt von der Hand. Irgendwann sind wir allein und seifen unsere Oberkörper ein, als sich zwei Frauen dazu gesellen, die großes Interesse an unseren Toilettenartikeln entwickeln. Mit Kleidung gering ausgestattet, mit Körperpflegemitteln noch weniger ist ihre Haut gegerbt von Wind und Wetter und vom täglichen Leben in dieser Bergwelt stark geprägt. Sie strecken ihre Hände nach unseren Waschutensilien aus, die auch mir plötzlich übermäßig zahlreich erscheinen. Wir geben den beiden ein Stück Seife. Vor meinem geistigen Auge erscheinen Bilder von unseren Drogerien in Deutschland. Mit den unzähligen Duschbädern, geruchsneutral oder parfümiert in zahlreichen Duftnoten, Duschbad und Lotion extra oder in einer praktischen Kombinationspackung, die Reihe setzt sich fort; diese Bilder stimmen mich nachdenklich. Mit unseren Handlungen werden wir bedachter umgehen müssen. Ich nehme mir vor, bei künftigen Waschaktionen stets nur noch ein Stück Seife mitzunehmen. Wir beeilen uns, fertig zu werden, denn der Buschfunk funktioniert sehr gut und die nächsten Bewohner sind bereits im Anmarsch.

Am nächsten Tag besuchen wir ein Kloster. Der Glaube in den Bergregionen ist überwiegend buddhistisch und hier, mit der nahen Grenze zu Tibet, die einzige Religion. Als wir die Anlage betreten, spielen kleine Mönche in ihrer weinrot-gelben Robe mit ihrem Lehrer Fußball. Vor dem Betreten des Klosters ziehen wir unsere Schuhe aus und sobald sich meine Augen an das gedämmte Licht gewöhnt haben, sehe ich mich drei riesigen, beeindruckenden Buddha-Statuen gegenüber. Ein Mönch führt uns herum und bittet uns, keine Bilder zu machen. Das passt Harald, dem Vierten im Bunde, nun überhaupt nicht. Ewig diskutiert er mit dem Mönch und bietet Geld, wir verdammten Reichen, und schließlich wird ihm die Erlaubnis für drei Fotos gegeben. Da blitzt seine Kamera unaufhörlich, als wollte er es mit einem Gewitter aufnehmen. Anstand und Respekt hat er vergessen, die weiße Erhabenheit geht mit ihm durch. Auf die Versuche des Mönchs, ihn davon abzuhalten, reagiert er erst sehr spät. Ich halte das nicht aus und verlasse das Kloster.

Als der neue Morgen dämmert, ruft eine Stimme unsere Namen. Das ist Teil der täglichen Routine. Gegen sechs Uhr werden wir geweckt und nach einigen Sekunden, die uns vergönnt sind, um wach zu werden, zieht einer unserer Träger den Reißverschluss des Zeltes herunter und reicht eine Tasse heißen Tees. Kurze Zeit später gesellt sich eine Schüssel mit warmen Wasser dazu. Im Zelt versuchen wir uns nun, in unzähligen Verrenkungen zu waschen. Aufgrund der Muskelzerrungen reduziere ich den Vorgang an einigen Tagen auf eine Katzenwäsche. Zehn Tage ohne Dusche, dafür aber mit täglicher körperlicher Anstrengung kombiniert mit den sandigen Winden, da bekommt Sauberkeit eine andere Priorität. Nicht die Oberste, so viel steht fest!

An die ständige Bedienung muss ich mich erst gewöhnen. Aber auf dieser Wanderung muss es so sein und macht sie wohl auch deshalb einzigartig. Um sieben Uhr rücken wir die Stühle und finden uns zum Frühstück ein. Als ich mich heute an den Tisch setze, vergeht mir fast der Appetit: Harald sitzt mir gegenüber. Es fällt mir schwer, ihm einen guten Morgen zu wünschen. Die Szene aus dem Tempel habe ich noch nicht vergessen. Mutti möchte die Hartwurst gereicht haben und ich bin beeindruckt: Zu dieser frühen Stunde ein Witz! Das Objekt der Begierde befindet sich im Rucksack, über dessen Verbleib wir nach wie vor nur spekulieren können.

Zwar versucht der Koch, das Tischtuch kulinarisch stets abwechslungsreich zu bestücken, aber an diesem fünften Tag geht das Weißbrot endgültig zur Neige, von nun an heißt es, ungesüßte Eierkuchen oder Chapati zu essen. Der Treck ist zwangsläufig eine perfekte Diät. Dreimal gibt es Müsli in hübsch angerührtem Milchpulver, welches ich bereits aus Kathmandu kenne. In Ermangelung eines Kühlschrankes gibt es auch dort statt Milch meist weißen Eiweißstaub, den man mit Wasser vermengt.

Im Verlauf des Tages begegnen wir einer etwa fünfzehnköpfigen japanischen Gruppe, von der ein Mitglied keinen guten Eindruck macht. Gestützt auf beiden Seiten sitzt der Mann auf einem Muli. Die Augen in seinem blassen Gesicht sind geschlossen. Danach sind wir wieder für uns. Irgendwann zieht sich unsere Gruppe auseinander und bald wandere ich allein weiter.

Alles ist still und leer. Kaum ein Tier zeigt sich. Die Wahrnehmung konzentriert sich ausschließlich auf die eigene Person. Ich höre mich atmen, die Schritte setzen, den Wind fegen, sehe die Sonne flimmern. Zarte Facetten eines kurzen

Augenblicks, die in der Stadt durch ihre dominierende Geräuschkulisse überlagert werden, rücken hier mit einer überwältigenden Intensität in den Vordergrund. Hier können sich Sinne sensibilisieren. Das Gefühl der Hektik und Reizüberflutung weicht Eindrücken, die rar sind, aber einschneidend. Kein Autolärm, nicht einmal aufgeregtes Vogelgezwitscher sind zu hören, nur Stimmen, die diese Stille dann und wann durchschneiden.

Plötzlich nehme ich einen Geruch wahr, den ich zwar irgendwoher kenne, aber nicht gleich zuordnen kann. Zwei Minuten später erblicke ich in meine Richtung kommende Einheimische, die sich in ihren traditionellen Gewändern nahtlos in das optisch harmonische Gesamtbild einfügen. Ihr so typischer Geruch, eine Mischung aus Rauch, Dreck, Weihrauch und Schweiß, ist für mich unverkennbar geworden. Fröhlich lachend winken sie mir zu, als wir aneinander vorbeigehen. Die kleine Gruppe muss aus Lho Mantang kommen, in der Ferne erspähe ich zumindest die roten Häuser der Hauptstadt Mustangs.

Da ich diesen kulturellen Höhepunkt gemeinsam mit meinen Eltern betreten möchte, setze ich mich auf einen Hügel vor der Stadt. In einem breiten, flachen Tal liegt Lho Mantang vor mir, das eigentlich mehr ein Dorf ist. Umgeben von einer Stadtmauer, Sand und kleinen Bergen, die sich in der Ferne erheben. Der Horizont kennt hier keine Grenzen. Ich beobachte, wie der Großteil unserer Karawane in einiger Entfernung durch die Stadttore zieht. In der flimmernden Hitze lassen sie schwere Staubwolken zurück. Dann herrscht wieder absolute Stille und der Staub legt sich langsam. Irgendwann heben sich meine Eltern von der Eintönigkeit der Umgebung ab und nachdem sie mich erreicht haben, schreiten wir gemeinsam auf Lho Mantang zu. In der Sonne dösende Dorfbewohner bereiten uns den Empfang. Ihr Interesse hält sich allerdings in Grenzen.

Ein Königreich mit König, das Erlebnis wird rund, als

unser Führer eine Audienz beim wichtigsten Mann Upper Mustangs organisiert. Mein erstes und wahrscheinlich einziges Treffen mit einem König! Wir werden mit Kathas ausgestattet, seidenen Tüchern, die wir ihm als Zeichen der Ehrerbietung beim Empfang um den Hals legen sollen, so will es die buddhistische Tradition. Während wir auf unsere Audienz warten, beobachte ich das Treiben auf dem Dorfplatz. Menschen lausen sich wie Affen, Kinder spielen mit zerbrochenen Glasscherben und mehrere Alte sitzen zusammen. In ihren Händen halten sie Gebetsmühlen. Dann ist es soweit und wir ziehen ein in den Palast, der sich äußerlich nur unwesentlich von den anderen Häusern des Dorfes unterscheidet.

Gebückt gehen wir die Stufen hinauf, in der Hoffnung nirgends in diesem verwinkelten Gebäude anzustoßen und damit womöglich Unmengen losen Drecks zu beleben. Die Innenausstattung des Hauses hebt sich dann doch ein wenig ab. Auf Teppichen sind unsere baren Füße schon lange nicht mehr gewandelt. Nachdem ein jeder sein Katha überreicht hat, sitzen wir bei gesüßtem Tee wie Hühner auf der Stange vor dem ehrwürdigen Mann und stellen unsere Fragen. Warum dieses Gebiet so lange Ausländern verschlossen geblieben ist, wie er als König die Zustände in seinem Land und die Zukunftsaussichten sehe?

Upper Mustang ist im Vergleich zum Rest des Landes besonders arm. Die Menschen hier leben allein vom Ackerbau und vom Handel mit indischen und tibetischen Gütern. An eine zaghafte Industrie wie im südlichen Terai Nepals und Kathmandu ist nicht zu denken. Der König gibt pauschale Antworten: Dass sich natürlich das Schul- und Gesundheitssystem verbessern müssten, die Öffnung zu anderen Ländern notwendig und der Tourismus eine wichtige finanzielle Einnahmequelle sei. Und doch möchte er seine Kultur bewahren, nicht Opfer des Geldes und der ›Weißen‹ werden. Das Gespräch geht nicht weiter in die Tiefe, der König ist bereits alt und kränkelt seit geraumer Zeit. Am nächsten Morgen wird für ihn eine mehrtägige Reise auf dem Muli beginnen, es geht nach Kathmandu ins Krankenhaus.

Als wir aus der Dunkelheit des Hauses wieder heraustreten, empfängt uns die grelle Sonne, die es täglich gut mit uns meint. Sie scheint, als ob vereinbart, zwischen 9.00 Uhr und 16.00 Uhr, danach verschwindet sie hinter den Bergen und hinterlässt eine immer wieder überraschende Kälte und rapide aufkommende Dunkelheit. Ein langsames Ausklingen des Tages mit einem sanften Hinübergleiten zum Abend gibt es hier nicht. Wir stromern noch etwas durch die engen Gassen, durch die nicht einmal ein Auto passen würde, gäbe es eines. Eine seltsam bedrückende Stimmung breitet sich in mir aus. Im selben Augenblick, in dem ich sie in mir wahrnehme, spricht meine Mutter ihre eigene hilflose Gemütslage aus. Ist es der Anblick der Armut, das sich-ins-Mittelalter-zurück-versetzt fühlen? Sind es die engen, sandigen Gassen mit ihren begrenzenden, dunklen Mauern, in denen Zeit und Fortschritt offensichtlich gefangen sind? Stillstand! Träge und zäh erscheint mir das Leben hier, beklemmend. Was ist das für eine Welt, in der wir leben? Auf einem Teil der Erde eilen Menschen ihren Arbeits- und Freizeitterminen hinterher, die sie dennoch nicht unter einen Hut bekommen, während sie dabei Fertignahrung zu sich nehmen und nicht mehr wissen, wie Erde riecht. Derweil können Menschen in einer Gegend wie Mustang dem Wort ›Termin‹ keine Bedeutung beimessen und ahnen nicht einmal, dass es in einer anderen Gesellschaft als der ihren in einer vierköpfigen Familie drei Autos geben kann, deren Innenausstattung auch noch komfortabler ist als ihre eigene, ärmliche Behausung. Dennoch schaut auf alle Menschen nachts derselbe Mond, dieselbe Sonne macht für uns alle den Tag.

Nur die Nähe zu meinen Eltern lässt mich diese Gedanken einigermaßen ertragen.

Müde erscheine ich am nächsten Morgen am Frühstückstisch. Nach aller Ruhe des vergangenen Nachtmittags musste ich in der Nacht feststellen, dass es zwischen den Hunden keine so gravierenden Unterschiede gibt. Gerade als ich vor meinen unliebsamen Gedanken in den Schlaf flüchten wollte, begannen die Hunde ihr allnächtliches Konzert. Die Tiere warteten scheinbar nur darauf, bis wir den Reißverschluss unseres Schlafsacks bis zum Hals ziehen, um dann endlich mit dem Bellen beginnen zu können. Mal im Kanon, mal im Chor – ohne Pause! Die ganze Nacht hindurch.

Krishna, unser Führer, berichtet gerade von dem angeschlagenen Japaner, dem wir gestern auf dem Pferd begegneten. Wie sich herausstellt, litt er unter der Höhenkrankheit und erlag ihr noch gestern Abend. Diese Erkrankung kann sowohl das Gehirn als auch die Lunge in Mitleidenschaft ziehen. Dem Erliegen an HAPE[4] oder HACE geht neben anderen Faktoren immer fehlende Akklimatisierung in der Höhe voraus. Handelt man bei ersten Anzeichen, etwa Übelkeit oder Kopfschmerz, überlegt, dass heißt, steigt man ab, heben sich diese Unpässlichkeiten allerdings rasch wieder auf.

Wenig später zolle ich der ungewohnten Höhe, in der wir uns befinden, ebenfalls Tribut. Bereits nach kurzen Wegstrecken bin ich außer Atem. Als ich zum Mittag unsere maximale Höhe von 4400 Metern erreiche, spüre ich sie besonders stark in den Oberschenkeln. Sie schmerzen vor Anstrengung. Während ich ihnen eine Erholung gönne und auf den Rest der Gruppe warte, bestaune ich den riesigen Steinhaufen auf dem Bergpass, eingedeckt von Kathas und im Wind flatternden bunten Gebetsfahnen. Symbole des Friedens und der Ehrerbietung an Mutter Erde. Auf dem Abstieg später streifen wir von Armut gezeichnete kleine Klöster und Dörfer. Kinder schauen uns mit großen Augen entgegen.

[4] HAPE – High Altitude Pulmonary Edema; Wasseransammlungen in der Lunge; HACE – High Altitude Cerebral Edema; Wasseransammlungen im Gehirn

In ihre Münder und Mägen kommen jene Nahrungsmittel, die auf den Feldern selbst bestellt werden – mit einem Holzpflug und Rindern.

Auch unsere eigene Essenauswahl reduziert sich zusehends, der gedeckte Tisch wird immer übersichtlicher. Am Abend sitzen wir alle zusammen. Das allgemeine Fazit: Und so etwas nennt sich nun Urlaub! Eine sarkastische Bemerkung, die mich zunächst erheitert. Den ganzen Tag Berge auf und ab marschieren, Schlafen im Zelt, zehn Tage ohne Dusche und alles inmitten einer kargen, wenig abwechslungsreichen Landschaft, mit armen Menschen; diese körperlichen Entbehrungen und Anstrengungen bereiten mir Freude. Zudem sind die Effekte, die sich hieraus ergeben, weitaus erholsamer und langfristiger als drei Wochen Cluburlaub. Ich lerne mich einzuschränken, werde ein wenig genügsamer und weiß die Annehmlichkeiten und den kostbaren Luxus meines Lebens zu schätzen und zu genießen. Dennoch, Armut so nah zu erleben, geht mir unter die Haut, die Bilder lassen mich nicht los. Diesen selbsterlebten Kontrast zwischen Arm und Reich, zwischen Fortschritt und Stillstand beeinflusst meine Lebenseinstellung erheblich. Bedarf es solcher Extreme, um aufzuwachen?

Unser Regierungsbeamter hält sich in den folgenden zwei Tagen dezent im Hintergrund, um genau zu sein, er ist nicht zu sehen. Die Verletzung seiner Aufsichtspflicht deutet wohl sein Vertrauen in unsere ›Nepaltreue‹ an. Ich bin mir sicher, er sucht Abwechslung auf dem für ihn so langweiligen Tripp. Die aktive Betätigung ist offensichtlich nicht sein größtes Hobby, er ist meist am Ende der Gruppe zu finden und macht auch sonst nicht den fittesten Eindruck. Überhaupt ist es vielen Nepalesen unverständlich, warum unzählige Menschen in ihrem Land Urlaub machen. Als ich einigen Bewohnern von Shanti mitgeteilt hatte, dass ich wandern ginge, hatten einige sogar gefragt: »Wozu?«

Wind und Sand bleiben unsere ständigen Begleiter und bald weilt auch der Mann der Regierung wieder unter uns. Das Sanderlebnis findet im Flusstal des Kali Gandaki seinen Höhepunkt. Gen Süden gehend, passieren wir diese breite Schlucht an unserem zehnten und letzten Tag zum Nachmittag. Die heiße, nahe gelegene tibetische Hochebene saugt die viel kälteren Luftmassen dieses Tals regelrecht ab und verursacht damit täglich heftige Winde und Stürme ab der Mittagszeit. So kämpfen wir schwer damit, uns Jomsom zu nähern. Während ich durch das derzeit fast wasserlose Flussbett wandere, nehme ich meine Umgebung streckenweise nur durch einen Augenschlitz wahr. Ich bin vermummt, die einzige Möglichkeit, dem ewig wütenden Sandsturm etwas entgegenzusetzen.

Schließlich erreichen wir unser Ziel und stürzen uns in die Annehmlichkeiten, die uns dieser kalte, kleine Bergort offeriert. Eine heiße Dusche: Ja, bitte! Unsere Leiber und Sachen werden vom gröbsten Dreck befreit. Es fühlt sich im gleichen Moment so an, als spülte ich so manch bedrückende Schicht von meinem Gemüt. Glücklich bin ich über den Luxus, zu dem ich wieder Zugang habe. Später sitzt die ganze Belegschaft beisammen und feiert Abschied. Traurig und froh des Endes bin ich zugleich. Letzteres wird begünstigt durch die heftige Auseinandersetzung, in der ich mich plötzlich mit Harald befinde. Er hat tatsächlich nichts Besseres zu tun, als die kulinarische Versorgung auf dem Treck zu bemängeln. Er hätte sich gewünscht, dass er im Rahmen der Planung, während derer er noch in Deutschland weilte, nach seinen Vorzügen bezüglich Tee und Brot gefragt worden wäre. Gerade sind wir durch ein von absoluter Armut gezeichneten Landstrich dieser Erde gezogen und er beschwert sich, dass es zu wenig Kräuter- und zuviel Hagebuttentee gab? Hat er überhaupt verarbeitet, was er gesehen hat? Meine Worte an ihn sind entsprechend deutlich.

Am nächsten Morgen fliegen wir zurück nach Pokhara, von wo aus meine Eltern weiter nach Kathmandu fahren, während ich einige Tage dort verweilen möchte. An meinem ersten Abend allein lasse ich die vergangene Wanderung Revue passieren. Die tiefe Verbundenheit, die ich meinen Eltern gegenüber schon immer gespürt habe, wurde durch dieses gemeinsame Erlebnis genährt. Mir scheint, als hätte sich zu unserer Eltern-Kind-Beziehung eine neue hinzu gesellt. Ich habe das Gefühl, sie sind zu meinen Verbündeten geworden. In einer gewissen inneren Sicherheit und Ruhe verlebe ich diese Stunden des ausklingenden Abends.

»«

Pokhara ist die zweitgrößte Stadt des Landes. Gelegen an einem großen See auf 900 Meter Höhe herrscht hier selbst Ende November ein sommerlich warmes Klima. Für meinen Aufenthalt quartiere ich mich in einem kleinen, ruhigen Familienhotel ein. Das Ende der Touristensaison macht sich bemerkbar, denn ich bin die einzige Urlauberin und werde recht schnell zum Mitglied der Gastfamilie ernannt. Auf diese Weise erhalte ich einen Einblick in Nepals Alltagsleben, den ich mir intensiver nicht wünschen kann.

Auch hier gibt es keinen Überfluss, aber das Leben ist keine einzige Tortour und nicht von Leid und bitterer Armut gezeichnet. Lachen und Herzlichkeit gehören zum Alltag dazu. Ich werde Teil der familiären Probleme und Alltäglichkeiten, die trotz aller Unterschiede sehr den unseren ähneln. Täglich stehe ich nun zweimal mit in der Küche und helfe bei der Zubereitung des Dal Bhaat, eine Handlung, die ich nur zu gern übe. Sollte ich eines Tages unter die Haube kommen, dann können ein paar internationale Kochkünste gar nicht schaden. Für das Schälen und Schneiden des Gemüses stehen mir zwei große, und für meine Hände zunächst unhandliche, Messer zur Verfügung. Der Umgang mit ihnen möchte gelernt sein. Bilder tauchen gelegentlich vor meinem geistigen Auge auf: Die Kartoffelschäler, die in verschiedenen Farben in der deutschen Küche warten, der Messerblock auf der Anrichte – komfortable Größen und Klingen, je nach Belieben. Die einzige Glühbirne in der Küche hier spendet zwar ausreichend Licht, doch muss ich meinen Standort immer wieder ausrichten, um nicht im Lichtkegel zu stehen und mir vor Dunkelheit vielleicht in meine zarten Finger zu schneiden. Abends, wenn alles zur Ruhe gekommen ist, streunt eine große Ratte in der Küche umher und stöbert in den Lebensmitteln, die in Ermangelung eines Speiseschrankes frei herumliegen. Glücklicherweise entsprechen meine hygienischen Ansprüche schon längst nicht mehr deutschem Standard. Ich bleibe also gelassen.

Meist sind wir in der Küche zu dritt. Sharada, die Hotelbesitzerin, Nabina, ihre zukünftige Schwägerin und ich. Eines Tages bleiben Nabina und ich jedoch allein. Nach den Gründen für Sharadas Abwesenheit frage ich besser nicht. Meine direkte Art ist in Nepal nicht immer angebracht. Später erfahre ich, dass meine Wirtin ihre Menstruation hatte. In diesem Zeitraum ist es ihr aus religiösen Gründen verboten, die Küche zu betreten, geschweige denn zu kochen. Dann isst sie getrennt von den anderen, das Bett darf sie in diesen Nächten mit ihrem Mann nicht teilen, letzterer sowie ihr Sohn werden von ihr nicht berührt und auch die Türen der Tempelanlagen bleiben ihr aufgrund ihrer derzeitigen ›Unreinheit‹ verschlossen. Gegenstände dürfen einem Mann nicht direkt übergeben, sondern müssen erst abgelegt, neutralisiert, werden. Ich kann mich eines unverständlichen Gefühls nicht erwehren, wenn ich beobachte, wie tagelang das Telefon oder der Teller vor der Übergabe stets auf dem Boden landen. Beim Essen sitzt sie abseits von uns und ich frage mich, ob sie sich selbst wirklich unrein vorkommt. Die Frage erscheint mir für nepalesische Verhältnisse jedoch zu persönlich und muss deshalb unbeantwortet bleiben.

Hier essen alle mit der Hand, auch ich beherrsche das mittlerweile. Der Reis fällt mir nicht mehr ständig von den Fingern, bevor ich ihn mit dem Daumen in den Mund schiebe. Das Essen bei Sharada ist äußerst schmackhaft und diese Tatsache überrascht nicht: Dal Bhaat gibt es zweimal täglich, die Frauen einer Familie haben somit Jahr um Jahr vierzehnmal wöchentlich Gelegenheit, ihre Kochkünste zu schulen bzw. sie zu verfeinern. Sharada hat das Kochen nicht zu Hause gelernt. Dafür war keine Zeit, denn sie wurde bereits mit zwölf Jahren verheiratet. Stattdessen nahm sie ihr vier Jahre älterer Mann, ein Koch, unter die Fittiche und lehrte ihr die Grundregeln der Essenzubereitung.

In drei Jahren wird Sharada 37 Jahre alt sein und bereits ihre Silberhochzeit begehen. Arrangierte Heiraten waren bis vor wenigen Jahren die Regel, oftmals – wie in diesem Fall – verheiraten befreundete Familien ihre Kinder miteinander. Ein Einheimischer stellte diesbezüglich einmal fest: In Nepal würde man zuerst heiraten und dann beginnen, einander zu lieben. Die Liebe, wie ich sie kenne, ist hier oftmals ein Luxus. Einen kurzen Augenblick denke ich, dass wir aus unserem Beziehungsleben zu Hause ein Hobby gemacht haben. Jemanden interessant finden, kennen lernen, den Hormonhaushalt unterhalten, und wenn dieser aufgebraucht ist, fängt alles wieder von vorne an – mit der nächsten Person. Dauerhaftigkeit gegen kribbelnde Hormonschübe und individuelle Freiheit, was ist wertvoller? Ich wage nicht, diese Frage endgültig zu beantworten.

Die Wahl des Partners ist in Nepal auch heute noch begrenzt, denn das herrschende Kastensystem des Hinduismus verbietet die Heirat zweier Menschen unterschiedlich hoher Kasten. Liebesheiraten sind eher die Ausnahme und eine urbane Erscheinung. Devender, Sharadas Bruder, und Nabina werden demnächst eine Liebesheirat begehen. Die Braut bezahlt dafür einen hohen

Preis: Sie kommt aus einer höheren Kaste als ihr zukünftiger Mann und wird deshalb von der eigenen Familie ausgeschlossen. Schon jetzt wird sie zu Hause nur noch geduldet, denn bei Devender darf sie erst wohnen, wenn die Ringe ausgetauscht sind. Ihre Eltern und Geschwister werden nicht unter den Hochzeitsgästen sein, der Kontakt wird abbrechen. Diese Tatsache tut mir weh und brennend interessiert es mich, wie es in Nabina aussieht, aber auch zu diesem Thema traue ich mich nicht, Fragen zu stellen. Zwar lockert sich das System langsam, an vielen Prinzipien wird jedoch nach wie vor festgehalten.

Sharadas Mann ist bereits seit vier Jahren in Amerika und führt dort ein Restaurant. Vor einem Jahr haben sich beide zum letzten Mal gesehen. In ihrem Umfeld stößt sie auf starkes Unverständnis, weil sie ihm nicht folgt. Zwar könnte Sharada problemlos für ein Jahr nach Amerika gehen, allein, mit dem Gedanken kann sie sich nicht recht anfreunden. Zu unterschiedlich seien die Kulturen, meint sie und ihre beiden Kinder, zwölf und vierzehn Jahre alt, die in Kathmandu die Schule besuchen, möchte sie noch nicht verlassen.

Ihrer Familie geht es relativ gut. Regelmäßig überweist ihr Mann Geld und das Hotel ist in der Hauptsaison gut frequentiert. Neben den Rupien bedeuten Touristen oft nützliche Bekanntschaften. Auch bei mir wird das Gespräch wiederholt auf das offizielle Einladungsschreiben gelenkt, welches ein Nepalese braucht, um beispielsweise Deutschland besuchen zu können. Ich kann es ihnen nicht verdenken. Auf diesem Schriftstück verpflichtet man sich, für alle im Notfall anfallenden Kosten aufzukommen, das umfasst Krankenkasse, Kosten bei Unfällen usw.

Das wirtschaftliche und finanzielle Wohlergehen für Nepalesen liegt oft im Ausland, welches auf junge Leute eine große und verständliche Anziehung ausübt. Das Auseinanderfallen der hier nach wie vor sehr engen Familienbande, in der die Kinder noch immer Altersabsicherung sind, ist jedoch die Kehrseite der Medaille. Und auch die Bildungsmöglichkeiten im eigenen Land bleiben für viele Menschen begrenzt. Die wenigen Universitäten in Nepal liegen für jene, die fernab in Dörfern wohnen, oft unerreichbar weit entfernt, sind unerschwinglich oder beides. In Sharadas Fall reichen das Führen ihres Hotels und der regelmäßige Dollar aus Amerika für die Finanzierung des Schulbesuchs beider Kinder. Nicht alle Eltern können ihren Kindern eine mehrjährige Schulbildung gewährleisten.

Trotz aller Probleme, die die eigene Bevölkerung selbst deutlich sieht, tragen ihre Gesichter nicht so kummervolle Mienen, wie man vermuten möchte. Die Eigenschaft, sich zu sorgen, ist (noch) nicht stark ausgeprägt. Nepalesen leben von Tag zu Tag und unterbinden somit weitestgehend den ängstlichen Blick in die Zukunft. In gewisser Weise bin ich davon beeindruckt. Wir Deutschen sind es gewohnt, immer zu planen, vorzusorgen und schon einmal vorsichtshalber eine sorgenvolle Miene aufzusetzen. Nur für den Fall, dass … Wie schrieb mir ein deutscher Bekannter nach seiner Meditationserfahrung? »Das ist die Natur unseres Bewusstseins. Ständig nach Input schreiend, irgendwo in der Vergangenheit oder Zukunft wühlend, nur nicht in der Gegenwart verharrend.«

Dass mit der nepalesischen Lebensweise eine gewisse Passivität einhergeht, ist sicher nicht zu leugnen, jedoch erleichtert den Menschen ihr in den Tag lebender Optimismus den Umgang mit ihrem harten Alltag. Er gibt ihnen trotz allem eine offene und ungezwungene Art, die ich zu Hause, auch an mir, oft vermisse.

Täglich lerne ich neue Dinge über diese andere Kultur; täglich esse ich das heimische Essen. Am vierten Tag aber schreit mein Magen verzweifelt nach etwas Vertrautem und ich befriedige ihn mit Müsli. Sechs Mahlzeiten Dal

Bhaat am Stück sind erst einmal ausreichend, nur mache ich mich mit dieser Einstellung bei meiner Wirtin nicht sehr beliebt. Anfänglich stoße ich des Öfteren auf eine persönlich verletzte Sharada, will ich etwas anderes essen oder knurrt mein Magen zu einer anderen Zeit als vorgegeben. Sie entgegnet mir dann immer: »You know Nepali system?« Aber heute reicht es und energisch erkläre ich ihr mein zwar uneingeschränktes Verständnis, nur mein Magen würde sich mitunter so schwer tun mit der perfekten Anpassung. Aus Anstand und um den Frieden zu wahren, zwinge ich mich anschließend noch zu einem Mini Dal Bhaat und sie lernt, meine gelegentlich auftretenden kulinarischen Differenzen zu akzeptieren. Am folgenden Morgen probiert sie sogar von meinem Müsli. Austausch kultureller Werte. Diese kleine Diskrepanz vergegenwärtigt mir, dass die Welt, aus der ich komme, eine grundlegend andere ist als jene, in der ich momentan lebe. Nun, das ist nicht weiter überraschend, dennoch, schon lange habe ich nicht mehr an zu Hause denken müssen. Sei die nepalesische Kultur noch so verschieden, ich fühle mich wohl und geborgen hier und immer mehr passe ich mich dem ›Nepali system‹ an. Ich kann es wirklich nicht anders sagen, nach nur kurzer Zeit sind meine inneren Mauern gefallen und ich fühle mich zur Familie gehörig. Nicht nur aufgenommen, akzeptiert oder dabei, sondern mittendrin. Ich darf eine von ihnen sein. Die liebende, unverfälschte Art der Nepalesen lässt, was meine Erfahrung betrifft, nichts anderes zu. Wie sie sind, kommt von Herzen. Es sind Menschen mit gerade genug Nahrung und wenigen Möglichkeiten, hingegen mit einem großen Herzen, mit viel Liebe. Sie sind nicht gekünstelt, sie sind echt. Und sie leben im Jetzt, das tut mir gut. Es ist eine willkommene Abwechslung für meine sonst eher grüblerische Seele.

Im Hotel arbeitet Jebby, ein entfernter Verwandter Sharadas, mit dem ich mich auf Anhieb verstehe. Er trinkt gerne mal einen und möchte mich unbedingt mit dem Rakshi, einem einheimischen Hirseschnaps, bekanntmachen. An seinem freien Nachmittag ist es dann soweit. Da es Sharada jedoch nicht gern sieht, dass Jebby trinkt, schmieden wir wie zwei Verbrecher einen Plan, unentdeckt dem Hause zu entkommen, um dieser fleischlichen Begierde zu frönen. Ich bin zwar nicht unbedingt erpicht auf einen alkoholischen Ausflug mit lokalen Spirituosen, aber die Geheimniskrämerei gefällt mir. Während unserer konspirativen Vorbereitungen wird mir klar, dass ich als Fremde und Reisende einen neutralen Platz besetze, der mir eine gewisse Unvoreingenommenheit sichert. Frei von Etiketten und unwissend über interne Zwistigkeiten zeichne ich mir von der jeweiligen Person ein Bild aufgrund der Situation, in der ich ihr begegne. Nicht ihr Beruf, die soziale Einbindung, subjektive Einschätzungen und Vorurteile anderer zählen, sondern aufgrund meiner Unwissenheit erlebe ich sie losgelöst aus ihrem Umfeld. Nicht selten erzählen Menschen mir von ihren kleinen oder großen Träumen, von Problemen und mir scheint, als animiere ich mit meiner Neutralität zu Offenheit und Ehrlichkeit. Umgekehrt bemerke ich, dass auch ich viel freizügiger mit der Preisgabe eigener Gedanken und Gefühle umgehe. Der Charakter dieser Begegnungen ist speziell, als ob dieses ›nackte‹ Aufeinandertreffen zweier an sich Fremder für einen begrenzten Zeitraum mehr Freiheit und Offenheit erlaubt als eine Begegnung im Alltag.

Jetzt, auf dem Weg zu Jebbys Freunden, die das kostbare Getränk selbst herstellen, führt er mich auf Schleichwegen an Hütten und frisch geernteten Reisfeldern befreundeter Familien vorbei. Von allen Seiten grüßt und lacht man uns zu, die Sonne taucht die Umgebung am späten Nachmittag in intensive Farben. Das Rot der Frauenkleider ist bestechend schön. Einklang pur. Bevor wir eine kleine Hütte betreten, winkt mir Jebby verschwörerisch zu. Ich dürfe das Gesehene hier keinem verraten, flüstert er, als ich hineinluchse. Was ich erkenne, sind rauchende Männer, die im Kreis sitzen und Karten spielen.

Diese Freizeitbeschäftigung ist von der Regierung bei Strafe verboten. Schon auf der Wanderung hatte ich davon gehört, und konnte es schwer glauben. Grund des harten Durchgreifens ist der zunehmende Alkoholkonsum der Männer, der sich negativ auf das Arbeitsverhalten ausschlägt. Die Männer, die auf dem Land oder als Wanderführer für Touristen arbeiten, trügen eine Verantwortung, die sie nach Ansicht der Regierung nicht erfüllen können, wenn sie unausgeschlafen und in schlechter physischer Verfassung ihrer Arbeit nachgehen. Inwieweit die Polizei fündig wird, steht wiederum auf einem anderen Blatt. Hier jedenfalls zähle ich dreizehn Männer in einem kleinen Raum, die sich wagemutig dem System widersetzen. Alkohol kann ich nirgends entdecken.

Kurze Zeit später sitze ich auf einem kleinen Schemel in einer Küche – eine Holzfeuerstelle als Herd, das Geschirr ordentlich auf dem zementierten Boden aufgereiht. Endlich ist es soweit. Jebby lacht und erzählt mir von seinem Leben und seiner Einstellung zur Armut, während wir geröstete Erbsen knabbern und ich den ersten Schluck Rakhsi koste. Der Hirseschnaps ist in Ordnung, doch wird er mich nicht zur Schnapstrinkerin bekehren. Die Köchin, in deren Küche wir sitzen, bereitet Hühnchen zu und nach und nach füllt sich der Raum mit Männern. Langsam kommt ein Gespräch zustande, die anfängliche Scheu ihrerseits verfliegt bald. Ich grinse über das ganze Gesicht, glücklich über den Einblick, den ich erhalte. Die Männer lachen über meine Nepalibrocken und in dieser gemütlichen Runde erzählt mir Jebby von seiner Gewohnheit, bettelnden Menschen immer Geld oder etwas zu essen zu geben, getrieben von dem Glauben, dass dieser Mensch ihn deshalb in sein Gebet einschließen wird. Je mehr Menschen ihm, Jebby, aufgrund seiner guten Taten zugetan sind und ihn in das Gebet aufnehmen, umso größer seien seine Chancen, dass sich nach dem körperlichen Tod die Türen für seine Seele in himmlische Gegenden öffnen.

Spricht Jebby von seiner Lebenseinstellung, höre ich deutlich die Stimme seines Herzens. Seine Taten werden von dem Wunsch bestimmt, am Ende des Tages innerlich ruhig und zufrieden einschlafen zu können. Dieser Mensch strahlt beeindruckend viel Zufriedenheit und Herzlichkeit aus. Mit ihm zusammen zu sein, ist ein wahres Vergnügen. Stets zeichnet ein Lachen sein Gesicht, was ich bewundernswert finde, besonders, wenn ich seine Lebenssituation bedenke. Zusammen mit seiner Frau und seiner fünfjährigen Tochter lebt er auf zwölf Quadratmetern. In diesem Raum findet all das statt, wofür in Deutschland ein junges Paar im Schnitt schätzungsweise vierzig bis siebzig Quadratmeter – oft ohne Kind – Platz hat.

Trotzdem geht es ihm gut, und er versucht, sich der ungewissen Zukunft gedanklich nicht zu sehr zu verpflichten. Seine Einstellung für den Augenblick zu leben, lässt ihn die jetzigen Stunden in vollen Zügen genießen. Ein bisschen Schnaps und Freunde, was will man mehr? Im Anschluss an diesen Abend wird mir ohne Zögern ein Motorrad eines der Männer zur Verfügung gestellt, auf dem ich mit Badelatschen und lächelnd nach Hause fahre, überwältigt von der Unkompliziertheit dieser Menschen. Alle zweifelnden Gedanken über die Armut, das Land und seine Zustände werden von den zwischenmenschlichen und unmittelbaren Erfahrungen, die ich täglich sammle, konterkariert. Es ergibt sich ein Bild, dem ich neben den Fakten in Schwarz und Weiß viele bunte und harmonische Farbtöne hinzufügen kann.

Die Luft am nächsten Morgen ist klar und die Sonne scheint. Als ich aus meinem Fenster schaue, erspähe ich in der Ferne den Annapurna-Bergzug mit der majestätischen Dominanz des 6993 Meter hohen Machapuchre, dem heiligen

Berg Nepals, der nicht bestiegen werden darf. Das Panorama stimmt mich froh und fröhlich pfeifend springe ich durchs Haus, da werde ich von einem nepalesischen Gast angehalten. Im Haus zu pfeifen bringe Unglück, erklärt er mir. »You know Nepali system?«, fügt er hinzu. Yes, I know!

Das nepalesische System unterscheidet sich nicht nur in solchen Banalitäten gravierend von dem unseren. Die durchschnittliche Geburtenrate liegt in Nepal bei 4,4 Kindern. Oftmals leben die Familien auf engstem Raum, solange, bis die Kinder das Haus verlassen, um selbst Geld zu verdienen oder, wenn es die finanzielle Lage zulässt, zu studieren. Sind die ersten Groschen verdient, ändern sich die Verhältnisse dahingehend, dass die Eltern zu einem ihrer Kinder ziehen bzw. übernimmt eines der daheim gebliebenen Kinder die Fürsorge. Nicht selten leben mehrere Geschwister samt Familien und ihrer eigenen Eltern unter einem Dach. Die meisten, mit denen ich mich darüber unterhalte, haben eine positive Einstellung zu diesen festen Familienbanden und sind überzeugt von der Richtigkeit dieser Strukturen.

Sharadas eigene Familie ist kein Musterbeispiel eines nepalesischen Familienlebens. Mit dem Mann in den Staaten und den Kindern in Kathmandu ist sie nicht selten allein in ihrem Hotel und muss in ihrem Umkreis schwer um Akzeptanz kämpfen. Sieht man sie in Begleitung eines anderen Mannes, wird über sie geredet. Nur ihr Ehemann, Verwandte oder Touristen dürfen in ihrem Haus nächtigen. Die Unabhängigkeit, die sie durch ihr Verhalten zur Schau stellt, ist noch fremd im Land. Nicht selten werde ich selbst verwundert angeschaut, wenn ich davon berichte, dass ich ohne Begleitung reise. Diese Freiheit und Emanzipation der Frauen des Westens klingt noch ein wenig unglaubwürdig in den Ohren der Nepalesen. Niemand, der auf mich aufpasst und keiner, der mir Regeln aufstellt, denen ich mich zu unterwerfen habe? ›Ob das gut geht?‹, lese ich oft in ihren Augen. Dennoch werde ich von den nepalesischen

Männern akzeptiert und nie sehe ich mich herablassenden Blicken oder Unwillen gegenüber. Angst, allein in Nepal unterwegs zu sein, verspüre ich kein einziges Mal.

Trotz, oder gerade weil ihr Mann nicht bei ihr wohnt, hält Sharada alle äußeren Zeichen ein, die darauf hinweisen, dass sie verheiratet ist. Rote Armreifen aus Plastik hängen en masse um ihre Handgelenke. Eine spezielle Kette trägt sie um den Hals und das Tika, ein Farbklecks, direkt am Haaransatz wird jeden Morgen bei der Gotteshuldigung angelegt. Manchmal sehe ich zwei oder gar drei dieser bunten Punkte auf ihrer Stirn. Jenes zwischen den Augen ist reine Zierde, ohne weitere Bedeutung und auch mein Gesicht wird damit bald regelmäßig innig von ihr bemalt. Am Tag meiner Ankunft schimmerte ein gelber Farbklecks auf der Mitte ihrer Stirn, ein Zeichen der Trauer für ihren vor 25 Jahren verstorbenen Schwiegervater, den sie nicht einmal gekannt hatte.

Eines Tages stürzt Sharada in mein Zimmer und berichtet mir aufgeregt vom Tod eines Verwandten. Ich bekomme Aufsichtspflicht über das Hotel, denn während die angehörigen Männer der Familie die Feuerbestattung übernehmen, gehen die Frauen an den See, um sich zu waschen. Der Reinigungsgedanke spielt eine große Rolle beim Tod eines Menschen. Stirbt z.B. ein Familienmitglied und befindet sich am gleichen Tag Fleisch im Haus, darf dieses nicht verzehrt werden, weil es durch den Tod verunreinigt wurde. Manch Nachbar freut sich darüber, denn für Menschen außerhalb der Familie ist das Fleisch trotzdem rein. Sharada erklärt mir alles mit dem Einstieg: »You know Nepali system?«, und erstmalig höre ich unterschwellige Kritik daran.

Überhaupt bringt der Tod eines Verwandten für Sharada allerhand Einschränkungen mit sich. Sie gehört der Brahmanen-Kaste an, der höchsten Kaste im Hinduismus. Während eines Trauertages gibt es nur eine

Hauptmahlzeit. Auf Kartoffeln, Zwiebeln, Knoblauch und Fleisch muss gänzlich verzichtet und die Speisen dürfen nur im eigenen Haus eingenommen werden. Ein starker Opfercharakter prägt die Trauerzeremonien. Ihnen wird im Hinduismus eine große Bedeutung beigemessen. Stirbt ein Verwandter, darf dreizehn Tage kein Salz und kein Fleisch gegessen, Ledersachen dürfen nicht getragen, Tempelanlagen nicht betreten werden. Handelt es sich bei den Verstorbenen um die eigenen Eltern, weitet sich die Trauerzeit, einschließlich aller Einschränkungen, auf ein Jahr aus.

Während sie nun geht, bleibe ich zurück. Als ich es mir auf der Terrasse bequem mache, läutet plötzlich das Telefon. Das Gespräch, wie auch die folgenden, endet mit einem abrupten Auflegen des Anrufers. Obwohl ich mein bestes Nepalesisch bemühe, reicht es offensichtlich nicht für ein verständliches Telefonat. Ich versuche, meinem Gesprächspartner verstehen zu geben, dass die Wirtin in etwa einer Stunde wiederkommt und auf Fragen, die sich meines Verständnisses entziehen, wiederhole ich diese Information, bis ich plötzlich ein Tuten in der Leitung vernehme...

Von der Terrasse aus behalte ich das Geschehen im Auge und beobachte die nun schon zwei Tage andauernde Arbeit eines jungen Mannes im Garten nebenan. Ein Baum von ca. zehn Meter Höhe und sechzig Zentimeter Durchmesser wird von ihm gefällt und in Brennholz zerkleinert. Alles, was ihm zur Verfügung steht, ist eine Axt, ein Seil und zwei Keile, die er benutzt, um den Stamm in immer kleinere Scheite zu spalten. Ich bin mir sicher, dass er, hätte ihn jemand gebeten, Streichhölzer zu Wege gebracht hätte.

Als Sharada zurückkommt, mache ich mich meinerseits auf den Weg, um mich von Jebby zu verabschieden, denn am nächsten Tag geht es für mich zurück nach Kathmandu.

Ich suche ihn zu Hause, werde aber von seiner Familie zum ›local tea shop‹ geschickt. Als ich ihn von Weitem erspähe, werde ich sofort fröhlich. Diesen herzensguten Mann kann man nur gern haben. Zum letzten Mal trinken wir gemeinsam Tee. Während wir auf das Getränk warten, schaue ich der alten Frau bei der Zubereitung zu. Dabei hockt sie an ihrer qualmenden Feuerstelle, auf der das Wasser steht.

Unsere Unterhaltung ist eine Mischung aus Nepalesisch und Englisch. Jebby erzählt mir von seiner Tochter, die wegen einer Mittelohrentzündung wiederholt zum Arzt musste. Medikamente sind teuer und längst überfällig, allein der Arztbesuch kostet 250 Rupien (drei Euro), bei einem durchschnittlichen Jahreseinkommen pro Kopf von 225 Euro nicht wenig. Die Medikamente, die für eine Woche reichen, ziehen ihm acht Euro aus der Tasche, aber Leid und Schmerz seien natürlicher Teil des Lebens, meint Jebby. Manchmal habe ich das Gefühl, viele Einstellungen werden hier aus der Not geboren. Den Arztbesuch kann man sich nicht leisten, also finden wir eine Lösung, mit dieser misslichen Lage umzugehen. Ich gebe ihm etwas Geld, hier weiß ich, dass es dringend gebraucht wird. Genauso wie Ärzte, denn während in Deutschland ein Doktor etwa 313 Patienten betreut, kommen auf einen nepalesischen Arzt etwa 12.600 Menschen. Ich kenne Jebby nur wenige Tage und doch stimmt es mich traurig, ihm Lebewohl sagen zu müssen. Lange halten wir unsere gefalteten Hände ineinander, den Blick gesenkt. Umarmungen gibt es hier nicht.

Um meine traurige Stimmung aufzuhellen, versuche ich mich auf der Busfahrt nach Kathmandu auf die schönen Dinge zu konzentrieren, die mich erwarten. Brot! Als Deutsche bin ich, was das Brot anbelangt, sehr verwöhnt. Welch unzählige Varianten es bei uns gibt: Dunkles oder Misch- oder vielleicht doch lieber

Kartoffelbrot; mit oder ohne Korn, wenn ja, in der Drei- oder der Vierkornvariante? Da komme ich oftmals ganz schön ins Schwitzen. Ich wollte doch nur Brot kaufen! In Kathmandu habe ich nur zwei Bäcker gefunden, die den mehligen Laib einigermaßen herzhaft backen, aber nach fünf Wochen reiner Brotabstinenz fühle ich mich deshalb beinah in paradiesische Zustände versetzt. Darauf ein Stück Schnittkäse – dessen Auswahl bei zwei sehr ähnlich schmeckenden Sorten recht leicht fällt –, das ist doch was! Ich weiß nicht, wann ich mich zuletzt darüber gefreut hätte, ein Brot in der Hand zu halten. Habe ich es überhaupt schon einmal getan? In dieser Deutlichkeit? War mir je klar, was mein Leben ausmacht? Wie angenehm und schön Selbstverständlichkeiten wirklich sind? Zufriedenheit und Glück finde ich in Nepal so schnell, ohne danach konkret zu suchen.

»«

Am Tag nach meiner Ankunft in Kathmandu fahre ich zur Post, denn mittlerweile dürften sich einige Briefe in der Poste Restante-Abteilung für mich eingefunden haben. Meine Überraschung ist groß, als ich die Nachricht erhalte, ein Paket abholen zu können. Ein Paket stellt für mich nach wie vor etwas ganz Besonderes dar und fern der Heimat steigert sich die Freude darüber schon mal in eine vergleichbare Aufregung, als fielen Weihnachten und Geburtstag auf einen Tag. Nur muss ich meine Geschenke geduldig erkämpfen, wie sich schnell herausstellt. Als ich mit dem wertvollen Informationszettel vor den Augen eines Postmitarbeiters freudestrahlend herumwedele, schickt er mich zu einem Schalter, dem ersten. Von dem es zum zweiten geht. Ab dem dritten Schalter wird mein Mitzählen von Sich-ein-klein-wenig-Aufregen überlagert, denn jeder Mitarbeiter weist mich woanders hin. Ich glaube, beim fünften Mal habe ich Glück. Bei Person eins gebe ich den Zettel und meinen Reisepass ab. Diese schickt mich zu Person zwei, die ca. fünf Meter entfernt sitzt. Dort fülle ich ein Formular aus, von dem ich nichts verstehe. Wer weiß, wofür ich unterschreibe!? Mit dem Schreiben zu Person drei, die im Moment leider nicht anwesend ist. Also warte ich in ihrem Büro, während die Zeit verstreicht. Schließlich erscheint der Postangestellte, wirft einen flüchtigen, fast geringschätzigen Blick auf mein Schreiben und schickt mich wieder zu Person zwei. Zwanzig Rupien sind bereits von mir bezahlt, die nächsten 35 stehen an. Zunächst lasse ich kurz meinen Kragen platzen und verkünde, erst einmal möchte ich dieses Paket sehen, bevor ich hier noch irgendetwas bezahle. Von weitem darf ich einen Blick darauf werfen. Dort steht es, schreit nach mir und ich nach ihm, denn da es leider nicht mehr vollständig verpackt ist, kann ich (oder ist es ein Wunschtraum?) ein Glas Nutella erahnen. Ein Lebensmittelpaket – Juchhu! – jetzt lassen sich die Hürden leicht nehmen. Die geforderten 35 Rupien bezahle ich bei Person vier, wieder in einem anderen Raum, in dem sich etwa acht weitere Angestellte befinden, die sich alle lustig miteinander unterhalten, aber nicht zu arbeiten scheinen. Was ist denn das für eine Einstellung?! Mittlerweile halte ich drei Zettel in meiner Hand. Nur eben nicht mein Goldstück. Zurück zum Angestellten eins, der es mir gerade geben will – doch halt! Erst nimmt er noch schnell den Taschenrechner in die Hand, tippt heftig und lange darauf herum und zeigt ihn mir dann stolz herüber. Auf 133 ist er gekommen, und ich solle diese Summe begleichen. Geduldsfäden sind bekanntlich unterschiedlich dick und meiner nähert sich gerade bedrohlich dem Zerreißen. Nicht nur, dass ich wieder löhnen soll (alles zusammen wären es vielleicht vier Euro, aber darum geht es hier ja nicht), nicht nur, dass seit der freudigen Botschaft dreißig Minuten vergangen sind; Nein, hinzu kommt, dass ich nur noch siebzig Rupien in der Tasche habe. Ich müsste zum Thamel, etwa zehn Minuten entfernt, um Geld zu tauschen, doch leider schließt die Post in fünf Minuten. Ich könne doch morgen wieder kommen und bezahlen, teilt man mir mit. Also jetzt mal halblang. Hier bin ich, da der Tisch, dahinter mein Paket. Das kann doch nicht so schwer sein! Ich nehme all mein Nepalesisch zusammen und formuliere grammatikalisch falsche Sätze, die sinngemäß bedeuten: »Morgen muss ich arbeiten und siebzig Rupien werden doch reichen.« Dreimal muss ich mich wiederholen, bis es Wirkung zeigt. Irgendwo muss ich ein weiteres Mal unterschreiben und endlich bekomme ich mein Glückspaket.

Danach zwanzig Minuten die Holperstraße nach Hause. Förmlich kriechend absolviere ich sie, da ich dem Frieden auf meinem Gepäckträger nicht traue. Über die Schlaglöcher rolle ich langsam und zärtlich, ihnen auszuweichen, bedeutet noch mehr Gefahr – da es zu viele sind. Mit meiner naiven Milchmädchenrechnung, ich sei eine Dreiviertelstunde nach meiner Abfahrt wieder zu Hause, lag ich voll daneben. Nun bin ich zwei Stunden später wieder da. Aber: Was lange währt, wird gut und so kann ich dann endlich und feierlich das Packband zerschneiden und staunen. Über gute deutsche Esswaren: Kaffee, Süßigkeiten, Wurst aus der Dose und andere Leckereien, die ich schon lange nicht mehr auf dem Tisch hatte. Nie hätte ich gedacht, dass ich eines Tages Wurst aus der Dose als Leckerei bezeichnen würde.

»«

Ich kann es kaum glauben, aber meine Zeit in Nepal ist fast abgelaufen. Sind die letzten Tage meines Aufenthalts wirklich schon angebrochen? Um von dieser reich gefüllten Zeit gebührend Abschied zu nehmen, quartiere ich mich zwei Tage in Nagarkot ein, dem kleinen Bergort, den ich mit Julia vor vier Monaten erwanderte.

Die Fahrt dorthin ist einmal mehr ein interessantes Unterfangen. Eine zum Teil unbefestigte Straße im schlechten Zustand und ein Bus, der ihr in nichts nachsteht – eine ausgesprochen ungünstige Konstellation! So rast der Busfahrer mit fünfzehn bis zwanzig km/h durch die Prärie. Der Bus ist wie immer brechend voll. Das hat Vorteile, die in der Mitte stehenden Personen müssen sich nicht festhalten, sie sind Teil einer unbeweglichen Masse. Ich glaube, man würde hier nie erleben, dass ein Fahrzeug jemanden an der Straße stehen lässt. Jedes Mal, wenn der Bus hält, überlege ich verzweifelt, in welchen Spalt die Neulinge denn jetzt geschoben werden sollen. Aber ob sich fünf oder zehn Menschen auf den Füßen stehen oder ob nun drei oder sieben Arme aus dem Bus hinausragen – welche Rolle spielt das? Erst recht, wenn sich keiner streitet. Und ich einen guten Sitzplatz habe!

Plötzlich bremst der Bus scharf. Das Auto vor uns hat sich gerade entschieden, zu wenden. Ohne zu blinken zieht es einfach auf die Gegenfahrbahn. Das Hupkonzert wie von tausend Trompeten ist ihm sicher, unterscheidet sich in seiner Penetranz jedoch nicht von einer beliebigen anderen Straßenecke. So gelassen sehe ich dem Ganzen zu, dass ich nicht hoffe, mir den ›Nepali Style‹ im Autofahren angenommen zu haben. An die Zucht und Ordnung auf Deutschlands Straßen muss ich mich sicher erst wieder gewöhnen.

Dann bin ich am Ziel, ziehe mich in eine kleine idyllisch gelegene Unterkunft zurück und lasse für viele Stunden die letzten vier Monate Revue passieren. Anfänglich gab es viele Momente, in denen ich mich an das Elend der Menschen noch nicht gewöhnt hatte, aber diese Augenblicke nahmen in ihrer Häufigkeit und Intensität ab. Ich baute einen neuen Kreis vertrauter Personen auf, schaffte andere Bezugspunkte. Mein langer Aufenthalt ermöglichte es mir, mein eigenes Bild von Land und Leuten zu zeichnen. Ich schaute hinter die fremdartige Fassade dieser Kultur und Religion, fand Freunde und habe gelernt, mich mit dem, was ich habe, zufrieden zu geben. Vor allem, glücklich damit zu sein.

Eine Freundin fragte mich einmal: »Warum leistest du solche Sozialarbeit und übst freiwillig Enthaltsamkeit? Möchtest du damit dein Gewissen beruhigen oder dir selbst helfen? Willst du mit anderen leiden?« Es fällt schwer, die Fragen konkret zu beantworten und die Erfahrungen der letzten Monate sind umfassender als erwartet. Genau das aber ist vielleicht die Antwort, denn ich durfte lernen, dass bei Armut und Entwicklungshilfe Aspekte eine Rolle spielen, von denen ich anfänglich nichts ahnte. Ich verstand, wie wichtig Medikamente für die Menschen hier wirklich sind. Tabletten, die in einem deutschen Zuhause im Medizinschrank unbenutzt ihr Verfallsdatum überschreiten, während sie hier dringend notwendig sind. Inmitten der Armut erfuhr ich Liebe, Heiterkeit und ein großes Gemeinschaftsgefühl unter den Bewohnern Shantis, aber auch unter anderen Nepalesen, denen ich begegnete.

Es war eine intensive Zeit. Die Erfahrungen rieben mich bisweilen auf, sei es der mangelhaften Hygiene wegen oder aufgrund meiner wiederholt ergebnislosen Vergleiche meines luxuriösen Lebens mit den einfachen Lebensumständen in diesem Land. Und trotzdem, jedes Quäntchen dafür aufgewendeter Energie wurde entlohnt. Die zwischenmenschlichen Erlebnisse, die sich in ein Gesamtbild einfügen, sind weitaus wertvoller, als eine finanzielle Entschädigung für unsere Arbeit als Volontäre je aufwiegen könnte. Oft war es pure Dankbarkeit, die ich erfuhr. Nicht selten schüttelte man mir kräftig und herzlich lächelnd zum Dank die Hand, wenn ich, mit Nepalesen im Gespräch, von meiner Arbeit erzählte.

In Verbindung mit der arbeitsfreien Zeit erhielt ich einen Eindruck davon, wie schön das Leben sein kann, ohne ständig in die Zukunft zu schauen. Es wäre traumhaft, könnte ich an diesem Punkt einfach weitermachen. Ohne Zeitplan und konkretes Ziel! Ein unbeschwertes Leben führen. Unbeschwert, das trifft es wohl am besten, müsste ich mein Lebensgefühl der letzten Wochen mit einem Wort beschreiben. Trotz aller emotionalen Widersprüche! Das Leben hier ist hart, aber es ist Gegenwart. Diese ist konkret, mit ihr kann ich mich auseinandersetzen. In die Zukunft zu denken, erscheint mir unproduktiv und zermürbend, zumindest zermürbender als vor meinem Aufenthalt hier. In den letzten Monaten war ich sammeln, ohne groß nachzudenken. Nur aufnehmen, kennen lernen, erfahren.

Aus einem armen Land kehre ich reich zurück.

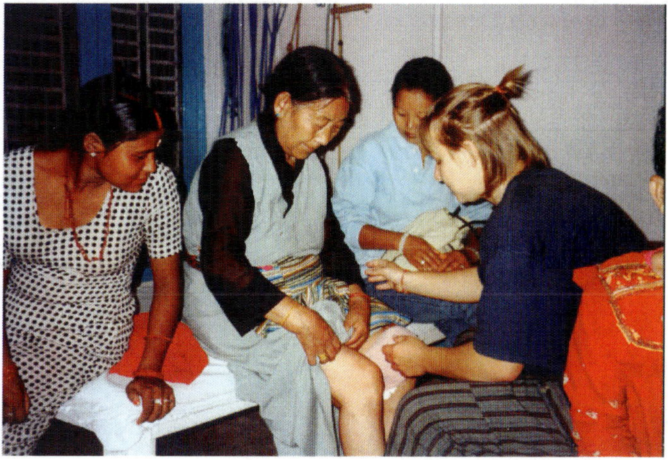

Besuche in der Physiotherapie sind in Nepal nicht selten Familienangelegenheit.

Schafschur im australischen Outback.
Ob das Schaf meine erste Schur überlebt?

12 Apostels - Faszinierende Küstenlandschaft in Australien.

Doppelstockhaus - Zwei Jahre lebten ehemalige Greenpeace-Aktivisten gemeinsam mit ihrer 3-jährigen Tochter in diesem ausgebauten Bus - Australien.

>Fürsorglich< und >vertrauensvoll< sind sicher nicht die Attribute, die einem unmittelbar beim Anblick vonScott einfallen. Dennoch, mein Grundvertrauen in Menschen wuschs, je mehr ich auf meiner Reise kennen lernen durfte.

Nach erfolgreichem Abschluss der >Fahrschule< verdiene ich beim Traktorfahren australische Dollar.

24.12.2003 - Dank der unverhofften Hilfe Rajs habe ich auch den Bergpass Kongma La erklommen - Nepal, 5600 m. Ein schöneres Geschenk gibt es nicht!

Annapurna - Basecamp, Nepal - 4130 m.

Feinkoordination und Fingerspitzengefühl bedarf es beim Bearbeiten der Kartoffeln mit diesem nepalischen Kartoffelschäler.

Feuerbestattung am heiligen Bagmati, Kathmandu - Nepal. Im selben Fluss, in den schließlich die Asche gestoßen wird, waschen Frauen die Wäsche und Kinder spielen vergnügt. Der Lauf des Lebens.

Für die alten Menschen in Upper Mustang - Nepal gibt es nicht viel zu tun. Auf dem Marktplatz sitzen sie täglich beisammen.

Manneskraft ist noch heute aufgrund nicht existierender Infrastruktur das einzige Transportmittel in den Bergregionen Nepals.

In aller Ruhe wendet eine Frau den Reis, um alle Seiten des Korns der Sonne zuzuwenden - Nepal.

(8) Zu Hause

»Mir ist, als müsste ich einen anderen Weg gehen.«

Mein Studium ist vorbei und ich bin lange genug in der Welt umhergetingelt. Jetzt heißt es, beruflich beide Beine auf den Boden zu bekommen, und so gehe ich mit einem Freund in Magdeburg in die berufliche Selbständigkeit. Die dafür notwendigen organisatorischen Schritte und konzeptionellen Vorbereitungen verdrängen sämtliche Gedanken an Nepal. Letztere gehören wieder einer Welt an, die für mich in meinem deutschen Alltag nicht existieren kann. Anders als nach Australien gelingt es mir dieses Mal gut. Nepal scheint ein abgeschlossenes Kapitel zu sein.

Stattdessen genieße ich es, an Mutters Tisch zu sitzen oder abends in die vertraute elterliche Wohnung zu kommen und meinen vor dem Fernseher schlafenden Vater ins Bett zu schicken. Mittlerweile hat sich auch unser Rucksack eingefunden, der auf der Hinreise meiner Eltern nach Nepal abhanden gekommen war. Etwa ein halbes Jahr nach ihrer Rückkehr fand er sich endlich an und wie sich herausstellte, hat das Gepäckstück deutschen Boden nie verlassen.

Als mich eine Grippe tagelang ans Bett fesselt, lasse ich mich von meiner Mutter pflegen: Wie in alten Kindertagen! Diese Fürsorge meiner Eltern oder anderer Menschen, die mir nahe stehen, sauge ich förmlich in mich auf. Lange habe ich sie entbehrt oder war für sie nicht empfänglich. Unterwegs im Ausland zu sein, fordert eine Stärke und Unabhängigkeit von mir, die ich stets bereit bin, zu geben. Dessen ungeachtet spüre ich jetzt, da ich krank im Bett liege, ebenso das Bedürfnis nach Nähe und Geborgenheit. Gespannt bin ich vielleicht auch aufgrund dessen auf die Geburt meines Patenkindes Elias. Als es dann soweit ist, stellen das Zusammensein mit ihm sowie die Momente mit meiner kleinen Nichte Thalia Augenblicke dar, in denen ich mir wünsche, dass mein Fernweh doch bitte bald versiegen möge. Auch zu Hause gibt es ein wertvolles Hier und Jetzt.

Das ändert sich, als ich für einen Besuch zu Julia nach Österreich fahre. Bei ihr in Lienz fällt mir ein Buch von Paulo Coelho in die Hände. Dann ein weiteres, auch von ihm. Beide lese ich in diesen zehn Tagen. Fünf davon verbringen wir in einer kleinen Hütte auf einer Alm, umringt von Bergen. Erholsamer geht's nicht!

Es ist Mitternacht, als ich von diesem Urlaub zurückkehre. Vom Bahnhof gehe ich durch die fast menschenleeren Straßen meiner Heimatstadt. Die feuchte Luft ist vom Regen geschwängert. Überraschend intensiv erlebe ich diese Stimmung der Ruhe, die sich sehr von jener in den Bergen unterscheidet. Ein wenig unerwartet beginne ich die Fragen zu reflektieren, die meine Urlaubslektüre in mir aufgeworfen hat. Nachdenklich vergleiche ich mein Leben mit dem mancher Freunde. Kinder werden geboren, Eigenheime finanziert, das Leben sieht strukturiert aus. Alles folgt einem scheinbaren Plan. Obwohl es mir in Magdeburg gut geht, fühle ich mich nicht ganz zugehörig und mir ist, als müsse ich einen anderen Weg gehen.

Als ich am nächsten Morgen aufwache, frage ich mich, ob das schon alles war. Ich bin sechsundzwanzig und eigentlich glücklich. Zwar meinen einige Menschen, das Wort ›eigentlich‹ existiere nicht, es sei gänzlich bedeutungslos. Ich benutze es jedoch gern: Um meiner Aussage eine verschwommene Einschränkung beizufügen und eine hundertprozentige Festlegung zu umgehen. So wie jetzt. Ich bin glücklich, aber…

Nachdem ich am Vorabend zu Hause angekommen war, hatte ich zum Einschlafen noch ein paar interessante Zeilen in dem Buch ›Climbing high‹ von Lene Gammelgaard gelesen: »Erwachsen zu werden«, hatte da gestanden, »heißt zu lernen, dass das eigene Leben aus einer Summe persönlicher Wahlmöglichkeiten und Entscheidungen besteht und darin, zu erkennen, dass diese Optionen eine persönliche Freiheit verleihen. Sich zu trauen, für sich selbst Verantwortung zu übernehmen und der Schmerz innerhalb dieser persönlichen Freiheit macht die individuelle Lebenssituation aus.« Über den Gedanken, was genau sie damit meint, war ich eingeschlafen und nun hänge ich meiner eigenen Frage nach: ‚Der Sinn des Lebens?' Draußen dämmert es langsam. Ich liebe diese unschuldigen Momente des jungfräulichen Tages. Wenn die Nacht noch nicht vollständig entlassen und der neue Tag noch nicht ganz begrüßt ist, tummeln sich gern die Fragen nach dem Wie und Warum. Und so verschwommen, wie dieser Übergang zwischen Nacht und Tag, gleichsam zwischen schlafen und wachen, so verschwommen fühlt es sich auch in meinem Kopf an.

Beim Versuch, mich zu erinnern, wie dieses Grübeln begonnen hatte, war ich in meine Tagebücher versunken. Ich fühle mich müde, wie nach einer Wanderung, als ich jetzt wieder aus ihnen auftauche und mich in der Realität wieder finde. Realität? Welche ist denn meine Realität? Tausend Fragen türmen sich plötzlich vor mir auf. Schnell möchte ich sie festhalten und greife zum Stift.

(9) Stationen einer Entscheidung

»Es liegen Veränderungen in der Luft.«

17. Juni 2002

»Was ist der Sinn meines Lebens?« – diese Frage ist mir nicht neu, auch wenn ich bis zu diesem Morgen dachte, ich hätte das Leben durch meine wiederholten Auslandsaufenthalte genug erfahren. Vielleicht nicht, um sie eindeutig beantworten, jedoch um sie wenigstens in einem dunklen Winkel meines Unterbewusstseins in Ruhe verkümmern lassen zu können. Unwillig sehe ich mich der Sinnfrage nun trotz allem wieder gegenüber. Verdammt noch mal, fünf Monate nur ist es her, dass ich aus Nepal zurückgekehrt bin. Ich freute mich doch darauf: Endlich Ruhe im Leben! Im Kreis von Familie und Freunden wollte ich endlich so leben wie alle anderen und fühle mich auch pudelwohl dabei.

Und doch, wieder richtet sich meine Aufmerksamkeit auf die Luft, die entgegen aller beruflichen Bemühungen in mein Leben gekommen ist. Zeit zum Nachdenken; darüber, was mir noch fehlt im Leben. Ich verspüre Neid auf jene, die zufrieden ihren Alltag leben können, die nicht auf der Suche sind nach etwas anderem als ihrer täglichen Arbeit, dem regelmäßigen Sommer- und Winterurlaub, dem Freitagabend mit den Freunden und einem gemütlichen Fernsehabend mit ihrem Partner. Fremde Menschen, Länder, Sitten erhalten dabei gelegentlich im Urlaub ihre Chance; und anschließend einen Platz im Fotoalbum. So einfach ist das. Und ich?

In einem Anflug von Panik vernehme ich meine stummen Fragen einmal mehr. Ist es das? Führe ich ein mir entsprechendes Leben? Verfüge ich denn diesbezüglich über konkrete Bilder? Sind meine Vorstellungen klar? Und warum stelle ich mir diese Fragen?

Liegt es an dem Gefühl, nicht mehr frei zu sein? Mein Studentenleben ist vorbei, mein letzter langer Aufenthalt im Ausland beendet, nun regiert Arbeit das Alltagsgeschehen.

Keine Pläne zu schmieden, ist wie nicht zu atmen und langsam habe ich das Gefühl, keine Luft mehr zu bekommen.

23. *Juni 2002*
Heute habe ich meine Freundin Lisa besucht und im Gespräch deutete ich an, dass Veränderungen in der Luft liegen. Nicht ohne einen kritischen Unterton in der Stimme fragte sie, wie ich meinen Lebensstil nur immer wieder finanzieren würde. Lange und fast mit einem schlechten Gewissen überlegte ich, wie dieser Frage zu begegnen sei. Als ich mich aber in ihrer Wohnung umschaute, sprang mich die Antwort erlösend an. Sie ist frisch bezogen, neu eingerichtet und groß genug für eine komplette Familie. Stattdessen bewohnt sie sie allein mit ihrem Freund. Computer, ein neuer DVD-Spieler, die maßgeschneiderte Küche, fast ein deutsches Standardmobiliar. Von dem ich jedoch eine Ewigkeit entfernt bin, weil ich mein Geld bisher ausschließlich in Auslandsaufenthalte investierte. Ich halte mein Geld stets zusammen. Ich analysiere diesen Gedanken noch etwas akribischer: Das meiste, was ich besitze, passt in meinen Reiserucksack, den ich vor drei Jahren für sechzig Mark bei Aldi erstanden habe. Zwar ist er ohne Markennamen, dafür mit ausreichend Trägern und Schnallen ausgestattet. Ich bin nicht geizig, aber ich bin bemüht, das zur Verfügung stehende Geld zur Erfüllung meiner Träume einzusetzen. Und meine Träume sind das Reisen. Nomaden haben mich von jeher interessiert.

So in etwa versuchte ich es, Lisa zu erklären. Jetzt, wo ich darüber nachdenke, wird mir plötzlich klar, dass in meinem Leben etwas ›andersherum‹ ist. Auch die Fremde ist meine Heimat, mein Alltag. Kraft tanken kann ich am besten zu Hause mit der Liebe und Geborgenheit meiner Familie, aber die Alltäglichkeiten meines Lebens sind an Auslandsaufenthalte geknüpft, die bisher nie lediglich Urlaube waren. Dadurch öffnete ich das eigene Fenster, aus dem ich hinausschaue, stets ein Stück weiter. Aber, habe ich mich jetzt schon zu weit hinausgelehnt? Habe ich zuviel gesehen, um ruhig auf einem Flecken leben zu können?

7. Oktober 2002
Die Entscheidung ist endlich gefallen. Ich werde Magdeburg im Frühjahr verlassen. Noch einmal möchte ich in die Welt, um meiner inneren Unruhe die Existenzgrundlage zu nehmen. Ich weiß jetzt, dass ich nicht zu Hause sitzen kann, darauf wartend, dass etwas passiert. Ich bin noch nicht bereit für »das Leben, das zu einem einzigen Sonntagnachmittag wird«, um es mit Paulo Coelhos Worten auszudrücken.

23. April 2003
Der Rucksack ist fast gepackt. Voller Spannung trete ich eine neue Reise an, in der es erstmalig nicht ausschließlich um das Sammeln neuer Eindrücke geht, sondern um das Lösen persönlicher Fragen: Wonach suche ich? Was ist mir wichtig im Leben und wo setze ich meine Prioritäten für die Zukunft? Beginnen werde ich damit, in Australien Geld zu verdienen, damit ich die Antworten so lange suchen kann, bis ich fündig geworden bin. Ich weiß lediglich, dass ich anschließend nach Asien möchte, um mich mit den dort wurzelnden alternativen Methoden zum Erhalt des gesundheitlichen Wohlbefindens vertraut zu machen. Anhand praktischer Erfahrung will ich lernen. So war es schon immer.

Es bedurfte Ausdauer, um die getroffene Entscheidung gegenüber anderen und vor mir selbst zu rechtfertigen, schließlich führe ich ein angenehmes Leben. Von wirklichen Problemen bin ich bisher weitestgehend verschont geblieben. Vor diesem Hintergrund erscheinen mir meine bohrenden Fragen zuweilen undankbar. Ihnen wohnt etwas Zermürbendes inne. Sie stellen in Frage; sei es mich selbst, meine Kompetenzen, meine Wünsche. Dessen ungeachtet habe ich diese Ungeklärtheit akzeptiert. Sie zu ignorieren, würde bedeuten, mich selbst zu belügen und auch das fällt schwer. Schlichtweg aufbrechen zu müssen, dem habe ich letztendlich nachgegeben.

Unterstützt haben mich meine Eltern auf eine wohltuend gewährende Art. Nie legten sie mir Steine in den Weg. Sie glauben einfach an mich, das genügt. Die Tatsache, dass wir einige Erfahrungen im Ausland gemeinsam sammelten, bringt in vielerlei Hinsicht Verständnis ihrerseits für meine Situation mit sich. Sie wissen, wovon ich fasziniert bin und sind sich der Anziehung der Fremde durchaus bewusst. Als ich packe, sitzen sie in meinem Zimmer. Diese Nähe stärkt mein Vertrauen in meinen erneuten Aufbruch, der sich grundlegend von seinen Vorgängern unterscheidet. Es ist ein Abschied auf unbestimmt. Erstmalig werde ich beim Einchecken am Flughafen ein One-Way-Ticket auf den Tisch legen. Nie war ich so frei!

(10) Zweifach zum Zweiten: Nepal und Australien - 2003

»Alles bekommt seine Zeit.«

Ich bin sechsundzwanzig und eigentlich glücklich. Nun, dieser Satz ist überholt. Mittlerweile hatte ich Geburtstag und das ›eigentlich‹ kann ich streichen. Ich bin siebenundzwanzig, glücklich und endlich wieder unterwegs. Erneut ein erster Schritt in das unstete Leben. Den angenehm schützenden Mantel aus Vertrautem und Alltag, der das Zuhause zu einem Ort der Geborgenheit macht, habe ich abgelegt. In mir macht sich das mittlerweile bekannte Gefühl des Nacktseins breit.

Als der Flieger in Australien aufsetzt und ich die ersten Stunden in Melbourne verbringe, muss ich allerdings feststellen, dass der Flug meiner körperlichen Ankunft einen nur schwer einzuholenden Vorsprung gegenüber meiner geistigen Ankunft verschafft hat. Es liegt ein deutliches Ungleichgewicht vor. Mein neuer Alltag, unterwegs auf unbestimmte Zeit, hat begonnen. An dieses Gefühl muss ich mich trotz aller Vorfreude und des Hinarbeitens erst einmal gewöhnen. Es bestehen keine Zweifel daran, das Richtige getan zu haben und doch fühle ich mich plötzlich ein wenig wie im freien Fall, bei dem ich nicht genau weiß, wo ich landen werde. Es ist ein Abgleich, der noch einmal stattfindet: Alle im Rhythmus, in der Routine und ich habe mich einmal mehr ausgeklinkt. Zum Glück überraschen mich diese verwirrenden Emotionen nicht mehr. Aus einem undefinierbaren Grund hatte ich mich sogar ein wenig auf ein eventuelles Gefühlschaos eingestellt. Vielleicht ist es auch die instabile Wetterlage, der sich meine Stimmung einfach nur anpasst, denn in den ersten Tagen regnet es pausenlos.

Auf der Suche nach einem Platz auf diesem Kontinent zieht es mich schließlich nach Newcastle und als ich dort ankomme, kann ich erfreut feststellen, während meiner vergangenen Aufenthalte im Land gute Vorarbeit geleistet zu haben. Es gibt Freunde, die mir den Einstieg erleichtern und die mir bei der Umsetzung meiner Vorhaben behilflich sind. Bei Mark, einem guten Freund in Newcastle und bei Jörg und Heidi, meiner deutschen Ersatzfamilie, die nur fünfundvierzig Minuten entfernt wohnen, finde ich wechselweise Unterschlupf. Wenige Stunden nach meiner Ankunft bei Mark bin ich mit je einem Bett, Fahrrad, Laptop und mit deutlich mehr Zuversicht ausgestattet. Ich lege Rucksack und Schwermut ab und mache mich an die Organisation meines Motorradführerscheins, der ganz oben auf meiner Wunschliste steht. Bald sieht auch der Wettergott ein, dass er mich vorerst nicht aus dem Land treiben kann und am siebten Tag nach der Ankunft in meiner zweiten Heimat sind endlich auch Herz und Seele gelandet.

»«

Auf unerklärliche Weise üben die 250 AUD (etwa 125 Euro) eine faszinierende Ausstrahlung auf mich aus. Sie sind weitaus anziehender als die etwa tausend Euro, die ich zu Hause für einen Führerschein investieren müsste. Also melde ich mich zur Fahrschule an und gehe zu meinem Wohlgefallen dem sonst üblichen nervigen Preisvergleich aus dem Weg. Denn die Fahrschule ist eine staatliche Einrichtung mit Einheitspreis. Wie in guten alten Zeiten. Aus Erfahrung weiß ich allerdings, dass der finanzielle Vorteil wegen der wenigen Praxisstunden auch deutliche, fahrpraktische Nachteile auf Australiens Straßen mit sich bringt. Überhaupt gibt es erst seit wenigen Jahren die Pflicht zur Teilnahme an einer Fahrschule. Davor erlernte man den Umgang mit Auto oder Motorrad von einem Verwandten oder Bekannten und immer wieder höre ich die gleiche Geschichte darüber. Damals musste man lediglich vor den Augen eines Angestellten der Verkehrsbehörde bis zur nächsten Kreuzung fahren, dort wenden und wieder zurückkehren. Gelang das ohne umzufallen, wurde einem der Schein ausgestellt.

Diese Zeiten sind glücklicherweise vorbei. Heutzutage dauert es bis zur Führerscheinübergabe schon etwas länger. Zwei Tage à drei Stunden führen zum drei Monate gültigen Lerner-Führerschein, vorausgesetzt, man besteht folgende, knifflige Aufgaben: Schieben des Motorrads, sich auf dem Motorrad von jemandem anderen schieben lassen sowie das ungezügelte Rasen im Kreis bei 20 km/h ohne selbst- oder gemeingefährliche Schwierigkeiten. Bereits diese Fähigkeiten berechtigen einen, anschließend auf den Straßen zu fahren. Am Ende des zweiten Tages halte ich sodann meinen ersten provisorischen Führerschein in den Händen. Stolz klopfe ich mir gedanklich auf die Schulter. Die ersten heiklen Herausforderungen habe ich gemeistert. Mission erfüllt! In drei bis sechs Monaten wird ein weiterer Praxistag folgen, an dessen Ende ich die richtige Fahrprüfung ablegen werde. Jetzt gilt es, ein wenig Arbeit zu finden, um mir ein kleines Motorrad kaufen zu können. Dann kann das Leben mobil weitergehen.

Ich habe Glück. Heidi ist Buchhalterin in einem Begegnungszentrum in Charmhaven, in dem ich mir etwas Geld verdienen kann. Ein Mini-Einkommen ist also sicher. Oft fahre ich von Newcastle zur Arbeit. Die Strecke beträgt 55 km. Meist lege ich sie per Fahrrad zurück. Zwar stehen mir mein mittlerweile erstandenes Motorrad zur Verfügung oder auch eine Zugverbindung, aber auf diese Weise kann ich Geld sparen und es durch Energie und Zeit ersetzen. In dem Verhältnis Geld-Kraft-Zeit verbünden sich die letzten beiden Komponenten recht schnell gegen die erste. Zu Hause fehlt mir stets die Zeit, hier das Geld. Es scheint, als ginge nicht alles auf einmal.

Als Urlaubszeit im Neighbourhood-Centre ist, beschließe ich, gemäß dem Ratschlag meines Fahrlehrers, fahrpraktische Erfahrungen auf meinem Motorrad zu sammeln, während ich ein paar Freunde besuchen werde.

In Australien verläuft der Weg zum Ziel meistens

auf dem Highway Nr. 1. Er verbindet alle großen Städte miteinander und windet sich einmal um das ganze Land. Kaum der Rede wert sind dabei die Distanzen zwischen Perth und Adelaide von 3240 km oder der Katzensprung von 4163 km, um von Darwin nach Perth zu gelangen. In seiner Eigenschaft als Kreis reduziert der Straßenverlauf angenehmerweise die Gefahr, sich zu verfahren. Man steigt in der Ortschaft A in sein Auto, biegt einmal rechts ab, verlässt die Stadt und kommt etliche Kilometer – und mitunter Tage – später auf der gleichen Straße in B an.

Ich vermeide diese monotone Strecke jedoch weitestgehend und schlage mich ins Hinterland. Es geht in die 650 km nördlich von Newcastle gelegene Gegend um Byron Bay. Sobald ich den Highway verlasse, bin ich mit meinem über zwanzig Jahre alten Maschinchen meist alleiniger Herr und Meister des Asphalts. Oft passiert es, dass mir stundenlang jemand weder entgegenkommt noch folgt. Auf den sanften Hügeln des Hinterlandes rolle ich ungestört bei strahlendem Sonnenschein durch die idyllische Gegend und genieße meinen neuen Reisestil. Als ich den Mount-Jerusalem-Nationalpark erreiche, erfordert dieser meine gesamten jungfräulichen Fahrfertigkeiten. Durch ihn führt eine nasse, rutschige Schotterstraße, auf der es schwer fällt, die richtigen Prioritäten zu setzen. Soll ich mich der dichten Vegetation des Regenwaldes erfreuen oder doch besser verstärkt die Aufmerksamkeit auf die ewig gerade Straße lenken, die in geringen Intervallen von zwanzig bis siebzig Metern von einer Kurve unterbrochen wird?

Bald beginne ich zu baden, zugleich im Angstschweiß und im Glück. Auf dem Motorrad gehört für mich wohl beides bedingungslos zusammen. Mein Fahrzeug bewegt sich laut knatternd durch die bezaubernd grüne, üppige Flora. In eine um die andere Kurve lege ich mich. Was für ein Gefühl! Meinem unvermittelten Drang abzusteigen nachgebend, schiebe ich das Motorrad daraufhin an den

Rand der Schotterpiste und bocke auf. Ruhe breitet sich aus, in der Umgebung und in mir. Ein paar Meter laufe ich zurück bis zur Kurve, aus der ich gerade gefahren bin, laufe vor zur nächsten und nehme mit dem Auge vorweg, was mich erwartet. Dann schreie ich laut auf, jubele, halte inne, bitte die Natur um weiteres Gutgesonnen-Sein und nehme meine Fahrt wieder auf.

Dann setzt Regen ein. Feiner Niesel, der das Fahren nicht sicherer macht und das Vorankommen verzögert. Die Kombination kurvenreicher Schotterweg und Regen animiert mich nicht zum Beschleunigen. Etwas beklommen streife ich die Regensachen über und unsicher fahre ich weiter. Bei jeder Kurve sehe ich einen Sturz voraus, der nicht eintritt. Meine Oberschenkel halten das Motorrad fest umklammert. Eben noch wirkte der Wald faszinierend, jetzt fühle ich mich von ihm nur noch beengt. Nicht weiter, als bis zur nächsten Kurve schauen zu können, lässt mich wild über die noch zurückzulegende Strecke spekulieren. Doch allmählich wird der Weg breiter, geht über in Asphalt und der Wald lichtet sich. Nach zwanzig Kilometern rolle ich endlich aus dem Wald in eine weite, offene Ebene. Ich fühle mich befreit. Alle innere Anspannung der letzten dreißig Minuten verliert sich augenblicklich.

Nur vereinzelt komme ich an Siedlungen vorbei, die sich zudem meist auf Farmgelände reduzieren. Das ist nicht weiter überraschend. Während sich in Europa im Schnitt 67 Menschen auf einem Quadratkilometer tummeln, teilen sich die gleiche Fläche in Australien lediglich zwei Menschen. Ab und zu treffe ich einen von ihnen. In der kleinen Ortschaft Bowraville mache ich an einem einfachen Café halt. Ich bin der einzige Gast und während mir die Besitzerin den Cappuccino bereitet, fragt sie mich nach den Umständen meines alleinigen Umherreisens. Ihr Rat: »Geh und such dir einen Mann, der dich begleitet und dir Sicherheit bietet!«

»Und wo finde ich den?«, gebe ich zurück, als sie sich mit zwei Tassen zu mir setzt. Aus ihrer Tasse schlürfend, schaut sie mich schulterzuckend an.

»Hm, siehst du, deswegen bin ich allein unterwegs.«

Wir unterhalten uns noch eine Weile, dann bezahle ich und setze kopfschüttelnd meinen Weg fort. Soll ich auf meine Unternehmungen verzichten, nur weil sich mir keiner anschließt? Einer solchen Einstellung begegne ich immer wieder. Unverständlich war sie mir von jeher.

Am Abend des zweiten Tages rolle ich auf dem Anwesen von Jeff und Cathy in Clunes ein. Ich hatte sie vor wenigen Wochen kennen gelernt, als sie Heidi einen Besuch abstatteten. Mit den Worten, ich sei jeder Zeit bei ihnen willkommen, traten sie ihren Heimweg an. Vielleicht hätten sie nicht damit gerechnet, dass ich ihrer Einladung so schnell folge? Andererseits kenne ich die Gastfreundschaft der Australier, sie ist ehrlich gemeint.

Als ich am ersten Morgen bei ihnen aufwache, bin ich zunächst erschlagen von der Größe ihres Grundstücks, von der Weite des sich mir bietenden Ausblicks. Das meinten sie also, als sie vom ausreichenden Platz sprachen, den sie für Besucher hätten. Nach dem Frühstück führen sie mich auf ihrem Grundstück herum. Wir lassen das Haus hinter uns und wandern in ein kleines Waldstück hinein, wo wir vor einem alten Doppelstockbus stehen bleiben. Vor wenigen Jahren stellte dieser ihr Zuhause dar. Mittlerweile ist er sich selbst überlassen und langsam wird er von den Bäumen eingenommen. Jeff und Cathy sind Ende vierzig und ehemalige Greenpeace-Aktivisten. Dementsprechend alternativ lebten sie für zwei Jahre mit ihrer damals sechsjährigen Tochter Sam in dieser ›Wohnung‹. Räumlich und materiell beschränkt auf das Nötigste, ohne Badezimmer oder Küche, dafür mitten in einem Wald. So ganz verlassen übt diese einstige Bleibe eine faszinierende Ausstrahlung auf mich aus. Es fällt mir leicht vorzustellen, wie es als Kind gewesen sein muss, mit den Eltern auf diese Weise zu leben. Einzuschlafen mit den Geräuschen des Waldes, vielleicht mit dem Zischen einer über das Dach gleitenden Schlange oder dem Grunzen eines sich neben die Räder kuschelnden Wombats. Eins mit der Natur, Teil von ihr; nicht im Abenteuerurlaub, sondern während des alltäglichen Geschehens. Mit zaghaften Sonnenstrahlen als Boten eines neuen Tages, die sich im Morgennebel durch das satte Grün der dichten Bäume kämpfen, um sanft an der Nasenspitze zu kitzeln. Das Gackern der Hühner reißt mich aus meinen träumerischen Gedanken. Es sind die eigenen Haushühner, die Eierlieferanten der Familie. Für die kulinarische Versorgung ist Jeff verantwortlich. In der Küche hat er die Schürze um. Vegetarisch und salzlos sind die Speisen, die er zubereitet. Letzteres erfordert eine mittelschwere Umstellung für mich. Doch auch dafür bin ich unterwegs, um meine eigenen Vorstellungen vorübergehend aufzugeben und mich auf neue Erfahrungen einzulassen. Wenn das bedeutet, ohne Salz zu essen, werde ich mich nicht dagegen sträuben.

Wenige Tage später machen wir einen Ausflug ins nahe gelegene Byron Bay. Dieser Strandort an der Ostküste Australiens vereint Massage- und Wellnesskultur mit alternativer Lebensweise und ist geprägt von den Einflüssen des fernen Ostens. Überall sehe ich Informationen über Yoga und Meditation sowie Ankündigen von Workshops, die Fragen zum menschlichen Dasein und nach dem Sinn des Lebens thematisieren. Vielleicht ergeben sich hier endlich die passenden Antworten auf meine eigenen Fragezeichen? In den Buchläden findet man zahllose Schriften zu den Themen Massage, Ayurveda, traditioneller chinesischer Medizin (TCM) oder Castaneda, die eng aneinander gereiht in den Regalen stehen. Für die Anziehungskraft dieser Lektüre werde ich immer empfänglicher. Das Vertrauen in die Seele, in unsichtbare Energien, in etwas Mystisches ist mir dennoch unbekannt. Meine Denkweise stützte sich bisher vornehmlich auf rationale und logische Pfeiler. Allein meiner Entscheidung für diese neue Reise lag ein schwer fassbares Gefühl, reine Intuition zugrunde. Erstmalig gab es keine eindeutigen Fakten, keine definierbaren Gründe.

Diesen kleinen Ort zu erkunden, ist eine wahre Entdeckungsreise. Seine Atmosphäre ist so speziell, fast körperlich spürbar, dass ich beinah meine, sie mit Händen fassen zu können. Allein die unzähligen Gerüche! Frisch zubereitetes Essen, Kaffee, Duftstäbe – alles so wohlriechend. Überall gibt es Alternativangebote: Kaffee mit Sojamilch, Kleidung aus reinen Naturmaterialien, biologisch angebautes Obst und Gemüse. Der Ausdruck der meisten Gesichter, in die ich schaue, ist freundlich, gelöst. Aus den zahlreichen Straßencafés ist ein fröhliches Geschnatter zu vernehmen. Vorwiegend, so schätze ich, sind die Gäste zwischen dreißig und vierzig Jahren, die meisten haben Kinder dabei. Alle scheinen über viel Zeit zu verfügen und ich bekomme eine Ahnung davon, wie es sich unter Hippies – ein mir bisher fernes Lebensgefühl – angefühlt haben muss.

Nicht anders sieht es am Strand aus, an den es uns zu einer ausgedehnten Wanderung verschlägt. Ich komme mit Cathy ins Gespräch und bald zeigt sich, dass wir einige Gemeinsamkeiten haben. Auch sie wurde in ihrer Jugend immer wieder von einer unbestimmten inneren Unruhe in die Ferne getrieben. Jahrelang bereiste sie unstet ihr eigenes großes Land oder begab sich nach Übersee. »Weißt du«, meint sie auf meine fragenden Gedanken mein persönliches Leben betreffend, »ich bin fest davon überzeugt, dass alles seine Zeit bekommt und jeder Mensch seinen ›Call‹ im Leben hat.« Welches wohl meine Berufung ist? Ob ich sie erkenne? Unser interessantes Gespräch ist in musikalische Klänge eingebettet, dargeboten von unzähligen Künstlern, die sich am Strand zusammenfinden, um ihre Instrumente aufeinander abzustimmen; in bunten Baumwollhosen, mit Rastalocken, Peace und Yin-Yang-Zeichen angebracht auf einem Flecken Haut oder Kleidungsstück. Als meine Augen über diese faszinierende Menge gleiten, bleibt mein Blick an einem menschlichen Knäuel hängen. Ich versuche zurückzuverfolgen, wo bloß jenes Bein hingehört, während sich ein Arm um beide Beine windet und der Inhaber dieser Körperteile offensichtlich innere Ruhe und Zufriedenheit findet, während er in dieser Yogapose verharrt.

Auf dem Rückweg unterhalte ich mich mit Jeff, während Cathy Sam übernommen hat. Der Sinn des Lebens ihrer Tochter besteht noch aus Spielen, herrlich unkompliziert. Sie hechten durch den Sand, rennen ins Wasser und immer wieder lachen sie laut auf. Mit Jeff unterhalte ich mich derweil über die realen Chancen der romantischen Liebe, die dem sehnsüchtigen Zuschauer in Hollywoodfilmen so eindrucksvoll präsentiert wird. Es wundert mich ein wenig, dass diesen knapp fünfzigjährigen Mann ähnliche Fragen beschäftigen wie mich, auch er ist immer noch ein wenig auf Suche nach den Antworten auf das Leben. In Bezug auf meinen persönlichen Lösungsversuch motiviert mich das nicht unbedingt. Paradoxerweise beruhigt mich dieses Gespräch trotzdem ein wenig. Vielleicht liegt die Antwort auf viele meiner Fragen gar nicht in einem So oder So, in einem Ja oder Nein? Der Erfahrungsaustausch mit Jeff und Cathy erfüllt mich.

Ich beschließe kurzfristig, zwei weitere Tage allein in der Ortschaft zu verbringen. Wie ich diese Entscheidungsfreiheit liebe! Während ich Byron Bay bei einem kurzen Aufenthalt vor fünf Jahren nichts abgewinnen konnte, fühle ich mich jetzt sehr wohl. Hat Cathy Recht damit, dass alles seine Zeit hat? Als wäre es nun an der Zeit, hier zu sein. Byron ist ein ausgezeichneter Ort, mich ein wenig auf meinen Asienaufenthalt einzustimmen.

Jetzt im August ist tiefster Winter in Australien. Bei täglich etwa 25 Grad Celsius lässt er sich aber im T-

Shirt ganz gut ertragen. Das heißt auch, dass in Byron gerade Nebensaison ist. Aus diesem Grund reduzieren sich die vielfältigen Workshop-Angebote. Statt mich im Massagebereich weiterzubilden, gönne ich mir selbst eine Massage und lerne auf diese Weise Claudio kennen, meinen Masseur. Wir kommen ins Gespräch und er erzählt mir von sich und seinen jungen Jahren, in denen er ebenfalls die Welt bereiste. In vielerlei Hinsicht erkennt er sich in mir wieder. Noch so einer! Es ist eine schöne Fügung, die mir einen Privatunterricht bezüglich der fernöstlichen Philosophie ermöglicht, als wir uns am Abend zum Essen treffen. In Gedanken klopfe ich mir auf die Schulter, denn neue Leute und Lebensgeschichten wollte ich kennen lernen, verschiedenen Auffassungen und Meinungen von Menschen, denen ich auf meinem Weg begegne, lauschen. Ich bin erstaunt, wie reibungslos das gegenwärtig klappt. Mir scheint, als tanzten tausend Fragezeichen um mich herum, die für jene Menschen sichtbar werden, die mir etwas zu sagen haben.

Glücklich bin ich darüber, die Chancen, die mir mein Leben bietet, zu sehen und zu nutzen. Vielleicht ist es auch so, dass ich konkret nach ihnen suche? Schließlich bin ich bemüht, den Antworten auf meine lebensbegleitende Frage nach dem Sinn meines Lebens auf den Grund zu gehen. Zu Hause hatte ich bemerkt, über etwas Grundlegendes nicht zu verfügen. Doch was ist es? ›Zeit‹ ist zweifelsohne ein elementarer Teil der Antwort. Sie wieder in großem Maße in Anspruch nehmen zu können, hilft mir, erneut stärker ins Gespräch mit mir selbst zu kommen. Statt den Ansprüchen der Menschen um mich herum genügen zu wollen, bin ich nun wieder in der Lage, mich selbst reden zu lassen. Zwar ist meine eigene Sprache zeitweise noch immer unverständlich für mich, aber ich bin bemüht, sie zu lernen.

Nach jenem anregenden Gespräch schlage ich mein Nachtlager in einer Düne auf – Sparmaßnahme. Auf meiner Isomatte mache ich es mir bequem und schlafe mit einem letzten Blick in den klaren Sternenhimmel und dem Rauschen des Meeres ein. Gegen sechs Uhr stöbert mich ein Ranger auf, der freundlich, aber bestimmt, darauf hinweist, dass das Nächtigen hier untersagt ist. Ich setze meinen unschuldigsten Blick auf, schwöre einsichtig Besserung und komme ungeschoren davon. Noch einen ›alternativen‹ Kaffee in Byron und ich trete meinen Rückweg nach Newcastle an.

Nach wenigen Stunden bringt ein Wortwechsel mit einem Tankwart Abwechslung vom bisherigen Alleinsein. Ich plaudere mit ihm über das Wetter. Auch er ist leidenschaftlicher Motorradfahrer. Bei den derzeit ›kalten‹ Wintertemperaturen bleibt die Maschine allerdings in der Garage, so meint er. Wenn man so verwöhnt wird von der Sonne wie die Australier, ist eine solche Einstellung vielleicht verständlich. Ich erzähle meinem Gegenüber nicht von meinem Vorhaben, baden zu gehen, denn ich befürchte, schon der Gedanke daran würde ihm Frostbeulen verschaffen. Mit einem Kopfschütteln und Lachen verabschieden wir uns voneinander.

Wieder auf der Straße genieße ich die Freiheit, die Richtung bestimmen und nach Lust und Laune meine Fahrt unterbrechen zu können. Ich blinzle durch die Sonnenbrille, spüre den Fahrtwind und lege mich in die Kurven. Immer unwichtiger werden auf diesem Trip die scheinbaren Probleme des Alltags. Und immer weniger interessiert mich, ob ich am geplanten Ziel ankomme oder mich auf halben Weg vielleicht in einem B&B einniste, das Zelt an einem zur Pause einladenden Bach aufstelle oder ob ich spontan die Einladung von Einheimischen annehme, mit ihnen das Abendbrot zu teilen. So, wie es mir in Sawtell, einem kleinen Ort in der Nähe von Coffs Harbour, passiert.

Als ich dort abends eintreffe, schlage ich mein Zelt am Strand auf und suche anschließend durstig den Pub der

Ortschaft auf. Ich bleibe nicht lange allein mit meinem Bier, zehn Minuten später bin ich mit zwei Männern in ein Gespräch verwickelt. Wer ich denn sei, die als Frau ganz allein mit dem Motorrad durch das Land streift? Die Geschichte zum wiederholten Mal also von vorn. Schon oft ist mir aufgefallen, dass viele Australier eher vorsichtiger Natur sind. Mit achtzehn Millionen Einwohnern, verteilt auf eine endlose Fläche, finden in Australien wahrscheinlich weniger Gewaltverbrechen statt als in anderen Ländern. Dennoch sensibilisiert eine sensationsorientierte Presse die Menschen spürbar, macht sie misstrauisch. Für viele passe ich so gar nicht ins Bild. Ihrer Meinung nach werfe ich mich den Mördern und Dieben förmlich in die Arme. Bei meinem Gegenargument, allein reisend bereits eine Weile erfolgreich überlebt zu haben, winken vie-le mit einer Handbewegung ab.

Die Männer laden mich zum Essen ein und später nimmt die Fürsorge bei Joe, einem der Männer, praktische Züge an. Er macht mir das Angebot, bei ihm zu Hause zu nächtigen. Die Strände von Sawtell, auch die seien nicht so sicher, sagt er. Wenn auch viele das Übernachten bei einem wildfremden Mann als die weitaus größere Gefahr einstufen, vertraue ich meiner Menschenkenntnis und mache mich nachts bei Nieselregen daran, das Zelt wieder abzubauen, um stattdessen den trockenen und komfortablen Unterschlupf zu genießen. Kaum angekommen, wird mir gezeigt, wo das zweite Paar Schlüssel hängt, in welchem Schrank der Küche ich welche Lebensmittel finde und Joe wiederholt sein Angebot, solange mir beliebt, bleiben zu können. Mit einem seligen Lächeln schlafe ich ein. Ein fremder Mensch hat sich den gesamten Abend um mich gesorgt, ich bin satt und schlafe in einem kuscheligen Bett. Und mein Portemonnaie habe ich nicht einmal gezückt.

Am nächsten Morgen schreibe ich einen kleinen Abschiedszettel, stehle mich dann leise aus dem Haus und setze meine Reise fort. Kaum habe ich die Ortschaft verlassen, beschleunige ich waghalsig auf hundert Stundenkilometer. Ganz abgesehen davon, dass mein blaues Gefährt nicht wesentlich mehr hergibt, ist meine Fahrgeschwindigkeit, als Besitzer des Lerner-Führerscheins, offiziell auf maximal 80 km/h begrenzt. Ich bin also entweder dazu verpflichtet, mich an bestimmte Regeln zu halten oder mich bei Vernachlässigung derer nicht erwischen zu lassen. Ich entscheide mich für Letzteres, was vermutlich auch deshalb erfolgreich ist, weil ich kein L-Schild (für Learner) am Motorrad habe. Ein solches Schild vermittelt nach außen für alle sichtbar den Novizen-Status und fordert bei den anderen Verkehrsteilnehmern Nachsicht. Allerdings unterliegt die Art der Befestigung des Schildes keinen Normvorschriften und bietet dem Motorradfahrer, der beispielsweise mit der Zahl ›achtzig‹ Probleme hat, wertvolle Möglichkeiten. Oftmals werden die Schilder nur halbherzig, und zum Abfallen verurteilt an das Motorrad montiert. Mitunter werden sie gar gestohlen. Da das allgemein bekannt ist, bekommt man von der Führerscheinstelle mit Erhalt des Führerscheins gleich einen ganzen Packen solcher Schilder.

Ich vergesse also – ganz aus Versehen – vom ersten Tag meines L-Daseins, das L am Motorrad zu befestigen. Die Gefahr, mit zwanzig Stundenkilometer zuviel ertappt zu werden, reduziert sich damit um ein Vielfaches. Meine Nummer der bestürzten Fahrzeughalterin, deren Schild mal wieder unglücklicherweise abgefallen ist, probe ich oft, aber sie muss nicht zum Einsatz kommen.

Auf die offiziellen Geschwindigkeitsbegrenzungen muss ich trotz allem achten, denn auch Australiens Straßen sind gelegentlich mit Blitzern versehen. Auch wenn Warnschilder dafür sorgen, dass man bei Geschwindigkeitsüberschreitungen nur selten ertappt wird – mit drei von ihnen wird der Blitzer mit verlässlicher Regelmäßigkeit angekündigt. Spätestens beim Passieren des zweiten

Schildes drossele ich die Geschwindigkeit, um mit genügend Puffer zur maximal erlaubten Geschwindigkeit am grauen Kasten vorbeizurollen. Kaum erwähnenswert, dass ich anschließend wieder beschleunige, langsam aber stetig. Ich liebe die Zusammenarbeit mit der australischen Verkehrspolizei! Schießt man allerdings diese hilfreichen Warnungen in den Wind, bezahlt man bereits ab 5 km/h zu viel ein horrendes Bußgeld. Zusammenfassend ist die australische Straßenverkehrsordnung streng, aber berechenbar.

Der Schilderwald an Australiens Straßen ist groß. Was man verpasste, den Autofahrern während der kurzen Fahrschule zu vermitteln, wird hier nachgeholt. Überdimensionale Schilder fragen mein Gewissen, ob ich auch angeschnallt bin, zeigen an, wie schnell ich momentan fahre, und verweisen darauf, alle zwei Stunden eine Pause zu machen, um zu überleben (im Englischen klingt das sehr poetisch: Stop. Revive. Survive!). Drohungen werden ebenfalls ausgesprochen: »Zu schnell? Schwere Strafen! Führerscheinverlust!«

Mit Führerschein, ohne eine Strafe für Geschwindigkeitsüberschreitung sowie verschont von technischen Problemen kehre ich nach meiner ersten Motorradtour unversehrt, stolz und überglücklich nach Newcastle zurück. Von hier geht es nun per Bus weiter nach Bright, wo ich mich mit Matt verabredet habe. Über die Jahre ist er ein sehr wichtiger Freund für mich geblieben. In seinem Auto fahren wir in den Bogong-Nationalpark, in den Winterurlaubsort Falls Creek. Auf dem Weg dorthin bietet sich mir ein erschreckendes Bild. Der Großteil des Baumbestandes ist abgebrannt, überall sehe ich große, verkohlte Stämme, auf denen gelegentlich grüne Blätterdächer sitzen. Ende des Jahres 2002 war der Bogong-Nationalpark Teil eines immensen Waldbrandes, dem verheerendsten Feuer seit 1939. Betroffen waren vorrangig der Alpine-Nationalpark sowie die Hauptstadt Canberra, in der mindestens dreihundert Häuser den Flammen zum Opfer fielen. Als ich jetzt hier entlangkomme, ist mir, als führen wir durch einen Geisterwald.

Peter, der Betreiber der Jugendherberge, in der wir wohnen, kennt die Umgebung so gut wie seine Westentasche. Am Tag nach unserer Ankunft nimmt er mich und die Langläufer mit auf eine Erkundungstour, um den Zustand zweier Nothütten zu überprüfen. Er rechnet damit, dass auch sie in den Flammen aufgangen sind. Während der Schnee unter unseren Skiern knirscht und wir Meter um Meter zwei neue Spuren in die weiße Decke schneiden, erfahre ich mehr über das letzte Buschfeuer. Eine Ursache des desaströsen Verlaufs liege in den finanziellen und personellen Einschnitten der letzten Jahre, die die Feuerwehr zu verzeichnen hat, berichtet er. Dem Ausbruch vieler Feuer konnte nicht überall mit der notwendigen Konsequenz begegnet werden. In besonders gefährdeten Gebieten Australiens werden im Normalfall regelmäßig präventive Maßnahmen durchgeführt, während der primär die Backburn-Technik zum Einsatz kommt. Hierbei werden kleine, kontrollierte Brände gelegt, die durch Gräben getrennt werden, um ein Übergreifen der Flammen zu verhindern. Kommt es zu einem plötzlichen Feuerausbruch, bleibt dieses im günstigen Fall auf eine überschaubare Fläche begrenzt, da es keine übermäßig großen Busch- und Baumbestände gibt. Genau diese Form der Feuerprävention konnte jedoch aufgrund des Personalmangels nicht gewährleistet werden. Der heiße und trockene Sommer 2002 verursachte auch aus diesem Grund die verheerenden Brände. Die zwei Hütten aber stehen noch, obgleich die Flammen sehr nahe kamen. Ein paar Reparaturen und sie werden wieder in gutem Zustand sein.

Ich genieße die Anstrengung und Ruhe dieser Skitour, auf der wir keiner Menschenseele begegnen. Als wir uns am Nachmittag wieder der Ortschaft nähern, liegt diese friedlich und still vor uns. Unbefahren die Straßen, verlassen die Häuser, nur hier und da zeugen Stimmen von anderen Menschen. Ich lasse die Einsamkeit auf mich wirken. Während in der Saison der Teufel los ist, prägt den Ort nun eine beruhigende Idylle. Erneut bin ich außerhalb der Saison unterwegs und genieße die Details, die sich sonst in dem großen Bild der lärmenden Menschenmassen verlieren. Als ich am Tag unserer Abreise auf der Terrasse stehend Abschied nehme, ergriffen von der Weite der weiß gefleckten Landschaft, denke ich an zu Hause und wünschte mir, diesen Augenblick mit meiner Familie teilen zu können.

Stattdessen geht es mit dem Zug zurück in mein australisches Zuhause und mit der körperlichen Reise geht eine gedankliche einher. Ich freue mich auf Newcastle und meine Arbeit, auf meine Freunde, die ich dort habe, aber es stellen sich mir leise einige Fragen, denen ich nur widerwillig zuhöre. Ist es das, was du wolltest, gedankenlos in der Weltgeschichte herumzureisen? Meine Gedanken wandern zu Lisa, die sich kürzlich mit ihrem Partner eine Eigentumswohnung gekauft hat. Fonds, Häuser, Versicherungen. Viele meiner Freunde bereiten sich finanziell auf ihr Alter vor. Gelegentlich ruft das Zweifel in Bezug auf meinen eigenen Lebensstil hervor, denn ich ziehe zum wiederholten Male in die Welt hinaus, mit einer ungewissen Zukunft, die sowieso noch nicht finanziert ist. Warum fahre ich stets von Ort zu Ort und von Mensch zu Mensch, immer in das Leben anderer eintauchend? Ich bin überrascht von diesen völlig neuen Gedanken, zudem bereiten sie mir Unbehagen. Lieber gebe ich mich den gleichmäßigen Fahrgeräuschen des Zuges hin und gleite irgendwann hinüber in den Schlaf.

Die nächsten Wochen vergehen ohne weitere Vorkommnisse. Es herrscht Alltag in meinem Leben und überrascht stelle ich fest, dankbar für ihn zu sein. Feste Bezugspunkte haben bei mir nun einmal Seltenheitswert. Aber langsam wird mir bewusst, dass sich mein Arbeitsalltag hier im fernen Australien in keiner Weise von dem in Deutschland unterscheidet. Wenn ich ehrlich bin, empfinde ich diese Feststellung wiederum als beklemmend. Warum bin ich dann unterwegs und erledige nicht zu Hause meine Arbeit? Das wertgeschätzte Ausmaß an Zeit, nun, zunehmend gibt es den grüblerischen Gedanken Raum und sie schränken gleichzeitig den bedingungslosen Genuss meiner Freiheit ein.

Doch ich muss mich nicht lange mit diesen Gedanken, denen ich nach wie vor nichts Konstruktives in der Lage bin entgegenzusetzen, auseinandersetzen. Wieder befinde ich mich in Veränderung, Nepal ruft. Plötzlich ist der Abschied da.

Vielleicht nicht der Abschied, doch die Emotionen, die sich mit ihm verbinden, sind unvermittelt und überraschend. Die Abreise habe ich geplant, den Flug gebucht, aber nicht den Schmerz. Dabei dachte ich, mittlerweile hätte ich mich an Trennungen gewöhnt. Jedoch scheint mich die Traurigkeit schier zu erdrücken. Alles, was ich fühle, ist Verlust. Sämtliche schöne Erfahrungen und wertvolle Momente, viele Gespräche und Erinnerungen an neue Freunde erscheinen, wie zu einer Verabredung, vor dem inneren Auge. Das Überwältigende an allem ist die Kraft, mit der mich diese Traurigkeit wie eine Flut überrollt, deren Sog ich mich hilflos überlassen muss. Ganz leise redet eine Stimme derweil auf mich ein, dass, ist die Zeit einer Trennung da, sich gleichermaßen Chancen auf neue Erfahrungen ergeben. Und für diese bin ich schließlich unterwegs! Aber ich höre nur sehr trotzig hin. Erst nach einem ausgiebigen Bad im Selbstmitleid kann ich mir eingestehen, dass es keinen Grund dazu gibt. An Abschiede möchte ich mich nie gewöhnen, doch werde ich mich auch nicht dem Fluss des Lebens in den Weg stellen.

»«

Dann sitze ich plötzlich im Flieger und die Reise geht weiter. Sonst kümmere ich mich ja wenig um meinen Sitzplatz. So bescheiden wie mein Kontostand sind in vielerlei Hinsicht meine Ansprüche. Aber dieses Mal ist es anders, ich lasse mir einen Sitz am Fenster geben. Meine Vorfreude auf die nepalesischen Berge meldet sich beim Einchecken vehement zu Wort.

In Bangkok habe ich einige Stunden Aufenthalt und als ich mich in die Wartehalle begebe, erblicke ich drei buddhistische Mönche in der vertrauten weinrot-gelben Robe. Einer von ihnen telefoniert mit einem Handy und als ein anderer seinen Rucksack schultert, sehe ich eine fesche Uhr an seinem Handgelenk blitzen. Es wird der erste von vielen Momenten sein, in denen ich mich meiner offensichtlich naiven Vorstellung vom Leben eines Mönches beraubt sehe. In der Anzugsordnung unterscheiden sie sich jedoch deutlich von den Wandertouristen, die alle wie aus dem Ei gepellt aussehen. Klobige Wanderschuhe an den Füßen, eine Zip-Hose in dezenter Farbe darüber, der Rucksack mit fünfzig kleinen Extraschnallen lässig über dem neuesten Fleece und der Schulter. Man könnte meinen, Besucher einer Outdoor-Messe zu sein. Ich schaue an mir herunter, sehe meine Zip-Hose und meine Wanderschuhe. Auch nicht anders!

Kurz vor der Landung in Kathmandu erspähe ich die weißen Gipfel, die der Luft in beeindruckender Höhe den Platz streitig machen und sich erhaben über die Umgebung hinwegsetzen. Freudentränen laufen meine Wangen hinab und mein Herz klopft, als wäre ich verliebt. Die Berge haben mich wieder! Als ich aus dem Flughafengebäude trete, ein vertrautes Bild: Taxifahrer und Hotelinhaber umwerben mich in diskretem Abstand und versprechen mir die niedrigsten Preise, die für nepalesische Verhältnisse natürlich viel zu hoch sind. Also zerre ich mein schweres Gepäck einige hundert Meter Richtung Flughafenausfahrt, um mich rein optisch von der üblichen Touristentraube zu unterscheiden, dann noch einige Vokabeln, die ich mir auf dem Flug wieder ins Gedächtnis gerufen habe und schon bin ich mit dem Taxipreis zufrieden. Klappt doch! Dreißig Minuten nach der Ankunft sitze ich wieder bei *Shanti Sewa Griha*. Aber mental ankommen, das merke ich schnell, werde ich auch hier erst in einigen Tagen. Es geschieht weder in dreißig Minuten noch in dreißig Stunden.

Den Umgang mit den Armen und Kranken, mit dem Leid fast überall, muss ich neu erlernen. In den ersten Tagen regiert mich ein erdrückendes Gefühl, das mich vollkommen einnimmt, mich unglücklich macht. Ich spüre das dringende Verlangen, mich abzugrenzen. Die ersten zwei Tage verbringe ich überwiegend im Touristenviertel Thamel, widersprüchlicherweise gelingt das Ankommen hier am besten. Es gibt vertraute Musik, Cafés, weiße Gesichter, Souvenirs vom schönen Nepal und schon bin ich eingetaucht in die heile Welt. Durch diesen Kontrast erst kann ich jene Stärke wieder aktivieren, die ich benötige, um den hiesigen Lebensumständen gefasst zu begegnen.

Der Arbeitsrhythmus bei Shanti aber hat mich schnell wieder und auf der Station treffe ich vertraute Gesichter, die sich über meine Rückkehr freuen. Besonders froh bin ich, die Kinder wieder zu sehen. Und plötzlich ist eine Woche vorbei, ich habe mich arrangiert und genieße mein Dasein im Königreich.

Bei Shanti bleibe ich nur die ersten drei Wochen, denn dieses Mal setze ich andere Prioritäten für meine Zeit in Nepal. Mit Daniel, einem Volontär von Shanti, habe ich mich angefreundet und zudem entschieden, mich ihm und seinem derzeitigen Besuch für eine Wanderung anzuschließen. Zwei Tage vor Abmarsch besuchen wir mit seinem Vater Martin und dessen Kumpel Rolf den geliebten Pilgerort Bodnath.

Als wir den Stupa zum zweiten Mal umrunden, hängt sich eine zierliche Frau an meine Fersen, auf dem Arm ein Kind. Ihrer Mixtur aus Englisch und Nepalesisch kann ich entnehmen, dass sie von dem Geld in meiner Tasche spricht, auf die sie immer wieder zeigt. Ich höre ihrem Klagelied einige Minuten zu und gebe ihr dann zu verstehen, dass sie von mir nichts bekommt. Erst vor wenigen Tagen habe ich Changu Narayan, eine kleine Tempelanlage unweit Bhaktapurs, besucht und las die Zeilen: ›Bitte achten Sie die Würde dieser Menschen, in dem Sie sie nicht zum Betteln animieren!‹ Diese Schilder sind selten, obwohl in jedem Reiseführer zu lesen ist, die Bettelhand nicht zu füllen. Anfänglich suche ich Zuflucht in diesen Mahnungen oder hänge mich an den Gedanken eines Freundes, der da meint, dass alles im Leben seine Bestimmung hat. Unter den derzeitigen Umständen ist dieser letzte Ansatz jedoch nicht sehr beruhigend.

Der Wunsch nach einer persönlichen Stellungnahme zu den Bettlern drängt sich auf, um die Zeit hier richtig genießen zu können. In die Gedankenlosigkeit, mit der ich vor zwei Jahren in Nepal weilte, mischt sich plötzlich eine aufmerksame Wahrnehmung. Die Bettelei verändert zunehmend meine Einstellung gegenüber diesen Menschen – ob gewollt oder nicht. Zu diesem Unmut gesellen sich jedoch auch Fragen an mich selbst: Kann man es ihnen verdenken? Sind nicht wir Weißen Urheber dieses Verhaltens? Gerne teilen wir an die leeren

Hände aus und merken nicht, wie wir dabei ihr Verhalten konditionieren. Unsere emotionalen Gründe reichen von Mitleid, gut gemeinten Absichten bis zu dem Versuch, mit dem eigenen schlechten Gewissen übereinzukommen, aber: Welche Verantwortung tragen wir bei allem? Als nach hiesigen Maßstäben reicher Tourist fällt es verständlicherweise schwer, konfliktfrei in die fragenden und bittenden Augen zu schauen und die rauen und schmutzigen Hände zurückzuweisen und doch: Ist man sich der Konsequenzen bewusst, die eine ständige Gabe mit sich bringt? Es geht weder um das Stück Schokolade, das T-Shirt, das man jemandem überlässt, noch um den Geldschein, der bei uns vielleicht 25 Cent wert ist. Jedoch, verhält sich jeder oder nur jeder zweite Tourist nach diesem Muster, so lernen die Menschen, dass ihr Betteln von Erfolg gekrönt ist. Sie verfallen in die passive Rolle, die im übertragenen, im gesellschaftlichen Interesse nicht angestrebt sein kann. Aber wo ist hier als einfacher Tourist die Grenze zu ziehen? Wer entscheidet über Richtig und Falsch?

Trotz der zahlreichen Buddhisten in Bodnath ist der Hinduismus Nepals Staatsreligion: etwa 89 Prozent der Gläubigen sind Hindus, die Religion ist sogar konstitutionell verankert. Der Buddhismus mit seinem etwa sechsprozentigen Anteil ist vor allem in den Bergregionen oder eben in Flüchtlingssiedlungen stark. Beide, sich in ihren Ansätzen überschneidenden Religionen legen den hier lebenden Menschen eine gewisse Passivität auf. Wie kommt diese zustande? Ist der Glaube an das Karma[5], an die Strafe mit Armut oder Krankheit für schlechte Taten im vorigen Leben ein Schlüsselpunkt zur Beantwortung dieser Frage?

Das dem Hinduismus zugrundeliegende Kastensystem animiert zum Verharren. In eine solche Kaste wird man hineingeboren, aus ihr auf- oder abzusteigen, ist

---

5 Karma: Das Getane

unmöglich. Jeder Mensch hat seinen Platz im Leben, eine aktive Einflussnahme auf das eigene Schicksal ist für viele Menschen demnach weder möglich noch erstrebenswert. Das ist die Grundlage der beiden Religionen, deren zeitlichen Ursprünge noch vor Beginn des Christentums liegen. Bis in die heutige Zeit haben sie sich in Inhalt und Ausmaß kaum verändert und stellen einen elementaren Teil des täglichen Lebens in Nepals Gesellschaft dar.

Auf dem Rückweg vom Stupa entfacht ein kritisches Gespräch. Vor allem Martin, Psychologe und Diakon, ist von der Armut und den Zuständen des Landes sichtlich erschlagen. Die ersten Tage seines Aufenthaltes kann er nicht genießen. Ihm ist absolut unverständlich, dass sich das ganze Denken hier grundlegend von unserem unterscheidet. In unsere Köpfe, in denen sich Wünsche, Vorstellungen und Gedanken austoben können und damit nur den Ursprung unserer unzähligen Taten darstellen, passt das Bild der Passivität so gar nicht hinein. Seine Äußerungen rütteln mich wach, treten Gedanken in mir los. Fragen tun sich immer wieder auf: Sieht die Bevölkerung den Schmutz auf den Straßen nicht? Haben sie denn kein Reinlichkeitsgefühl? Warum halten so viele Menschen die bettelnde Hand auf? Warum unternehmen sie nicht endlich selbst etwas? Warum kann keine Ordnung auf den Straßen herrschen? Und in welcher Weise unterbindet die Religion aufkeimenden Aktionismus, wo limitieren die beschränkten Möglichkeiten des Landes, in dem es kein soziales Netz gibt, dafür aber verstrickte innenpolitische Kämpfe, die Wünsche des Einzelnen? Und woher nehme ich das Recht, überhaupt alles in Frage zu stellen?

Der Zauber der Mystik, dem ich während meines ersten Aufenthalts verfallen war und meine uneingeschränkte Bewunderung der Andersartigkeit des Landes und seiner Menschen, relativiert sich mit zunehmendem Einblick. Mehr denn je schätze ich mich glücklich, dass die

Gesellschaft, in die ich geboren wurde, mir durch moderne Erziehung eine Bewusstheit vermittelt hat, mit der ich den nachstehenden christlichen Ausspruch leben kann:

Gib mir die Kraft, Dinge zu ertragen,
die ich nicht ändern kann!

Gib mir den Mut, Dinge zu ändern,
die ich ändern kann!

Und gib mir die Weisheit,
das eine vom anderen zu unterscheiden![6]

Das Gespräch mit Martin und Rolf lässt mich zum anderen erkennen, wie sehr ich mich bereits an die Zustände Nepals gewöhnt habe. Ihnen stößt der ganze Dreck der Straßen augenblicklich auf, die klebrigen Flecken auf der Tischdecke, wenn es denn eine gibt, die Toiletten, deren Geruch meist unerträglich ist, Häuser, die verfallen, Rotz, der aus der Nase läuft. All das schlägt ihnen selbstverständlich auf den Magen und die ersten Tage ihrer Ankunft reduziert sich Martins Appetit auf das Nötigste. Ich denke an meine ersten Erfahrungen zurück, bemerke meine nunmehr erreichte Abgeklärtheit und bin fasziniert, wie anpassungsfähig wir Menschen doch sind.

Zwei Tage später ist mir, als befände ich mich in einer Wiederholungsschleife, denn wie vor zwei Jahren mit meinen Eltern fliegen wir zum Ausgangspunkt unserer Wanderung nach Jomsom. Dieses Mal also in Begleitung von drei Männern. Ganz kribbelig bin ich schon, als es endlich wieder losgeht. Wie lange habe ich mich auf eine weitere Wanderung in Nepal gefreut! Wir wollen den Royal-Treck gehen, der uns zunächst nördlich nach Muktinath führt, von wo aus wir gen Süden fast bis Pokhara zurückwandern werden. Diese Wanderung umfasst in etwa genau die Hälfte

6 „Das Gebet der Gelassenheit" von F. Ch. Oetinger

des ›Around the Annapurna‹-Trecks. Letzterer zieht sich in beeindruckender Weise um das gesamte Annapurnamassiv, das die 8091 Meter hohe Annapurna I und somit den kleinsten der acht Achttausender Nepals umfasst. Nicht umsonst ist dies der meist begangene Wanderweg des Königreichs. Die 4800 Höhenmeter, die zwischen dem tiefsten und höchsten Punkt der zwei bis dreiwöchigen Trecking-Tour liegen, versprechen aufgrund der verschiedenen Klimazonen kontrastreiche und beeindruckende Landschaftsbilder.

Spätnachmittags erreichen Daniel und ich als Vorhut das auf 3700 Meter liegende Dorf Muktinath. Während wir auf die beiden Männer warten, beobachten wir das bunte Treiben auf dem Dorfplatz. Überwiegend alte Menschen haben sich hier zusammengefunden, in kleinen Grüppchen sitzen sie beisammen. Daniel stupst mich an und zeigt auf eine Frau, die lautstark die bisherige Ruhe mit ihrem Gezeter durchdringt. Anfangs suche ich den Gesprächspartner, an den sie scheinbar das Wort richtet, aber ich kann ihn nicht entdecken. Sie spricht mit sich selbst und mit ihrem Besen, den sie minutenlang mit grimmigen Gesicht auf demselben Flecken Erde hin- und herschwingt. Dann schlurft sie zu einem kleinen Verkaufsstand, der, wie etliche neben ihm, bunte Wollsachen anbietet. Dort redet sie auf den Verkäufer ein, lässt bald von ihm ab und kehrt in ihr Haus zurück.

Die Wollsachen werden aus gutem Grund angeboten, wie uns unsere langsam auskühlenden Leiber zu verstehen geben. Nach nur zwanzig Minuten Pause läuft unser Organismus auf Hochtouren, um Wärme zu produzieren, nachdem er den überwiegenden Teil des Tages mit der Kühlung unseres Körpers beschäftigt war, während wir unter praller Sonne die 900 Höhenmeter nahmen. Jetzt, wo sie hinter den hohen Gipfeln verschwindet, macht sich schnell eine empfindliche Kälte breit. Deswegen freut es mich umso mehr, als Rolf und Martin zu uns aufschließen und wir uns auf die Suche nach einer Unterkunft machen. Später schlendern wir über den Platz zu den Verkaufsständen, denn die zwei wollen sich aus dem Angebot das Passende aussuchen. Dreißig Minuten dauert die Preisverhandlung um vier Paar Socken für uns alle und eine Mütze für Martin. Zunächst gehen Rolf und Martin die grundlegenden Schritte einer Preisverhandlung: Scheinbar in Ohnmacht fallen, drei Mal mit Verlassen des Standes drohen und sich somit Stück für Stück einem Kompromisspreis nähern. Nicht, dass ich bisher einen Diakon persönlich kannte, aber von jenen ist Martin sicher der lustigste.

Dieser erste Abend ist witzig und unterhaltsam. Wir besprechen ausgiebig das Toilettengeschäft, das man hier hockend über einem Loch verrichtet, mit Toilettenpapier, wenn man welches dabei hat, mit Wasser im anderen Fall. Verschiedene Varianten bei mangelnder Oberschenkelmuskulatur werden diskutiert, Vor- und Nachteile abgewogen und später essen wir mit der rechten, der sauberen, Hand Dahl Bhaat: ›Welcome to the real life!‹

Am nächsten Morgen, den ich aufgrund der Höhe mit leichtem Kopfschmerz bestreite, mixen wir uns Müsli und Milchpulver und auf geht's, vorbei an Feldern, auf denen Menschen singen, während sie mit Yaks und Holzpflügen ihre Felder bestellen, wie ich es auch schon in Upper Mustang beobachten konnte. Der Gesang gehört zum nepalesischen Leben wie der Schnee zum Winter. Der Bauer, den ich eine Weile beobachte, etwa schreit im Wechsel sein Tier an und klettert die Tonleiter auf und ab. Es muss eine Art Arbeitserleichterung sein. Ich wünsche es ihm.

Am Abend schlafen wir in Marpha. Dieser Ort ist bekannt für seine süßen Äpfel, einschließlich sämtlicher Kombinationsmöglichkeiten und Nebenprodukte, wie Kuchen, Eierkuchen, Schnaps oder Cidre. Letzteren probiert Daniel nach dem Essen. Dass es dieses alkoholhaltige Getränk ist, der ihn in der Nacht vor Übelkeit um den Schlaf bringt, bleibt nur zu vermuten.

Am nächsten Tag auf alle Fälle schlagen wir bereits zwei Stunden nach Abmarsch unser Lager in Tuckche auf, denn Daniels Zustand hat sich nicht wesentlich gebessert. Also legt er sich wieder hin und Rolf, Martin und ich erkunden den Ort. Wir bleiben an einer ›Dutch bakery‹ hängen. Nur zögerlich traue ich meinen Augen, die mir tatsächlich echten Douwe Egbert Kaffee suggerieren. Zunächst denke ich, es handele sich wieder nur um einen dieser Namen, mit denen der weiße Tourist gelockt wird. ›German bakeries‹, die nur den Namen mit einer deutschen Bäckerei gemein haben, gibt es auf diesem Treck schließlich wie Sand im wütenden Kali Gandaki Tal. Nur langsam realisiere ich, dass der junge blonde Mann, der dort sitzt, nicht ein weiterer Tourist, sondern eben der Besitzer dieser Lodge ist: Hans, ein Holländer, der die kleine Herberge zusammen mit seiner nepalesischen Frau führt.

Kurze Zeit später hält er uns bei schmerzlich vermissten Maschinenkaffee eine kleine Lehrstunde über die aktuelle Situation der Region. Er spricht von deutlich sinkenden Touristenzahlen aufgrund der politischen Lage. Zudem stellt er fest, dass man auch hier zwischen den Dorffamilien auf Missgunst, Habgier und Unwillen trifft, selbst wenn die hiesige Bevölkerung buddhistisch ist. Aber das Praktizieren des Glaubens, meint er, sei zum Teil mehr eine Pflicht, ein Nachbarschaftszwang. Der Glauben sei eine Sache, die harten Lebensbedingungen eine andere. Will man wahre Überzeugung und Einsicht finden, geht man am besten zum ansässigen Kloster. Hans berichtet, dass es um Leute, die eine Lodge am Treck besitzen, vergleichsweise nicht schlecht bestellt ist. Viele haben Kinder, die in Kathmandu oder gar im Ausland studieren. Die Armut wird mitunter geschickt zur Schau gestellt, um dem Touristen in Verbindung mit Mitleid das Geldausgeben zu erleichtern.

Wie ist das nun mit dem Betteln und der Armut? Wem kann ich glauben? Ich erinnere mich an die Geschichte des gewieften, kleinen Jungen, der im Touristenviertel Kathmandus Urlauber um Milch anbetteltte. Hatte er Glück und sie wurde ihm, völlig überteuert, gekauft, trabte er kurze Zeit später in denselben Laden, gab die Packung ungeöffnet zurück und erhielt seinen Anteil am Gewinn des Ladenverkäufers. Immer wieder unterhalte ich mich mit anderen Reisenden über Betteln, Armut und Buddhismus. Daniels Theorie, dass der buddhistische Glaube es den Menschen erleichtern soll, mit der Armut umzugehen, höre ich noch des Öfteren. Als religiöses Mittel zum Zweck des Überlebens sozusagen. Weil man in einem armen Land lebt, ist es auch das Beste, erst gar nicht zu begehren? Es klingt grotesk, und doch…

Das Gespräch mit Hans im Ohr unternehme ich am Abend einen Spaziergang und erklimme eine kleine Hochebene, auf der Unmengen Apfelbäume stehen. Prall und saftig hängt das Obst noch an den Bäumen, während die Menschen emsig dabei sind, sie zu ernten. Ich lausche dem Lachen der Kinder und genieße den Gesang der Männer und Frauen. Diese Idylle und Einheit von Natur und Mensch lasse ich an einem abseits gelegenen Plätzchen lange auf mich wirken. Ich sitze an einem steilen Abhang und sehe unter mir in weiter Tiefe das gewaltige weite, beinahe ausgetrocknete Flussbett des Kali Gandaki. In einiger Entfernung schiebt sich in Augenhöhe das Annapurnamassiv in den Himmel. Was für ein Anblick, was für ein Gefühl. Als ich in der Dunkelheit absteige, hat sich in mir aller Widersprüche zum Trotz ein wunderbar warmes Gefühl innerer Zufriedenheit ausgebreitet.

Schritt für Schritt verlassen wir in den nächsten Tagen die karge Umgebung und nähern uns mit jedem absteigenden Meter und einem genesenen Daniel der subtropischen Zone. In Lete passieren wir einen Polizeikontrollposten, dem wir unsere 2000 Rupien (etwa 30 Euro) teure Trecking-Erlaubnis zeigen müssen. Unsere

Namen, Reisepassnummern, der Name der Ortschaft, die wir am Morgen verlassen haben, und jene, die unser Tagesziel darstellt, werden in große Bücher eingetragen. Der Sinn dieser Detailfragen verschließt sich mir, denn in jedem Buch der auf dieser Wanderung passierten Posten stehen leicht veränderte Daten. Mein Name beispielsweise erfuhr schon die verschiedensten Schreibvarianten. In Lete darf ich das wertvolle Buch mit meinen Daten selbst füttern und ich mache die Probe aufs Exempel. Ich gebe ›0815‹ als Reisepassnummer an. Während ich warte, bis meine Freunde die Prozedur hinter sich gebracht haben, zieht ein junger Soldat meine ganze Aufmerksamkeit auf sich. Das Gewehr über der Schulter, ruht seine Hand zärtlich in der Hand eines Mannes, während beide mit jemand anderem ins Gespräch vertieft sind. Dieser Anblick löst ein verwundertes Schmunzeln bei mir aus, als mich plötzlich der Angestellte lautstark zurückruft. Ihm war aufgefallen, dass etwas mit meinen Daten nicht stimmt, sei es auch nur die Menge der Zahlen. Mit böser Miene verlangt er meinen Reisepass. Mittels weniger nepalesischer Worte kann ich ihn allerdings wieder versöhnlich stimmen und nachdem meine Reisepassnummer korrigiert ist, ziehen wir weiter.

Schließlich gelangen wir nach Tatopani, was ›heißes Wasser‹ bedeutet. Pate für den Namen standen die heißen Quellen, die in der Nähe des Kali Gandaki häufig zu finden sind. In kleinen und großen Becken wird das Wasser aufgefangen und aufbereitet. Der zu unserer Lodge gehörende Pool bietet eine willkommene Abwechslung für den müden Wandersmann.

Einheimische und Urlauber tummeln sich gleichermaßen und nutzen die Wasserstellen für eine Grundreinigung oder legen sich einfach in das warme Becken, um zu entspannen. Als ich mich dieser Wohltat überlasse, schließe ich die Augen und lausche dem permanenten Singen der Grillen. Ihr Gesang erinnert mich stark an Australien. Tief atme ich durch und vor meinem inneren Auge werden Bilder von Down Under lebendig. Fernab meiner Heimat stellt sich dennoch ein angenehmes Gefühl der Geborgenheit ein. Schon lange nicht mehr habe ich mich emotional so sicher und stabil gefühlt wie in den letzten Tagen. Es ist das Sein im Herzen der Berge und der Natur, das meine Seele, die seit der Zeit um die Abreise aus Australien aufgewühlt ist, nun besänftigt. Meine inneren Anspannungen fallen endlich ab. Frei kann ich wieder durchatmen. Die Temperaturen sind angenehm mild und ich kann kaum glauben, nur wenige Tage zuvor dick eingemummelt und trotzdem frierend im trockenen, sandigen Muktinath gesessen zu haben. Hier auf 1200 Meter ist die Vegetation wieder üppig, satt grün und im Garten der Lodge stehen gar Orangenbäume und Zitronenbüsche.

Später packe ich meine Kochutensilien zusammen und laufe zum Fluss hinunter, der sich in seinem Bett windet. Unüberhörbar. Eilig huschen ein paar Träger mit ihren schweren Lasten an mir vorbei, um nach einem langen Tag das Dorf zu erreichen. Ich finde einen großen Stein, lasse mich nieder und bereite mein Abendbrot. Einige wenige Regentropfen gesellen sich für einen Moment dazu, als wollten sie mir Gesellschaft leisten. Ich bin selig.

Längst ist es dunkel, als ich den Rückweg antrete. In das Dorf ist Ruhe gekehrt; keine Händler mehr, um ihre Ware anzupreisen, keine Touristen oder Träger, die fröhlich plappernd ihres Weges gehen. Am Abend, wenn die Füße der Wanderer müde und die Betten der Lodges verteilt sind, widmen sich die Einwohner wieder sich selbst. Die offenen Türen bieten mir Einblick in ihre Behausungen, in denen nur einige Kerzen und die Feuerstelle Licht spenden. Die Familien hocken zusammen und leise redend wird gekocht und gemeinsam gegessen. Das Gefühl der Geborgenheit vom Nachmittag festigt sich und hält an, bis Rolf, Martin, Daniel und ich später zu viert den Tag mit unserem heiß geliebten Kartenspiel ›Knack‹ beenden.

Den nächsten Tag beginnen wir unsere Wanderung mit

der vagen Ahnung, dass wir auf Maoisten treffen werden. Seit Jahren liegen diese Kämpfer im heftigen Streit mit dem Königshaus und der Regierung. Sie wollen die Monarchie stürzen, lehnen gleichzeitig aber eine demokratische Regierung ab. Die ›Communist Party of Nepal‹ (CPN) fordert die alleinige Macht und langsam nimmt das Geschehen erschreckende Ausmaße an. Das Massaker an der Königsfamilie im Jahr 2000, nach allgemeiner Meinung angerichtet vom jetzigen König, schwächte den Glauben der Bevölkerung in das eigene Königshaus und sorgte zusätzlich für Verwirrung. Kaum ein Tag vergeht seither ohne Schlagzeilen über Auseinandersetzungen, Tote oder Bombenanschläge[7]. Der Westen des Landes ist bereits in der Gewalt der Maoisten. Zwar stellen Touristen keine Zielscheibe dar, indirekt werden sie trotzdem in das Geschehen einbezogen, denn sie sind gute Geldgeber. Auf den zwei Hauptwanderrouten des nepalesischen Himalaya wird man neuerdings von ihnen zur Kasse gebeten. In Ghorepani, unserem heutigen Tagesziel, soll eine solche stehen. Während des gesamten Tages begleitet mich deshalb ein beklemmendes Gefühl, doch als wir zum Abend hin tatsächlich auf Maoisten treffen, löst es sich augenblicklich in Luft auf. Mir gegenüber steht ein kleiner, schmächtiger junger Mann von schätzungsweise achtzehn Jahren, der uns einen Wisch vor die Nase hält, auf dem 2000 Rupien pro Person verlangt werden (25 Euro). Kein Gewehr, keine Armee – nur ein einzelner junger Mann. Mein Respekt und meine Angst wollen sich einfach nicht einstellen. Zudem bin ich vorbereitet: Ausgestattet mit meinem Volontärsausweis, Medikamenten und der Ausrede, dass ich eine Russin sei und auch in mir sozialistisches Blut fließe. Die Idee schnappte ich auf von einer der vielen Geschichten, die mittlerweile über die Treffen zwischen Wanderern und Maoisten kursieren. In ihr hieß es, mit Urlaubern aus ehemals sozialistischen Ländern würden gar Sympathien gehegt.

---

7 2007 befindet sich Nepal noch immer in innenpolitischen Konflikten. Nachdem der König 2005 die Macht aufgrund der ungeklärten Situation im Land eigenständig wieder übernommen hatte, musste er sie nach vielen Massenprotesten ein Jahr später an eine Regierung der sieben parlamentarischen Parteien zurückübertragen. Dieser Übergangsregierung gehört die CPN nicht an. Zwischen den Maoisten und der Regierung werden nach wie vor Friedensgespräche geführt. Immer wieder kommt es zu Unruhen in Nepal.

Bald befinden wir uns in Verhandlungen mit dem kleinen Terroristen. Daniel und ich zeigen ihm unsere Volontärausweise, die bestätigen, dass wir unentgeltlich den Bedürftigen des Landes helfen. Die Spende fordern sie, um humanitäre Hilfe in dieser Gegend leisten zu können. Da sich die Regierung nicht um hygienische und medizinische Belange kümmert, fühlen sich die Maoisten verantwortlich für die Absicherung dieser Bedürfnisse, so steht es auf dem Zettel, den uns der junge Mann entgegenhält. Von Geld für Waffen, die sie für ihre Kämpfe brauchen, erwähnen sie allerdings nichts und auch ich benutze diese heikle Vokabel nicht bei der Diskussion.

Interessant ist die Staffelung, die sie beim Geldeintreiben vornehmen. Amerikaner zahlen am meisten ›Zoll‹, wir Deutschen kommen an dritter Stelle. Das Handeln um den Wegezoll unterscheidet sich in keiner Weise von dem um Obst oder um den Taxipreis. Stück für Stück kommt der Widerstandskämpfer uns mit seiner sinkenden Forderung entgegen. Wir haben uns jedoch in den Kopf gesetzt, gar nichts zu zahlen. Daniel verfügt über Ruhe und Ausstrahlung und ich über Medikamente, mit denen wir die Forderung begleichen wollen. Wasserentkeimungstabletten, Aspirin und einige Packungen mit Elektrolytlösung sind der Preis, den wir nach dreißig Minuten anstelle des verlangten finanziellen Betrages berappen. Rolf und Martin bezahlen je tausend Rupien. Der Frieden mit ihnen ist sichergestellt und wir erhalten sogar eine Quittung. Möglichen weiteren Geldforderungen werden wir somit nicht mehr nachkommen müssen. Maoisten sehen wir auf unserer Wanderung nie wieder und die Frage tut sich auf, was wäre gewesen, wenn? Die Begegnungen zwischen Rebellen und Wanderern sind bislang stets versöhnlich verlaufen. Die ersten Witzeleien kursieren bereits: Die besagte Quittung sei doch ein schönes Souvenir!

Das Aufeinandertreffen der königlichen Armee und der Maoisten hingegen ist selten friedlich. Auch leidet die Landbevölkerung zunehmend unter der Belagerung der Rebellen. Die sowieso schon mangelhaften medizinischen sowie schulischen Bedingungen haben sich unter dem Einfluss der Maoisten für die Landbevölkerung weiter verschlechtert. Narma, der Zahnarzt von *Shanti Sewa Griha*, arbeitete eine Zeitlang in einem Dorf und war Mitglied im Komitee einer so genannten ›Unit‹. Bestehend aus Lehrern, medizinisch Ausgebildeten und Dorfvorstehern haben ›Units‹ die Aufgabe, die Bildung der Kinder sowie die medizinische Betreuung der Bewohner weitestgehend sicherzustellen. Doch nach Narmas Angaben sind die Einrichtungen unter anderem Zielscheibe der Maoisten, denn diese streben an, die jungen, heranwachsenden Männer mit der Waffe auszubilden und die Dörfer von ihnen abhängig zu machen. Bildung passt nicht in ihr Konzept.

Unversehrt setzen wir unseren Weg am folgenden Tag fort. Es liegen nur noch wenige Kilometer vor uns und nachdem wir sie zurückgelegt haben, breitet sich in mir die altvertraute Traurigkeit aus, mit der ich die Bergwelt stets verlasse. Ein Gefühl, fast schon wie ein alter Freund, den ich ab und an treffe. Das Ende unserer Wandertage begehen wir gebührend in einem guten Lokal in Pokhara. Als die Rechnung kommt, zieht Rolf sie an sich und begleicht sie. Er weiß, dass Daniels und mein Budget begrenzt ist. Wir sind beide Volontäre und wir sind beide eine Weile unterwegs. Die zwei Männer hingegen haben vier oder fünf Wochen Urlaub im Jahr, in dem sie nicht ständig rechnen wollen. Unsere Lebensstile sind nicht zu vergleichen. Wir verfügen über Zeit, sie haben Geld. Und seit den letzten Tagen eine Meinung, was einen wiederholten Besuch in Nepal betrifft: Zu unverständlich, fremd und zu wenig erholsam sei ihnen das Land, sie wollen nicht wiederkommen.

Nach der Wanderung trennen sich unsere Wege. Die Männer fahren am nächsten Tag zurück nach Kathmandu und ich selbst freue mich auf ein Wiedersehen mit Jebby und Sharada.

»«

Diese Rückkehr an vertraute Orte und zu bekannten Menschen ist ähnlich einer Heimkehr und löst sie in mir ein wohliges Gefühl aus. Ich weiß nicht, wer beim Wiedersehen mehr strahlt, Sharada oder ich, jedenfalls werde ich herzlich empfangen. Das Zusammensein mit meinen nepalesischen Freunden, ihrer Wärme und Unkompliziertheit versieht meine Wandererfahrungen mit Zwischentönen und Farbnuancen. Die reinen Fakten, so möchte ich sagen, werden mit Leben und Liebe durchsetzt. Mein Aufenthalt in Nepal ist ein ständiges Gewahrsein, eine fortwährende Auseinandersetzung. Nicht selten empfinde ich das als anstrengend. Dennoch, die reichhaltigen Eindrücke und Erlebnisse, die dem vorausgehen, sind es wert.

Außer mir gibt es vier weitere Gäste, die jedoch nur zwei Nächte lang bleiben werden. Die Besucherzahlen in Sharadas Hotel sind seit meinem letzten Aufenthalt beängstigend klein geworden und einen Gast wie mich, der über einen längeren Zeitraum hier wohnt, hatte sie schon lange nicht mehr. Die Auswirkungen der prekären innenpolitischen Lage werden sichtbar, denn die Touristenzahlen nehmen spürbar ab. Infolgedessen hat Sharada nun doch entschieden, ihrem Mann, der nach wie vor in den Staaten lebt, in naher Zukunft zu folgen.

Nach den ersten herzlichen Willkommensgrüßen erfahre ich, dass Sharadas derzeitige Hotelgäste Mitarbeiter eines hinduistischen Ashrams sind. Sie bieten mir an, einen ungefilterten Einblick in ein solches Gotteshaus zu ermöglichen. Ich erinnere mich an Cathys Worte in Australien: »Alles bekommt seine Zeit«. Jetzt, da ich nach Nepal zurückgekehrt bin, um vielleicht auch Antworten auf persönliche Fragen zu finden, erhalte ich die Gelegenheit, an einer spirituellen Zeremonie teilzunehmen! Die weisen Männer stammen aus Kathmandu und reisen einmal im Monat an drei verschiedene Orte, um ihre treue Gefolgschaft bei der spirituellen Reise zu leiten. ›Puja‹ ist das Wort für ihren Gottesdienst. Sowohl im Hinduismus als auch im Buddhismus weist er einen starken Opfercharakter auf. Nepal rüttelt einmal mehr an meinen heidnischen Wurzeln. Noch vor zwei Wochen war ich in ›himmlischer‹ Begleitung vom Diakon, mit dem ich – sprichwörtlich – Gott und die Welt diskutierte. Und nun werde ich Zeugin eines fünfstündigen Gottesdienstes in einem Hindu-Ashram.

Dort angekommen, betrete ich neugierig die Anlage, muss jedoch zuvor die Schuhe ausziehen und meine Hände waschen. Immer wieder erhalte ich den Eindruck, dass die Menschen trotz dem Schmutz und Dreck, der sie auf den Straßen umgibt, in gewisser Weise ein reines Volk sind. Kaum habe ich neben den anderen Anhängern, die bereits mit überkreuzten Beinen am Boden sitzen, Platz genommen, gehen zwei Frauen durch die etwa 150 Menschen umfassende Gefolgschaft und besprenkeln sie mit Wasser. Anschließend erhalten alle ein Tika, und Blumenblüten werden ausgegeben, die jeder für den Namastegruß[8] zwischen seine Hände nimmt. Begierig nehme ich die außergewöhnlich fremden Eindrücke in mich auf. Diese Augenblicke sind Einzigartig. Abwechselnd wird gesungen und gepredigt. Als Höhepunkt der Veranstaltung wird den Mitarbeitern ein Scheck zum Ausbau des Ashrams überreicht.

Nach dreißig Minuten habe ich meine Beine schon mehrere Male ›umgeschichtet‹ – ich scheine dabei die

[8] Das nepalesiche Grußwort bedeutet frei übersetzt: „Ich grüße den Gott in dir!"

Einzige zu sein. Diese Art zu sitzen ist definitiv eine Übungssache. Wieder setzt Musik ein. Eine kleine Band musiziert gemeinsam mit den Gläubigen, von denen sich die ersten Tänzer lösen und vor dem Altar einfinden. Kreiselnd, die Arme in fließenden Bewegungen, tanzen sie mit in Trance geschlossenen Augen zum Rhythmus der Musik. Fasziniert schaue ich zu. Doch dann hört der Spaß für mich auf: Zwei der Disciples[9] möchten mich unbedingt unter den Tänzern sehen. Mindestens fünf Minuten versuche ich, sie von der Nutzlosigkeit ihrer Überredungskünste zu überzeugen. Scham und Schüchternheit müssen sich am Ende jedoch geschlagen geben. Ich werde zur Tanzfläche geführt, auf der ich aus Verlegenheit bis über beide Ohren grinse, als ich mich in die Tänzergruppe einreihe. Alle Augen sind auf mich gerichtet. Ich tanze für mein Leben gern, doch meistens stimme ich meine Bewegungen auf die musikalischen Rhythmen von Madonna oder Bob Marley ab. Irgendwie schaffe ich es aber, meine innere Abwehr abzulegen und ausgelassen lasse ich meinen Körper der Musik folgen. Ich erkenne mich selbst nicht wieder, aber was habe ich zu verlieren? Als nach etlichen Minuten die Musik verklingt, ist mir vom vielen Drehen ganz schwindelig. Ich sehe in strahlende Gesichter, als ich zu meinem Platz zurück begleitet werde. Von allen Seiten wird mir für diese Geste gedankt. Vielleicht hätte ich mein mädchenhaftes Verhalten gleich zu Beginn beigelegt, hätte ich gewusst, welche Freude ich durch das bloße Tanzen auslöse.

Zu sitzen wird beinahe wieder zur Qual und wir nähern uns dem Meditieren. Letzteres nimmt eine zentrale Stellung im Hinduismus und Buddhismus ein. Nur dadurch erreicht man den Lehren nach die Erleuchtung, das ultimative Ziel vieler Gläubiger. Es ist das Erreichen des Nirvanas, durch das man den ewigen Kreislauf der Wiedergeburten durchbrechen und dem leidlichen, dem weltlichen Leben entkommen kann. Meist ruft man während der Meditation einen Gott oder einen Guru, eine Art Lehrer, an, mit dessen Hilfe wichtige

[9] Disciples sind Gefolgen einer bestimmten Lehre.

Lebensfragen diskutiert werden und man so der Erleuchtung hoffentlich ein Stück näher kommt.

Viele Teilnehmer öffnen dazu Anweisung das jeweils persönliche Päckchen, welches die jetzt benötigten Utensilien beinhaltet. Dann tritt Ruhe ein. Mehrere Tage vor der Puja kann man sich für ein solches Paket anmelden. Name, Beruf, einige persönliche Details und eine Frage oder ein Problem werden abgegeben, woraufhin die Disciples mit dem Guru, der zwar seit einigen Jahren körperlich tot – deswegen jedoch geistig nicht weniger präsent – ist, Kontakt aufnehmen. In dieser Unterredung erhalten sie Weisung vom Erleuchteten, welches Mantra[10] dem Einzelnen in seiner aktuellen Situation am besten entspricht. Jedes Päckchen enthält die schriftlich festgehaltenen, weisen Worte, welche die Gläubigen während der langanhaltenden Stille – dem ›Tantric sadana‹ – gedanklich immer wieder rezitieren. Währenddessen halten sie eine aus 108 Perlen bestehende Schnur in der Hand und nach jedem Ende des Mantras wird die nächste Perle berührt und das Mantra aufs Neue wiederholt. Nach diesen 108 Rezitationen ist der Gebetszyklus beendet. Die Perlen sind die Imitation von Samenkernen eines bestimmten Baumes, die für die Manifestation des Gottes Shiva stehen. Durch ihre Berührung wird die Kontaktaufnahme mit ihm oder ihrem Guru erleichtert, so die Lehre.

Schon des Öfteren habe ich mit dem Gedanken gespielt, an einer zehntägigen Vipassana-Meditation teilzunehmen. Die heutige fünfstündige Einführung lässt mich diesen Gedanken vorerst verwerfen. Während der halbstündigen Ruhepause, in der alle Anwesenden mit ihrem Guru oder mit ihrem früheren Leben derzeitige Probleme wälzen, stören in meiner rein fleischlichen Anwesenheit viel zu weltliche Begierden meine innere Ruhe: Meine Knie schmerzen, ich habe Hunger und ich will nach Hause gehen! Meine Gelenke sind einer großen Belastung ausgesetzt, mit der ich

[10] Ein Mantra ist eine Gebetsformel, die mehrere Male hintereinander rezitiert –gechanted – wird

sehr zu kämpfen habe. Schwerer noch wiegt, dass ich eine heidnische Erziehung genossen habe. Der Glaube an Jesus ist mir fremd. Auch kann ich nur schwer verstehen, wie eine überirdische Person angebetet und von ihr Kraft oder Antworten auf weltliche Fragen empfangen werden kann. Auch in diesem Moment kann ich nur schwer glauben, dass die Menschen um mich herum, die sich für mich äußerlich nicht verändern, Kontakt mit etwas aufnehmen, das außerhalb meiner Vorstellungskraft liegt. Ich wage jedoch nicht zu urteilen, woher will ich das Recht nehmen, besser zu wissen? Meine skeptische Einstellung macht das Erlebnis, dem ich beiwohne, deswegen nicht weniger interessant. Im Gegenteil! Nur stellt es in seiner Länge meine körperliche und geistige Ausdauer auf eine harte Probe und nimmt mir damit gleichzeitig alle romantischen Wünsche nach einer mehrtägigen Meditation. Irgendwann brechen leise murmelnde Stimmen die Stille. Es wird wieder gesungen, noch ein paar Opfergaben und ich bin zwar nicht erleuchtet, aber erlöst. Das reicht mir ja schon!

Wieder im Hotel unterhalte ich mich nach dem Abendessen mit Shishir, einem der Disciples. Meine neugierigen Fragen werden von ihm ausführlich und in Ruhe beantwortet. Gleich zu Beginn unterstreicht er, dass unser Treffen sehr wahrscheinlich vorbestimmt ist. Die Umstände, die dazu führten, hätten sich nicht zufällig ergeben. Meine Leidenschaft beim Tanz, der dem ihren so ähnlich war und mein jetziges Interesse sind nach seiner Meinung eindeutige Zeichen für in mir schlummernde spirituelle Pfade, die nur begangen werden möchten. Gebannt höre ich ihm zu, als er vom Ursprung seiner spirituellen Suche zu erzählen beginnt. Sie stimmt fast mit der meines Masseurs Claudio in Australien überein. Beide berichten von dem Bild dieses Mannes, das sie in einem Magazin sahen. Beim Anblick dessen seien plötzlich Tränen in Bächen über ihre Gesichter geströmt und augenblicklich fühlten sie sich berufen, diesen Menschen zu treffen. Was für Shishir folgte, war der Aufbau eines gläubigen Lebensstils, in diesem Fall mit den Gurus Gorakh und Nikhil, die zur Erlösung, zum wahren Sein führen sollten und als Verbindung zwischen Shishir und seinem früheren Leben dienen. Er entsagte von da an den Begierden Alkohol, Nikotin, Fleisch und begehrt, wenn überhaupt, nun nur seine eigene Frau. Auch meint er, dass das Fernsehen ein Fluch sei, doch ist es gerade diese Aussage, die meine innere Stimme zweifelnd zu Wort kommen lässt. Ich muss an einen seiner Kollegen denken. Dieser, predigt er nicht gerade vor der Gemeinschaft von der einzigen, der spirituellen Wahrheit, schaltet sich hier im Hotel ununterbrochen durch die Fernsehprogramme. Ich erhalte bisweilen die (desillusionierende) Gelegenheit, die menschliche Seite hinter aller Berufung kennen zu lernen, sei es der Diakon auf meiner Wanderung oder die Disciples hier im Hotel. Vielleicht ist es gerade diese Menschlichkeit, die meinem Glauben an das Überirdische im Wege steht?

Der Einfluss des Fernsehens ist nach Shishir eine Gefahr, weil dem Großteil der hiesigen Bevölkerung die Fähigkeit zu differenzieren fehlt. Er bemängelt vor allem die kritiklose Übernahme westlicher Ideale vieler Einwohner seines Landes mit dem gleichzeitigen Verdrängen der eigenen kulturellen Werte. Wir stimmen beide darin überein, dass sich vergleichsweise wohlhabende Weiße noch immer auf der Suche nach etwas Namenlosen in den spirituellen Osten begeben, während jene Bewohner nach der materiellen Sicherheit des westlichen Auslands streben. Ich stelle mir diese Bewegung bildlich vor: Ein Flugzeug aus Fernost fliegt an einem aus dem Westen vorbei.

Wie viele Flüge es wohl benötigte, bis die Umschichtung vollzogen wäre?

Shishir begegnet im Rahmen seiner Arbeit ausreichend suchenden, unzufriedenen Menschen, die ihm unter Tränen und Verzweiflung ihr Herz ausschütten und mit fragenden

Augen um seine Hilfe bitten. Dabei unterstreicht er die Besonderheit unseres jetzigen Gesprächs. Im Gegensatz zu den Anhängern ihres Ashrams haben wir Zeit und Raum für eine ausführliche Diskussion, während die Gläubigen dort nach langen Wartezeiten einen Termin von nur fünf Minuten bei einem der Disciples bekämen. Dass ich ohne Glauben bin (ich glaube zwar fest an mich selbst, aber das tut wohl nichts zur Sache), sei unwichtig. Die Spiritualität, so mein Gegenüber, habe nichts mit dem Hinduismus und auch mit keiner anderen Religion zu tun. Der Prozess des Meditierens ist zwar hinduistisch, alleiniger Zweck eines Ashrams und seiner Arbeit sei jedoch die Verbreitung der Spiritualität in der Welt, die Beantwortung der ewigen Frage: Warum sind wir hier? Als ich ihm zum Abschluss unseres Gesprächs genau diese Frage stelle, entgegnet er, dass auch ich die Antwort finden könne, ich müsse mich nur auf den spirituellen Prozess einlassen. ›Der Sinn meines Lebens?‹ Lange Zeit habe ich mir die Frage nicht mehr so konkret gestellt. Die Suche nach der richtigen Antwort hatte mich vor sechs Monaten erneut ins Flugzeug steigen lassen. Ich bin damals meinem inneren Drang gefolgt und habe seitdem versucht, so aktiv und bewusst wie möglich zu leben. Bin ich der Antwort mittlerweile ein Stück näher gekommen? Finde ich sie in der Meditation?

Ich bin todmüde und möchte morgen über alles weiter nachdenken. Mein einziger Wunsch ist, jetzt ins Bett zu gehen. Wie sagt Shishir: Wir werden alle von unseren Begierden kontrolliert???

Nach der fünfstündigen ›Puja‹ und der eineinhalbstündigen Privataudienz blättere ich im ›Spiegel‹, bevor ich in einen todesähnlichen Schlaf falle. Ich lese einen wissenschaftlichen Bericht über die neuesten neurologischen Forschungsergebnisse vom Denk- und Lernverhalten von Kleinkindern. Könnte ein solcher Tag konträrer enden?

Am Nachmittag des nächsten Tages besuche ich Jebby

und seine Familie. Voller Vorfreude mache ich mich auf den Weg und komme an einem nepalesischen Pärchen vorbei, welches es sich im Gras gemütlich gemacht hat. Er flechtet ihr liebevoll die Haare. Welch seltenes Bild! Nach der lange währenden Willkommenszeremonie mit seiner Familie setze ich mich mit Jebby in die Küche seiner Schwester. Bei Rakhsi und Chilli-Hühnchen frage ich ihn, angeregt von gestern, nach seinen eigenen spirituellen Erfahrungen, seiner Meinung über ein Leben vor und nach dem jetzigen und bin einmal mehr erstaunt darüber, wie überzeugend man mir von Begegnungen mit Gott berichtet. Jebby erzählt, wie er sich direkt an ›ihn‹ wendet, wenn er Probleme hat und praktische Antworten erhält. Erst heute Morgen hatte ich mich mit Sharada darüber unterhalten, als ich zufällig sah, dass sie sich vor dem kleinen Altar in ihrem Garten das Tika auf die Stirn malte. Auch sie betet und meditiert regelmäßig im Ashram und oft gelingt es ihr, Kontakt mit ihrem Guru aufzunehmen, der ihre Fragen beantwortet. Sie beschrieb mir eine ihrer Begegnungen, als erzähle sie von einem Treffen mit einem Nachbarn auf der Straße. Allein, mir ewigem Skeptiker fällt es schwer, diesen Berichten Glauben zu schenken. Schon das logistische Problem: Die Anhänger finden sich oft in großen Gruppen zusammen, um sich auf die spirituelle Reise zu begeben. Wie kann der Guru fünfzig gleichzeitig an ihn gerichtete, inhaltlich sicher unterschiedliche Fragen auf einmal beantworten? Aber diese Zweifel teile ich Jebby nicht mit. Mit ihm genieße ich das Wiedersehen inmitten seiner Familie.

Ich frage nach seinem Vater, der bisher nie erwähnt wurde. Er erzählt von dessen Tod, als er noch ein Jugendlicher war. Ob seine Mutter denn nicht wieder geheiratet hätte? Nein, so etwas komme nicht in Frage, das käme dem Verrat am (verstorbenen) Mann gleich und würde von der Familie nicht akzeptiert werden. Langsam wird mir klar, dass an vielen, längst überholten Auffassungen hauptsächlich aus

Angst vor dem Ausstoß aus der eigenen Familie, aus der unmittelbaren Nachbarschaft festgehalten wird. Ich muss an Nabinas Hochzeit vor zwei Jahren denken, wegen der sie aus ihrer Familie ausgeschlossen wurde. Später begleitet mich Jebbys sechzehnjähriger Neffe ein Stück auf dem Heimweg. Ihn frage ich ebenfalls nach seinem Glauben an den Hinduismus, an das Kastensystem und an das Karma. Erstmals höre ich eine kritische Stimme. Er glaubt nicht an die unzähligen Wiedergeburten und schätzt das Kastensystem als ein falsches Gesellschaftssystem ein. Nein, er sei nicht so ganz glücklich mit dem Land, in dem er lebe. Er möchte die Welt kennen lernen und träumt von ihr in dem Zimmer, das er sich mit seinen Eltern und seiner Schwester teilt. Ich überdenke meine eigene Situation. Auch ich träumte ständig vom Weggehen, von meinem eigenen Weg! Ich bin ihn einfach gegangen. Was diesem jungen Mann bleibt, ist der Traum. ›Träume nicht dein Leben – lebe deinen Traum‹, wie bitter würde wohl dieser Spruch in seinen Ohren klingen? Ich hoffe, er kennt ihn nicht.

Mir fällt ein Gespräch ein, das ich mit einem Träger führte, dem ich auf unserer Wanderung begegnete. Wir hatten uns ein wenig über seine Arbeit und sein Leben unterhalten und auch er übte Kritik an den Zuständen in Nepal. Die aktuellen Lebensbedingungen des Landes in Verbindung mit der derzeitigen innenpolitischen Undurchsichtigkeit verleideten ihm jeglichen Kinderwunsch. Zu groß sei seine Sorge um die Zukunft, hatte er gemeint.

Als ich nach Hause gehe, sitzt das Pärchen noch immer da. Diesmal huschen sie auseinander, als ich sie bei der Umarmung überrasche. Kopfschüttelnd setze ich meinen Weg fort. Wie weit sind viele Menschen hier noch von der von mir hochgeschätzten individuellen Unabhängigkeit entfernt?!

Der Aufenthalt bei Jebby wirft Fragen bezüglich meines eigenen Lebens auf. Besonders die familiäre Nähe beeindruckt mich. Zum ersten Mal stellen sich bei mir intensive Gedanken an meine Heimat ein. Das überrascht mich. Ich hatte mich selbst noch nicht ganz gefunden und war wiederholt los gezogen. Nun, sechs Monate später, erscheint mir mein Leben zu Hause unheimlich erstrebenswert und eine Ruhe ausstrahlend, für die ich wohl sensibel zu werden beginne. Warum ist es weniger wert und wichtig, bei der eigenen Familie zu sein, sich um die Großeltern zu kümmern, als in Entwicklungsländer zu fahren und dort in den sozialen Dienst zu gehen oder andere Länder zu bereisen? Es schmerzt ein wenig, diese Fragen zu formulieren. Denn sie stellen getroffene Entscheidungen, meine Art zu leben ein wenig in Frage. Wieder einmal. Gleichermaßen sind sie befreiend, denn sie nennen Dinge beim Namen, für die ich bisher keinen hatte.

Aber auch die zwiespältigen Gedanken in Bezug auf den Hinduismus und Buddhismus erwachen wieder. Denn sollte es wirklich der Glaube sein, der hier viele Menschen in gewisser Weise passiv ihr Dasein fristen lässt, so ermöglicht der Spiritualismus sowie die vier edlen Wahrheiten des Buddhismus für unser Leben in der Wohlstandsgesellschaft willkommene Antworten zum Füllen jener Leere, die viele Menschen trotz erreichter Berufs- und Lebensziele in ihrem Leben fühlen. Längst ist die spirituelle und meditative Welle in unser hektisches und stark materiell orientiertes, westliches Leben geschwappt. Die große Auswahl an einschlägiger Lektüre, ein zunehmendes Interesse an Yoga oder Thai Chi und die Namen einiger bekannter Persönlichkeiten, die sich zum Buddhismus bekennen, zeugen davon. Shishir sagte mir, dass er zunächst auf die vier edlen Wahrheiten des Buddhismus verweise, wenn er von unglücklichen

Westlern aufgesucht wird. Jene deuten mit dem Zeigefinger auf die quälende Last der Begierden:

1 Alles Leben ist Leiden – da wir immer im Zustand etwas zu verlangen, abzustoßen oder zu erhalten sind.
2 Leiden haben Ursachen – sie werden durch Begierden hervorgerufen.
3 Die Auslöschung der Begierden führt zum Ende des Leidens.
4 Die Begierden können durch den ›Achtfachen Weg‹ ausgelöscht werden und somit auch das Leid.

Die Meditation ist hier so etwas wie Mittel zum Zweck und erleichtert den Weg zu der Einsicht in die wahren Gesetze der Natur. Laut Shishir (und seinem Guru und Buddha und allen) haben alle weltlichen Fragen eine, und nur eine, Antwort: Die scheinbare Welt ist nicht die ultimative Realität, sondern stellt stets nur das von Begierden und Aversion getriebene illusorische Ich dar. Die Loslösung davon ermöglicht ein glückliches und zufriedenes Leben auf Erden, und mit Selbstdisziplin und mehreren vollendeten Leben endlich die Erleuchtung.

Ich erkenne den Wahrheitsgehalt dieser Weisheiten. Gleichmut und die Milderung ständigen Begehrens sind insofern Teil meines Lebens geworden, dass ich deren praktische Umsetzung immer dann versuche, wenn unangenehme Situationen für mich nicht zu ändern oder Menschen unerreichbar sind. Jedoch aufgrund meiner intensiven Erfahrungen in Nepal kann ich nicht mehr ganz zweifelsfrei auf die unserer Zivilisation angepassten und mundgerecht servierten Häppchen dieser Religionen schauen. Für uns lassen sich die spirituellen Ansätze sehr angenehm in wohlfeil formulierten Büchern lesen. Sie ermöglichen uns die Reflektion der Schwächen unserer eigenen Gesellschaft: Die Gier nach Besitz und Statussymbolen, dem Ausleben von Alkohol- oder Spielsüchten, auch die Sucht nach einem Menschen, die uns vor Schmerz manchmal fast vergehen oder Mauern um uns aufbauen lässt, aus Angst, dass das (illusorische) Ich verletzt wird. Aber dieser kleine, wenn auch elementare Bruchteil ist Bestandteil einer sehr viel komplexeren Religion, die bei vielen Menschen hier letztlich eine oft zweifelhafte oder gar gefährliche Passivität befördert. Mir scheint, als unterschieden sich die hiesigen Religionen in einem wichtigen Punkt zum Christentum: Hier meditiert man für das Wohl des Nachbarn, die christliche Kirche hingegen schreitet zur Tat.

Verloren in meinen Gedankengängen erinnere ich mich an meine Erfahrung mit Laura und Wayne in Australien vor einigen Jahren. Während Shishir mir erklärte, dass man sich den fleischlichen Begierden nicht hingeben darf, weil diese Leid verursachen, vereinen die beiden Australier zwei scheinbar gegensätzliche Elemente in ihrer Beziehung. Obwohl sie gemeinsam in einer festen Partnerschaft leben, frönen sie ihrem fleischlichen Begehren nach verschiedenen Menschen und leiden trotz des Treuebruchs nicht, weil der gegenseitige Besitzanspruch wegfällt.

Wie extrem unterschiedlich können Einstellungen eigentlich sein?

»«

Meine spirituellen Freunde reisen am nächsten Tag nach Chitwan, um im dortigen Ashram Anhänger in ihrem Glauben zu unterstützen. Ich selbst mache mich auf den Weg nach Kathmandu, um endlich eigene praktische Erfahrungen zu sammeln.

Als Sportlehrerin und Masseurin möchte ich meine Fähigkeiten erweitern und mich endlich vor Ort mit der fernöstlichen Philosophie über Gesundheit und Wohlbefinden vertraut machen. In Deutschland finde ich dafür nie die Zeit – vielmehr, ich nehme sie mir nicht, selbst, wenn ich wollte. Die eigentliche Arbeit und der voll gestopfte Alltag fressen die täglichen Stunden einfach auf. Hier erhoffe ich mir neue Anreize und Ideen und vor allem die nötige Ruhe sowie eine entsprechende Atmosphäre. Yoga, Massage- und vielleicht ein Meditationskurs stehen auf meiner Liste und viele Bücher, die ich studieren möchte. Kathmandu ist ein Paradies für die Leseratte allgemein und für die alternative unter ihnen im Speziellen. Die Büchervielfalt ist groß, die Preise umso kleiner. Da kann man schon mal Tage in einem Buchladen verbringen! Selbst ich, die chronisch unter meiner eigenen Geldbewachung leide, schleppe einige Bücher aus dem Laden.

Bezahlte Bücher, wohlgemerkt!

Ursprünglich zog ich in Erwägung, für die Kurse nach Indien zu gehen. Doch jetzt Nepal zu verlassen, wäre eindeutig zu früh. Es bedürfte einer inneren Kraft, die ich momentan aufzubringen nicht in der Lage bin. Stattdessen möchte ich die Ruhe, die ich gerade in mir wahrnehme, festhalten und nutzen. In mir ist eine tiefe Verbundenheit zu Nepal, zu seinen Menschen und meinen nepalesischen Freunden erwacht. Außerdem verspüre ich nicht die geringste Lust, mich mit veränderten Umständen, die eine erneute Weiterreise bedeuteten, auseinanderzusetzen, stelle ich – leicht erstaunt – fest.

Einstweilen melde ich mich für einen Thai-Massage-Kurs an und erstehe als nächstes ein Fahrrad. Mit ihm erkaufe ich mir wichtige Unabhängigkeit. Auch ist der Drang nach physischer Betätigung groß, größer als meine Geldnot. Nachdem ich den Händler um zweihundert Rupien des Anfangspreises drücken kann – keine wirkliche Leistung – schwinge ich mich auf den Sattel und bin wieder aktives Mitglied des Hup- und Klingelkonzerts auf den Straßen.

Das Verkehrschaos hat mich zurück. Schnell finde ich mich zurecht, es gibt ja keine Regeln, die ich hätte vergessen können.

Nach meiner Rückkehr aus Pokhara ziehe ich direkt neben ein buddhistisches Kloster nach Kopan, unweit Kathmandus. Balazs, ein ungarischer Volontärskollege von Shanti, hat sich dort bereits in eine Wohnung eingemietet und als ein weiteres Zimmer frei wird, greife ich zu und beziehe es. Meiner Fahrrad-Fahrkünste muss ich mir sehr sicher sein, denn ich erledige sogar meinen kleinen Umzug mit ihm. Dreimal dient es mir als Transportfahrzeug für mein Hab und Gut, bis der Umzug komplett ist. Am Ende der Strecke erwartet mich überdies ein unbefestigter Weg, dessen Huckel, Pfützen und Löcher durch kaum nennenswerte ebene, meist ansteigende Wegabschnitte zusammengehalten werden. Ich weiß nicht einmal, warum ich mir all diese Mühe mache, schließlich gibt es Busse.

Meine letzte Fahrt bestreite ich am Ende des Tages mit einem Teppich auf dem Gepäckträger, was gewöhnungsbedürftig ist. Ich balanciere meine kostbare Last durch den Verkehr und muss aufpassen, mich von den viel zu nah vorbeifahrenden Fahrzeugen nicht aus den Angeln heben zu lassen oder mit meiner sperrigen Rolle nicht an einer Straßenbegrenzung hängen zu bleiben. Aber es klappt und ich rette mich hinüber auf die abseits gelegenen unbefestigten Wege, die meinen letzten Abschnitt darstellen. Fern der Hektik des Straßenverkehrs schaue ich dann in einen roten Abendhimmel. Der volle Mond bereitet sich auf seinen glänzenden Auftritt vor. Ihn zu meiner Rechten sehe ich am Horizont die weißen Gipfel des Himalaya. Wie neugierige Kinder luchsen sie von der Ferne, als wollten sie mal eben schauen, was so im Kathmandu-Tal los ist. Ich ziehe an Reisfeldern vorbei, kleine Kinder rufen mir nach. Der eine oder andere Knirps schiebt hilfsbereit mit Eifer mein Fahrrad. Trotzdem muss ich oft absteigen. Dann schiebe ich meine

Last den Anstieg hinauf, höre mich schwer atmen und sehe Bilder vor meinem geistigen Auge: Umzugsautos, während ich Puzzlearbeit verrichte. So muss es in den alten Tagen gewesen sein! Aber gleichzeitig liebe ich diese Herausforderungen. Durch sie erhält mein Leben einen Wert. Die Anstrengungen und der Zeitaufwand erst lassen mich in Kontakt mit den elementaren Bedingungen des Lebens treten. Ich muss sie erfahren. Es ist ein innerer Zwang.

Wie predige ich bei meiner Arbeit immer? Unsere körperlichen Beschwerden resultieren aus der kompletten Technisierung unseres Lebensalltags. Nun, jetzt habe ich sogar meinen Umzug mit dem Fahrrad vollzogen. Ich hoffe, das führt zu Stärke: Physisch und Psychisch.

Täglich radele ich derweil zu meiner Massageschule. Anfangs ist es ein kleiner Kampf, den Unebenheiten des Weges möglichst auszuweichen, aber bald gebe ich auf, denn mit dem gelungenen Umfahren eines Steines lande ich unter Garantie in der nächsten Kuhle. Zweimal täglich werde ich auf dem Weg durchgeschüttelt, der auch an einer kleinen Fahrradwerkstatt vorbeiführt. In der ich bald Stammgast werde. Fast wöchentlich hat mein Schlauch einen Platten. Seltsam! Das größte Loch im Schlauch wird verursacht durch einen Nagel, einen großen Nagel. Zahllose Bilder hätte man an ihm aufhängen können. Recht schnell passt sich das Erscheinungsbild meines Schlauches dem des Weges an – er ist ein durch Löcher zusammengehaltenes Stück Ganzes.

Etwas Besseres als ein Massagekurs im Anschluss an diesen Fahrradweg kann mir also gar nicht passieren, denn hier finde ich Ruhe. Begonnen wird stets mit einer kleinen Meditation und der Rezitation eines Mantras. Anfänglich komme ich mir dabei seltsam vor und auch meine Unterschenkel, auf denen ich dabei sitze, müssen sich an diese Position erst gewöhnen. Ich kämpfe mit der Aussprache für mich bedeutungsloser nepalesischer Wörter, meine Beine mit der Durchblutung. Meine Füße drohen mir in den ersten Tagen stets mit Dienstverweigerung, ändere ich nicht rechtzeitig ihre Position, und auch meine fast gebrochenen Knie sind mir nicht gut gesonnen. Zum Ende unseres Mantras lenkt der Lehrer dann meine Aufmerksamkeit: »Fühle den Effekt des rezitierten Mantras in deinem Körper!« Alles, was ich in solchen Momenten spüre, sind Schmerzen. Er fährt fort: »Wie es deine Gelenke öffnet, es in den deinen Armen und Beinen kribbelt.« Nun, es kribbelt tatsächlich heftig in meinen Füßen, doch das resultiert bestimmt nicht aus dem rezitierten Mantra, sondern ist vielmehr Ergebnis der nicht mehr existenten Durchblutung meiner Beine. Tatsächlich verbessert sich dieser Zustand jedoch nach einiger Zeit. Mein Körper arrangiert sich mit der Pein und gibt nach zehn konsequenten Übungstagen Ruhe. Na bitte!

Für Rabin, meinen Lehrer, ist dieses Problem nicht neu. Die meisten Weißen hätten anfangs mit dem Knie- oder Lotussitz, bei dem die Beine überkreuzt werden, zu kämpfen, meint er. Überhaupt zeigt sich, dass die Hüftflexibilität sowie die Dehnbarkeit der Beinmuskulatur der Nepalesen weitaus größer ist als bei Weißen. Er sieht es darin begründet, dass Nepalesen von Kindheit an lernen, ihr Geschäft in der Hocke zu verrichten und ganz allgemein kann man sagen, zumindest was die Landbevölkerung betrifft: Wenn wir auf dem Stuhl sitzen, befinden sie sich in der Hocke.

Dank Nebensaison bin ich die einzige Schülerin und erhalte Privatunterricht. Dadurch entsteht ein sehr familiäres Miteinander zwischen Rabin, dem Lehrer, mir und Rupesh, der seinen Körper als ›Massageobjekt‹ zur Verfügung stellt. Der Glückliche! Das wäre auf jeden Fall auch ein Job für mich. Massiert werden und dafür Geld erhalten. Ganz angetan von der Thai-Massage-Technik schlage ich meinem Lehrer in den nächsten Tagen einen Tausch vor: Ich lehre ihm die Klassische Massage und kann im Gegenzug meinen Kurs auf vier Wochen ausdehnen. Er geht darauf ein. Ginge es nach mir, könnte ich mein ganzes Leben so bestreiten: Handeln und Tauschen, ganz ohne Bares.

In den Kurspausen unterhalten wir uns hauptsächlich über das nepalesische Alltagsgeschehen. Je länger ich in Nepal bin, umso mehr Fragen tun sich mir auf. Hier werden sie aus erster Hand beantwortet. Ich dachte zwar, das ›Nepali system‹ ganz gut zu kennen, muss mich jedoch von Rupesh eines Besseren belehren lassen. Er stammt aus der Kaste der Newar und diese wiederum unterscheidet sich beispielsweise im Umgang mit dem Tod von anderen Kasten. Statt zu opfern, zelebrieren sie das Scheiden eines Verwandten bei Rakhsi, Fleisch und gutem Essen. Allein innerhalb seiner Kaste gibt es ca. vierzig Unterkasten. Die Mitglieder einer davon sind gar Buddhisten. Spätestens hier wird mir alles zu kompliziert. Der Hinduismus hat tausend Götter, die sich wiederum in verschieden Antlitzen manifestieren können. Die Begrüßungsformel ›Grüß Gott!‹ würde nur Verwirrung stiften. Die unzähligen Kasten, Unterkasten sowie die grundlegenden Differenzen zwischen ihnen sind mir zu unverständlich, da höre ich doch lieber auf meinen eigenen kleinen Gott und lebe nach selbst ernannten Regeln. Das mag zwar egoistisch sein, ist aber weitaus übersichtlicher.

Beide Männer unseres Trios sind aufgeweckte und kritische Zeitgenossen. Sie machen einen wissbegierigen und mitteilungsfreudigen Eindruck und sind ausgestattet mit gesundem Selbstvertrauen. Den Hinduismus stellen sie in vielerlei Hinsicht in Frage. Es ist schön, mittlerweile verstärkt auf Menschen zu treffen, deren Augen offen für die Probleme ihres Landes sind und die keine passive Haltung einnehmen. Je mehr junge Leute ich spreche, desto sicherer werde ich mir, dass es sich nur noch um eine Generation handeln kann, bis ein Ruck durch dieses Land geht. Hoffen wir, dass es nicht zu spät ist.

Direkt, wie ich bin, frage ich die beiden nach ihrem Alter und erhalte vage Antworten, begleitet von einem schüchternen Lächeln. Dass man in Nepal das Alter der Eltern oder Freunde nicht weiß, habe ich allmählich gelernt, aber dass sich diese Unwissenheit oft auch auf die eigene Person bezieht, ist für mich kaum nachvollziehbar. Geburtstage werden nicht gefeiert. Das sei nur etwas für die Reichen und jene, die meinen, sie seien etwas Besseres, so Rupesh. Zum Zeichen meiner Aufmerksamkeit wackle ich mit dem Kopf. Eine nepalesische Eigenart, die ich unbewusst übernommen habe. Die Menschen hier bewegen ihren Kopf fast ständig beim Reden und ich prophezeie ihnen, dass er ihnen eines Tages noch abfallen wird. Meist wird eine Unterhaltung durch Gestik verstärkt, schließlich lebte die Bevölkerung noch bis vor wenigen Jahren fast ausschließlich auf dem Land. Kommunikation von Haus zu Haus oder auf den Reisfeldern fand, um die Stimmbänder zu schonen, außer mit Worten auch gestikulierend statt.

Doch das ist nicht das Einzige, was vom Leben auf dem Land in das der Stadt hinübergerettet wurde. Mit Rupesh verabrede ich mich mehrere Male vor Kursbeginn, um Teile der neu erlernten Technik zu üben. Trotz eifrigen Versprechens erscheint er regelmäßig zu spät. Seine Entschuldigung: Auf dem Land gebe es selbst heute kaum Uhren und man richte sich zeitlich nach dem Sonnenstand. Zu einer Verabredung heißt es dort noch immer: Wir sehen uns am Morgen oder wir treffen uns am Nachmittag. Das ist genau genug. Deshalb sähen es auch die Stadtmenschen nicht so eng mit dem Zifferblatt. Am fünften Tag habe ich meine momentan unangebrachte Eigenschaft der Pünktlichkeit abgelegt. Gelegentlich vergesse nun ich, ob wir uns für den kommenden Tag überhaupt verabredet haben.

Auf meinem Weg zur Schule beobachte ich eines Tages den Zusammenstoß eines Radfahrers mit einem jungen Mädchen, das Federball spielt. Dieses macht beim Spiel plötzlich zwei Schritte zurück und schaut daraufhin überrascht zum Fahrrad, das sie nun im Rücken hat. Alle Beteiligten und Zuschauer lachen über diesen Vorfall. Ich kann meinen Augen kaum glauben. In Deutschland wäre das schon ein Fall für einen Rechtsstreit, mindestens Grund für ein gehöriges Gezeter. Für westliche Anwälte wäre Nepal eine wahre Goldgrube. Wie oft stolpere ich über die unebenen Straßen der Hauptstadt und denke an die unglaublichen gerichtlichen Klagen, von denen in Deutschland, Australien oder Amerika mitunter berichtet wird. Wie unterschiedlich Kulturen sein können, wird mir einmal mehr deutlich.

Öfter halte ich an einem der zahlreichen kleinen Obst- und Gemüseständе, um meinen Vitaminhaushalt aufzubessern. Nachdem ich schon längst bezahlt habe, werden mir stets weitere Sachen zum Verkauf angeboten. Einmal etwa bin ich dabei, die Tüte so an das Fahrrad zu hängen, dass sie weder reißt noch dass alles herausfällt, da fragt mich der Verkäufer lächelnd, ob ich denn nicht noch einen Granatapfel mitnehmen möchte? Oder vielleicht ein paar Banänchen? Sieht er denn nicht, dass ich genug mit meiner Ladung zu tun habe? Und als ich ein anderes Mal Milch kaufe, wird mir wieder einmal zuerst die 1-Liter-Tüte auf den Tisch gelegt, bevor sich der Verkäufer widerwillig von mir zur 500-ml-Tüte breitschlagen lässt. Die Nepalesen sind wahre Verkaufstalente. Nicht meine, ihre Wünsche bestimmen den Verkauf. Mit einem Schmunzeln denke ich an die Verkaufsschulungen, an denen ich im Rahmen meiner Arbeit im Fitness-Studio wiederholt teilnehmen musste. So etwas braucht man hier bestimmt nicht.

Bei einem meiner letzten Heimwege hole ich zum ersten und letzten Mal Joghurt. Dieses Milchprodukt gibt es frisch in sehr dekorativen Tongefäßen. Jedoch sind diese in ihrer Eigenschaft als Schale in Kombination mit dem Fahrrad sowie dem holprigen Untergrund nicht wirklich praktisch. Zwei Jungen holen mich ein, als ich mein Fahrrad mit der rechten Hand den unebenen Weg hochschiebe, während ich mit der linken den Joghurt balanciere. Einer von ihnen bietet mir seine Hilfe an. Das köstliche Milchprodukt schwappt in regelmäßigen Abständen aus der Schale in die Tüte. Wieder so ein Erlebnis! Als ich abschnittsweise im Sattel sitze und die Steigung beginnt, will ich schalten. Mein Daumen drückt ins Leere. Ach ja, ich kaufte das billige Fahrrad, ohne Gangschaltung. Dieser Reflex will erst einmal abgewöhnt sein! Die letzten 300 Meter formieren sich zu einem zähen Anstieg, der auch meine letzten mentalen Reserven aufbraucht. Mit stürmischen zwei km/h schleppe ich mich hoch und passiere dieses Schild, das eine Kurve einleitet: ›Langsam fahren!‹ steht darauf. Gut, ich will versuchen, mein Tempo weiter zu drosseln, ohne mit dem Fahrrad umzufallen.

Als ich es dann endlich nach Hause geschafft habe, werde ich von Balazs empfangen. Er ist bereits zum dritten Mal in Nepal und um dieses Mal anzukommen, schlug er sich von seiner Heimat Ungarn auf dem Landweg bis hier durch, inklusive Iran, Irak und Afghanistan. Nirgends sah er sich nach eigener Auskunft großen Problemen gegenüber. Die Iraner seien die nettesten Menschen, die er je kennen gelernt habe. Wir haben den Herbst im Jahr 2003 und einmal mehr wird deutlich, wie sehr die Medien Bilder verzerren können, denn es gibt wohl nicht viele Menschen, die sich von ihrem sicheren Zuhause aus derzeit für eine solche Urlaubsreise entscheiden würden.

Balazs ist immer voller Energie und Ideen, an deren Umsetzung es allerdings oft hapert, da komme ich dann meist ins Spiel. Er erzählt mir, was sich die Amerikaner von den Ungaren aufgrund ihres Einfallsreichtums berichten:

»Wenn sie hinter dir in eine Drehtür gehen, kommen sie vor dir raus.« Es scheint etwas Wahres dran zu sein. Balazs etwa findet oft Möglichkeiten, seine Wünsche zu realisieren. Eines Tages steht er so mit einem hinterlistigen Lächeln und einem Schlüssel in meinem Zimmer. Dreißig Minuten später haben wir beide unsere erste heiße Dusche seit vielen Wochen genossen; im buddhistischen Kloster nebenan.

Ab und zu gehen wir abends in die zum Kloster von Kopan gehörige Cafeteria. Zwar schließen die Türen für Besucher um fünf Uhr nachmittags, da wir jedoch um die Ecke wohnen, wird uns auch zu späterer Stunde die Tür vom Wachmann geöffnet. Dann, wenn Ruhe in die Anlage gekehrt ist und allein die Mönche noch umherhuschen, wenn nur ihre Gesänge zu vernehmen sind, wenn das Kloster ganz bei sich selbst ist. Das Klosterareal ist beeindruckend groß und befindet sich in einem ausgezeichneten Zustand. Es gibt mehrere Schul- und Schlafgebäude, eine Cafeteria und Gartenanlage sowie eine Gebetsmühle in Übergröße. Bei unserem ersten gemeinsamen Spaziergang schauen wir uns das Hauptgebäude an, das bestückt ist mit den üblichen Buddha-Statuen und Fotografien des Dalai Lamas. Etliche Mönche sind jetzt hier versammelt. Der jüngste von ihnen ist sicher neun Jahre und auch weißhaarige Männer sehe ich in der weinrot-gelben Robe umherlaufen. Als wir die Halle betreten, schlägt mir ein leichter Schweißgeruch entgegen, der mich an eine Turnhalle erinnert und mir bietet sich ein fesselndes Bild: Elf kleine Gruppen von je sieben Mönchen haben sich zum Praxisunterricht gebildet. Jeweils einer der Gruppe steht in einem Halbkreis und stellt eine buddhistische oder philosophische Frage, auf die ein von ihm gewählter Mitschüler, allesamt im Lotussitz, antworten muss. Nun ist es nützlich zu wissen, dass Körper und Geist in der buddhistischen Philosophie eine Einheit bilden, die auch zusammen trainiert wird. So schaukelt der Fragende ständig hin und her und bewegt sich vor jedem Fragezeichen, als wollte er eine Turnübung einleiten. Mitunter entstehen Diskussionen, die nicht nur laut, sondern auch gestenreich sind. Interessiert und amüsiert schauen wir dem Procedere etwa zwanzig Minuten zu und ich überlege, wie viele Fragen sie wohl zu lösen haben. Täglich! Es ist ein beeindruckendes Bild, das mich auch dann noch tief bewegt, als wir durch die friedliche und saubere Anlage zurückspazieren.

Von unserem Vermieter Gorak erfahren wir so manch interessantes Detail über das Klosterleben. Das Studium des Buddhismus wird den jungen Mönchen überwiegend durch internationale Sponsoren ermöglicht. Vielerorts kann man Schilder sehen, die den Besucher zu einer solchen Patenschaft animieren. Aber mittlerweile sei der Buddhismus hier Business, so Gorak. Mitunter gibt es gar zwei oder drei Sponsoren für einen Mönch. Den Jungen gehe es im Vergleich zum Großteil der Bevölkerung sehr gut, oft seien sie in der Stadt, um Geld beim Spielen auszugeben. In der Tat ist ihr kleiner Laden mit Cola, Schokolade und Chips ausgestattet. Regelmäßig wandern einige Mönche (gesponsert) in die Staaten aus und führen dort ein ganz gewöhnliches Leben. Einige Kinder werden auch gegen ihren Willen ins Kloster geschickt und so kommt es, dass hier einige ›Pflichtmönche‹ wohnen. Meine romantische Vorstellung von (buddhistischen) Mönchen beginnt zu bröckeln. Erst recht, als ich erfahre, wie schlampig in einem nahe gelegenen anderen Kloster mit den Finanzen umgegangen wird, während der Großteil des Landes unter Armut leidet. Eine beruhigende und faszinierende Ausstrahlung hat Kopan dennoch auf mich. Von meinem Fenster schaue ich genau auf die Anlage und stundenlange Gesänge dringen regelmäßig in mein Ohr. Täglich werde ich von ihnen geweckt, manchmal begleiten sie mich in den Schlaf.

Dasselbe Kloster ist es auch, das zehntägige Vipassana-Meditationskurse für Ausländer anbietet. Der Sinn meines Lebens? Wer bin ich? Was will ich? Sind das nicht alles noch offene Fragen? Vielleicht habe ich sie noch nicht explizit beantwortet, doch spüre ich deutlich, dass ich meine ›Erleuchtung‹ auf einem anderen Weg finden werde. Also verzichte ich auf den Versuch, innerhalb von zehn asketischen und aufgrund der Sitzhaltung schmerzenden Tagen absolute Neuigkeiten über das Leben allgemein und meines im Speziellen zu erfahren.

»«

Die vier Kurswochen der Thai-Massage vergehen nicht, sie verfliegen. Schon sind sie vorbei und haben mich mit interessantem Wissen ausgestattet. Das muss sich jetzt erst einmal setzen. Dafür wähle ich die aktive Methode und entscheide, in den Bergen wandern zu gehen.

Die derzeitigen innenpolitischen Umstände Nepals vereiteln momentan jedoch ein völlig problemloses Losmarschieren. Also lasse ich Verstand und Vorsicht walten und widerstehe der Versuchung, allein loszuziehen. Als Mensch und somit Herdentier fühle mich unter bestimmten Umständen in der Gruppe einfach sicherer.

So beginnt meine Jagd nach Wanderkumpanen. Das Kathmandu-Guesthouse und die Pumpernickel-Bakery sind die Orte, in denen man am einfachsten fündig werden kann. In beiden gibt es jeweils ein schwarzes Brett, an dem etliche kleine und große Zettel befestigt sind. »Suche Wanderpartner für Langtang«, »Verkaufe Campinggeschirr«, »Wer reist mit mir nach Indien?«, heißt es da zum Beispiel. Jetzt sind beide Bretter um einen Zettel reicher, nachdem ich meine Anfragen krampfhaft, aber erfolgreich mit bereits mehrfach benutzten Klebestreifen befestigt habe. »Weihnachten und Silvester in der Gokyo- und Everestregion, wer ist interessiert?«, steht darauf und darunter meine E-mail-Adresse.

Lange habe ich überlegt, ob ich mir diese Wanderung leisten kann und möchte. Schließlich gehört die Gegend meiner Wahl zu den teuersten in ganz Nepal, auch wenn die Preise weit unter unseren europäischen bleiben. Doch sind es Summen, die ich nicht eingeplant habe. Die Tatsache, dass ich es als Weihnachtsgeschenk deklarieren kann, plus die vage Ahnung, dass ich so bald nicht wieder nach Nepal kommen werde, lassen mich die rechnerischen Sorgen jedoch schnell über Bord werfen. Kurz darauf lässt mich allein die Vorfreude fast taumeln.

Also beginne ich mich mit den wichtigen Utensilien auszustatten; die Sache mit dem Wanderkollegen ist ja bereits angeschoben. In weiser Voraussicht, dass dieser, sollte ich ihn finden, mich nicht Tag und Nacht wärmen wird, lege ich mir eine dicke Daunenjacke zu. Damit, so hoffe ich, werde ich den kältesten Monat in der Everestregion unbeschadet überstehen, denn wir haben Dezember. Doch lieber stecke ich zwei dicke Pullover mehr ein und entkomme wegen der im Winter spärlichen Begängnis dem permanenten Gewimmel der Wandertouristen. Wieder zeigt sich Kathmandu als ein hervorragender Ort für die den Tauschhandel. Meine derzeit ungenutzte Isomatte deckt einen großen Teil dessen, was mein Gegenüber für die Daunenjacke verlangt.

Wenige Tage später treffe ich den ersten Wanderkandidaten und wir schlürfen gemeinsam einen Kaffee. Dieser bleibt das Einzige, was wir teilen! 600 Euro will er für den Drei-Wochen-Trip ausgeben. Mit Flug nach Lukla, zu einem möglichen Ausgangsort, mit Führer und allem Drum und Dran – ein hübsches Pauschalangebot. Bin ich ein Goldesel und blind obendrein, dass ich einen Führer benötige für einen Wanderweg, der zu den meist begangenen des Landes gehört? Die Suche geht weiter und trotz des ausbleibenden Erfolgs macht sie auch großen Spaß. Es gibt da diesen Engländer, der vor lauter Unentschlossenheit und Langsamkeit beim Bestellen seines Getränks jeden Moment einzuschlafen droht. Ich tue mich schwer mit der Vorstellung, mit ihm irgendwelche Pässe zu erklimmen. »Die Entdeckung der Langsamkeit« von Stan Nadolny fällt mir dabei ein. Trotzdem, ich habe nur drei Wochen für diese Wanderung.

Der Engländer kommt also auch nicht in Frage. Nur wenige Tage später sitze ich deshalb Peter, einem Australier, gegenüber. ›Was Besseres kann mir doch gar nicht passieren‹, denke ich mir. Mit Ende dreißig passend für meinen Geschmack. Als ich ihn zum zweiten Mal, zur Lagebesprechung sozusagen, treffe, erzählt er mir von dem mir noch unbekannten Dritten unserer Tour, einem Schotten. Peters Ansicht nach wird Alister, so sein Name, dem Klischee seines Landes vollkommen gerecht. Dauernd wäge er die Preise ab und entscheide sich immer für das billigere Produkt. Vorsichtig werfe ich ein, dass ich wahrscheinlich nicht anders bin. Die Antwort kommt prompt und wirkt erleichternd: Der Schotte sei geizig – ich arm. Beklemmend hatte ich mir bereits vorgestellt, dass zwei finanziell unterschiedliche Welten verständnislos bei der Tour aufeinander prallen würden.

Für den Ausgangsort unserer Tour wählen wir Jiri, das mit 1900 Metern über dem Meeresspiegel tausend Höhenmeter und vier bis sechs Wandertage tiefer als das bereits erwähnte Lukla liegt, zu dem die meisten Wanderer fliegen. Aus Akklimatisierungsgründen möchten wir in Jiri starten. Ganz nebenbei gesagt, kommt mir auch der Preis einer Busfahrt gelegener als der eines Fluges. Aber Peter entscheidet sich für Variante B und will mit dem Taxi fahren. So gehe ich den ersten Handel mit ihm ein: Er übernimmt meinen Anteil für die Fahrt und ich bezahle mit einer Massage. Das Leben kann so herrlich einfach sein!

Allerdings machen uns die Maoisten im wahrsten Sinne des Wortes einen Strich durch die Rechnung. Das Taxi, in das wir uns am Abreisetag um sechs Uhr morgens schwingen, verlässt Kathmandu nicht, denn für drei Tage befindet sich Nepals Hauptstadt und Umgebung im Streik, der unter anderem auf der Straße nach Jiri eine Straßenblockade umfasst. Wir sitzen fest und müssen Variante C, von mir bisher schmählich ignoriert, in Anspruch nehmen: Den Flug nach Lukla.

Wenig erbaut begebe ich mich am nächsten Tag in Begleitung der beiden Männer zum Flughafen. Morgens 6.30 Uhr soll der Flieger starten. Nicht weiter überraschend, verschiebt sich der Abflug. Man gewöhnt sich an so viel in diesem einzigartigen Land. Wie schon auf dem Flug nach Jomsom wird auch hier auf Sicht geflogen und diese lässt momentan offensichtlich zu wünschen übrig. Doch werden dem wartenden Passagier die Gründe der Verzögerung nicht mitgeteilt. Selbst nach zwei Wartestunden gibt es weder eine Mitteilung über Funk, noch eine durch die Halle gerufene Information. Na, macht ja nichts, letztendlich haben wir Glück. Bald reiht sich unser Flieger in die Schlange von zehn Kleinmaschinen ein, die die Startbahn entlang rollen, um sich im Zwei-Minuten-Takt in die Lüfte emporzuheben. Der Flug führt uns in atemberaubender Weise in das weiße Bergmassiv und unsere Maschine setzt nach etwa dreißig aufregenden und spektakulären Flugminuten zur Landung auf eine Landebahn an, die nach oben ansteigt und so kurz ist, dass ich schwören könnte, der Bremsweg des Flugzeugs stehe in keinerlei Verhältnis zu ihr. In Erwartung des unausweichlichen Zusammenpralls mit der sich plötzlich vor uns auftuenden Mauer aus Fels will ich die Augen schließen, als der Flieger kurz vorher hart rechts abbiegt und, gerade wie ein Auto auf dem Parkplatz, geschickt rangiert in einer kleine Parkbucht zum Halt kommt. Als ich unbeschadet aussteige, umschließen mich die hohen Bergwände, als möchten sie mich umarmen.

Eine Stunde später stapft unser Trio los, am Abend sind Peter und ich jedoch nur noch zu zweit. Der Schotte ist wie ein gestiefelter Kater nicht zu bremsen gewesen und schoss alle Vorsichtsmaßnahmen bezüglich der Höhe in den Wind.

Zugegebenermaßen fällt dieses langsame Wandern mit unzähligen Pausen und Trinkeinlagen auch mir schwer, aber die Höhe meines Ziels verlangt es. In Peter habe ich einen guten Lehrer, also reduziere ich mein Tempo und hoffe auf eine gelungene Akklimatisierung. Am zweiten Tag erreichen wir Namche Bazaar, den größten Ort der Gegend, in dem die meisten Wanderer einen Akklimatisierungstag einlegen. An meinem Ruhetag unternehme ich einen Spaziergang und werde erstmalig mit dem Anblick der Ama Dablam belohnt. Dieser Berg ist zwar kein Achttausender, für seine außergewöhnliche Form jedoch sehr bekannt. Von den Nepalesen wird er besonders verehrt. Ein seltsames Gefühl beschleicht mich, als ich diesem schneebedeckten Berg, der sich vor dem lilafarbenen Abendhimmel wie ein weißer Daumen emporstreckt, in einiger Entfernung gegenüberstehe. Wie so oft fühle ich mich in der rauen Bergwelt klein und verletzlich, ich verspüre Respekt und Demut.

Namche liegt auf 3450 Meter und ich bin körperlich wohlauf. Peter hingegen kämpft mit Kopfschmerzen und Übelkeit. Von wegen: Männer seien das starke Geschlecht! Während drei meiner Wanderungen in Nepal legte ich je einen Ruhetag aufgrund körperlicher Probleme meiner männlichen Wanderfreunde ein. Dieses Mal klagt nun mein sportlicher Australier, der den kommenden Tag ganz in Ruhe beginnen möchte. Wir verabreden uns für den späten Nachmittag in der nächsten Hütte.

Am Abend warte ich Stunden auf ihn. Als es bereits dunkel geworden und er noch immer nicht eingetroffen ist, beginne ich mich zu sorgen. In der Hütte schlafen zwei australische Frauen, mit denen ich ins Gespräch komme. Sie meinen, ich solle unbesorgt sein. Auf dem Weg hierher waren sie mindestens zwei Mal stark ins Schwanken gekommen, welcher der richtige Weg sei, sicher sei er versehentlich eine andere Route gegangen. So verliere ich Peter, treffe dafür am nächsten Tag aber auf Alister, der sich bereits auf seinem

Rückweg befindet. Bei unserem kurzen Wortwechsel beklagt er sich über Kopfschmerzen und schlaflose Nächte. In möglichst kurzer Zeit hatte er versucht, so viel Kilometer wie möglich zu schaffen. Kein Kommentar!

Ich selbst lege von nun an nie mehr als 400 Höhenmeter pro Übernachtungsstelle zurück, obwohl sich der Weg tagsüber meist höher windet. Es sind nicht viele Leute unterwegs, so dass ich vorerst allein bleibe. Es sollte eben nicht sein mit der Begleitung. Ab und zu kommt mir eine kleine Gruppe nepalesischer Träger entgegen. Schnaufend schieben wir uns auf dem schmalen Pfad aneinander vorbei. Einmal drehe ich mich um, um zu schätzen, wie viele Kilos diese Männer und Jungen wohl auf dem Rücken tragen, da erkenne ich die Zahl 50 auf einem Reissack. Mit dem Lastentragen verdienen sich die Bewohner hier noch ihr täglich Brot. Es gibt in diesen Höhen keine Straßen. Nahrungsmittel und andere Güter gelangen ausschließlich durch Manneskraft in die Ortschaften. Als ich so vielen Trägern mit schweren Lasten auf dem Rücken begegne, kann ich ihr Unverständnis bezüglich der Freizeitgestaltung der weißen Wandertouristen besser verstehen. Wir haben diese Phase des Lebens längst überschritten und laden uns freiwillig ein paar Kilos hinten auf, als Hobby sozusagen. Gelegentlich beschleicht mich nun ein bedrückendes Gefühl, wenn ich an den Trägern vorbeigehe.

Am frühen Nachmittag komme ich in Luza an und entscheide mich spontan, hier einen weiteren Akklimatisierungstag einzulegen. Die Siedlung besteht nur aus zwei Lodges. Eine hat aufgrund des Winters bereits geschlossen. Dank der Ruhe und menschlichen Leere dieses kleinen Hochtals inmitten der massiven Bergwände ist die Atmosphäre einzigartig. Es ist ein Geschenk, hier zu sein! Die Familie meiner Lodge besteht aus zwei Jungen im Alter von zwölf und sechzehn Jahren und ihrer Mutter. Als ich mich am Morgen nach meiner Ankunft aus dem

Schlafsack pelle, ist ihr Tag schon ein paar Stunden alt. Der jüngere Bruder hat bereits Feuer im Gemeinschaftsraum gemacht, während die Mutter vom kleinen Fluss zwei riesige Wasserkanister zur Hütte getragen hat. Vor dieser kümmert sich ihr älterer Sohn um die Yaks. Täglich bringt er sie zum Grasen auf einen Hang der Umgebung und treibt sie nachmittags wieder heim. Heute wird er sich in der Zwischenzeit mit Kiepe und Beil auf die Suche nach Feuerholz begeben. Später wäscht die Mutter im kalten Fluss die Wäsche und der Kleine kümmert sich um meine Bedürfnisse wie Tee und Suppe. Abends finden sich alle zusammen, man wäscht sich mit kaltem Wasser aus einer Schüssel und anschließend sitzen wir gemeinsam um den Ofen herum, ihm unsere eisigen Hände entgegenstreckend.

Ich überdenke einmal mehr mein eigenes Leben. Bin ich erst wieder zu Hause in Deutschland, werde ich ihre Handlungen ersetzen durch das Aufdrehen der Heizung und des Wasserhahns, durch das Anschalten des Wasserkochers und das Vorbereiten der Waschmaschine, bevor ich mich genüsslich unter eine heiße Dusche stellen werde. Ein paar Knopfdrücke und der Tag wird beginnen können. Ich werde Zeit haben für eine Tasse leckeren Tee und mich vielleicht neben die Erdöl betriebene Heizung in einen Sessel kuscheln statt hier um den Holzofen herumzusitzen und dennoch zu frieren.

Hier gibt es noch kein Kerosin, auf das nach und nach in ganz Nepal umgestellt werden soll. Bei diesem Gedanken wird mir plötzlich bewusst, dass ich in einer Lodge sitze, die mit dem Holz der umliegenden Wälder beheizt wird. Als Wanderin, die allein, zudem in der Nebensaison, unterwegs ist, verhalte ich mich im gewissen Sinne nicht umweltfreundlich. Meinetwegen steigt der Holzbedarf unnötig. Der Tourismus ist bestimmt nicht alleiniger Urheber der Umweltprobleme, mit denen das Land zu kämpfen hat, aber ihm kommt doch mindestens die Rolle eines Katalysators zu. Es ist ein dünner Grat, auf dem ich wandere, nicht nur in den Bergen des Landes. Leiste ich unter Umständen einen größeren Beitrag, wenn ich erst gar nicht das Land bereise? Unterbinde ich auf diese Weise eine Konfrontation vielleicht am effektivsten? Die mit mir selbst und meinen finanziellen Möglichkeiten als auch mit der nepalesischen Bevölkerung? Andererseits bringe ich in meiner Eigenschaft als Tourist Geld in das Land. Die Leute sich selbst überlassen? Sich der humanen Verantwortung entziehen? Wer erlegt einem diese auf?

Dieses unverfälschte Erlebnis des Familiendaseins hier in dieser Lodge in Verbindung mit dem überwältigenden Eindruck der Landschaft macht mich für den einschneidenden Einfluss der Menschen auf die Natur und den Kontrast zwischen Arm und Reich seltsam sensibel. Die 36 Stunden, die ich in Luza verbringe, lassen mich wichtige Gedanken für mein Tagebuch und physische Kraft für die bevorstehenden Tage sammeln.

Es ist mein siebter Tag auf der Wanderung, an dem ich Gokyo erreiche. Hier verbringe ich die kältesten Nächte, gleich drei hintereinander. Abends drängen sich die Wanderer im beheizten Gemeinschaftsraum dicht um den Ofen und gelegentlich verpasse ich dem Stuhl meines Nachbarn einen unbemerkten Tritt, um selbst kostbare fünf Millimeter näher an die Wärme heranzukommen. Gegen halb acht beginnt der Ernst des Lebens, denn die Einheimischen möchten zu Bett und mir stellen sich regelmäßig die Nackenhaare quer, weil ich weiß, es ist soweit: Die Eishöhle ruft. Unterhose an, ein dünnes Fleece, Handschuhe über und die Mütze auf. Anzumerken bleibt: Ich gehe nicht vor die Tür, sondern zu Bett. Bei zwölf Grad minus mummele ich mich besser dick ein, mitunter mit einer Extradecke, die freundlicherweise von den Lodge-Besitzern bereitgelegt wird. Noch ein paar Liegestütze und der Körper wird erträglich warm.

Um acht Uhr ist also Bettruhe und dann beginnt der Kampf mit der Bettlektüre, die ich, meinen Handschuhen zum Trotz, in eiskalten Händen halte. Sind die Augen rechts unten angekommen, heißt es umblättern. Mit dicken Handschuhen, hervorragend! Jedes Mal wieder kommt die Nasen- oder Zungenvariante zum Einsatz, zur Abwechslung versuche ich es minutenlang mit dem Feingefühl meiner Finger, das jedoch auf dem Weg zwischen Handschuh und Buchseite auf der Strecke bleibt. Also ziehe ich meinen Handschuh oft aus, blättere hastig um und streife ihn eilig wieder über. Nicht selten lache ich dabei über diese Situation, weil ich weiß, in den anderen Zimmern geht es ähnlich zu. Obgleich es auch weniger komische Probleme gibt, wie beispielsweise dieser Zwiespalt, in dem ich mich allabendlich befinde: Mindestens vier Liter sollte man in großer Höhe pro Tag trinken, aber eigentlich möchte ich die flüssige Nahrungszufuhr gegen sechs Uhr abends beendet haben, weil ich bei diesen Temperaturen nachts so ungern das Bett verlasse. Und so kalt, dass der Urin in mir gefriert, ist es nun doch nicht. Durst habe ich trotz allem.

Plötzlich muss ich an die heißen Wanderungen in Australien denken. Als ich allein in der Hitze Down Unders umherzog, habe ich mich oft nackt gefühlt, konnte meine Lebenssituation dadurch jedoch besser fassen. Bei dieser Kälte hier möchte ich mich zwar weder nackt fühlen, noch unbekleidet sein, eine Katalysatorfunktion beim Nachdenken kommt diesem Wetterextrem dennoch zu. Es ist nichts Verschwommenes, das ich empfinde, kein Gefühl, das ich nicht definieren kann. Es gibt keinen inneren Drang, dem ich irgendwie folgen muss. Stattdessen reift der Entschluss, in absehbarer Zeit nach Hause zu fahren, unter meinen deutschen Freunden zu weilen. Gedanklich entwickele ich Vorhaben, die ich umsetzen und Aufgaben, die ich erfüllen möchte. Mein Körper ist unglaublich kalt, doch mein Herz strahlt vor Wärme. Verwundert bin ich und glücklich zugleich über diese bisher unbekannten Sehnsüchte nach Hause.

In diesen Höhen und klimatischen Tiefen entwickelt sich zwischen den Wanderern ein unausgesprochenes, aber spürbares Gemeinschaftsgefühl. Täglich fragen sich fremde Menschen: »Und wie schläfst du, frierst du in der Nacht, was macht der Ruhepuls?« Das Gokyo-Tal stellt für viele Wanderer den Wendepunkt ihres Trecks dar. Wenngleich nicht in unmittelbarer Nähe zum Everest, gibt es von hier einen der besten Blicke auf den höchsten Berg der Welt. Mehrere Tageswanderungen ermöglichen die Erkundung der Umgebung, in der die Gletscher-Seen, sechs an der Zahl, die unbestreitbar größte Faszination darstellen. Gespeist vom Ngozumpa Gletscher begleiten sie den Wanderer während der letzten Stunde zum Dorf und weit darüber hinaus. Mit dem 5417 Meter hohen Henjo Pass als Hintergrund bildet der vierte See ein überwältigendes Bild, das man, mit müden Beinen gemütlich sitzend, aus seiner Lodge betrachten kann. Auch wenn man die Augen schließt, verlieren die Seen nicht an Ausstrahlung. Ein ständiges Knacken und Pfeifen dringt von ihnen herüber. Manchmal klingt es, als würden die Fische unter dem Eis kegeln. Mitunter denke ich, mir pfeife jemand lautstark hinterher, dabei sind es nur die Luft- und Eismassen der überwiegend gefrorenen Seen, die sich ineinander schieben. Immer wieder erklingt von Fern ein Fiepen, das sich rasch nähert. Im höchsten Ton verstummt es, dann und wann ist plötzlich ein lautstarkes Krachen zu vernehmen. Die Seen ruhen nie – es ist ihre hörbare Schönheit, die sie auszeichnet. Gokyo ist anders!

Hier gibt es kein fließendes Wasser, das habe ich spätestens dann verinnerlicht, als ich den Wasserhahn zum dritten Mal erfolglos aufdrehe. Entweder er lässt sich erst gar nicht bewegen und wenn doch, dann ohne

Konsequenzen. Eis fließt nun mal schlecht. Nichtsdestotrotz schwitze ich im Verlaufe des Tages, schließlich klettere ich in der Gegend herum und mit dem täglich aufs Nötigste reduzierten Waschvorgang setzt sich der Schmutz nach und nach am Körper fest. Oft sind meine Nächte unruhig und ich liege viel wach. Ob das nun an der Höhe liegt oder an dem langsam stärker werdenden unverkennbaren Geruch, vermag ich nicht genau zu sagen.

An meinem dritten Tag in Gokyo kaufe ich mir eine Schüssel mit heißem Wasser. Welch Wohltat zu Beginn, die eigenen Hautporen mit der kostbaren Wärme sekundenlang zu überschwemmen, um sich dann übergangslos heftig zu schütteln, weil die Kälte gnadenlos zuschlägt. Diese riesigen Temperaturunterschiede in kürzester Zeit sind in ihrer Empfindung extrem. Da bevorzuge ich die Dusche im Bach, wenn ich erst einmal ein ungefrorenes Plätzchen gefunden habe. Begleitet vom ewigen Wind seife ich mich von oben bis unten ein, in freudiger Erwartung der wohligen Wärme, die nach dem Eisbad jede Zelle meines Körpers durchdringen wird. Sauber und warm zu sein, hat hier seinen Preis! Aber nicht nur das Nass im See oder in der Wasserleitung gefriert. Meine im Fluss gewaschene Wäsche kann ich am nächsten Morgen nicht in den Rucksack legen, sondern nur stellen und ich bemerke, dass meine Füße schlecht in gefrorene Socken passen. Als ich diese Begebenheiten schriftlich festhalten möchte, muss ich die Tinte meines Füllers mit dem eigenen Atem erst einmal antauen ...

Ich bin in meiner Not nicht allein, in Gokyo kämpfen auch andere Wanderer mit der kalten Schönheit der Landschaft. Als ich jedoch den Ort verlasse, um mich in Richtung Cho-La-Pass zu begeben, treffe ich während des gesamten Tages nur zwei Menschen, Einheimische. Beide Male verwickeln sie mich ich in ein kurzes Gespräch und zum Abschied schütteln sie mir kräftig und voller Wärme mit einem von Falten gezeichneten Lächeln die

Hand. Solche intensiven Augenblicke reiner Herzlichkeit erlebe ich nur als Einzelgängerin. Wenig später treffe ich am Nachmittag in der Hütte in Dragnag auf Don, einen Kanadier. Er ist mit Führer und einem Träger unterwegs. Ich bin froh darüber, denn morgen steht der Pass mit seinen 5430 Metern an. Ihn in Begleitung zu meistern, vermittelt mir ein beruhigendes Gefühl. Ich habe großen Respekt vor dem morgigen Unternehmen, vielleicht etwas versetzt mit Angst. Beide Zustände liegen dicht beieinander, zumindest gegenwärtig.

Je länger diese Wanderung währt, desto mehr wächst die Sehnsucht nach Luxus. Genährt wird sie von Don, der heute den achten Tag seiner Wanderung absolviert hat, bei mir ist es der Zehnte. Ausgiebig und detailliert berichtet er mir, worauf er sich nach Abschluss der Wanderung freut: Seine zwei Urlaubswochen in Thailand. Mit leckerem Essen, warmen Temperaturen und erholsamen Massagen. Diese Erzählung nagt doppelt in mir. Erstens werde ich noch für mindestens zehn weitere Tage dieses einfache und kalte Leben führen, zweitens könnte ich mir eine solche Reise nach Thailand nicht leisten. Don kennt dieses ständige Rechnen indes. Finanzielle Gründe waren es, die ihn vor einem Jahr von Vancouver nach British Columbia umziehen ließen. Er hatte es satt, nur für die Miete und abzuzahlende Kredite zu arbeiten und zog in den weitaus billigeren Bundesstaat, berichtet er mir. Immer wieder stelle ich fest, nicht die Einzige mit Geldsorgen zu sein. Das hilft mir zwar nicht im eigentlichen Sinne, es beruhigt mich trotzdem ein wenig.

Während wir uns vor der Hütte unterhalten, genießen wir die ausnahmsweise lange währenden Sonnenstrahlen. Nachdem sie hinter den höheren Bergwänden verschwunden sind, gehen wir schnell hinein. Selbst Gedanken an meine heißen Wandertage in Australien können nichts gegen die hier bestehende klirrende Kälte ausrichten. Abends essen wir mit den Inhabern der Lodge gemeinsam Dal Bhaat, das Gericht mit dem besten Preis-Leistungs-Verhältnis. Es ist zwar nicht billiger als andere Speisen, aber es gibt so lange Nachschlag, bis man satt abwinkt und die eigenen Energiereserven wieder komplett aufgefüllt sind.

Zu meiner Überraschung wache ich am nächsten Tag mit einem beherrschenden Gedanken auf: Knackwurst und Schwarzbrot. Ich kann ihn auch nicht abschütteln, als ich mein leckeres Müsli im klumpigen Milchpulver mit eiskaltem Wasser, und einem Löffel, anrühre. Knackwurst und Schwarzbrot. Nach acht Monaten Abstinenz setzt große Sehnsucht nach deutschem Essen ein. Glücklicherweise verliert sie sich auf dem Weg zum Pass, denn andere Probleme schieben sich in den Vordergrund.

Die Sonne bleibt in den ersten zwei Stunden weit hinter den Bergen zurück, morgens um halb sieben ist es noch etwas frisch, um nicht zu sagen, hundskalt. Da es jedoch stetig bergauf geht, wirft mein Körper schnell den Motor an. Zwar werden es heute nur 730 Höhenmeter, doch mit unserer Ausgangshöhe von 4700 Meter wird alles etwas schneller anstrengend.

Bald wird es mühsamer, einen Fuß vor den anderen zu setzen, immer schwerer geht mein Atem. Er ist das einzige, das ich vernehme, denn meine Begleitung folgt erst mit einigem Abstand. In mir beginnt ein mentaler Kampf zwischen Ehrgeiz und Nachgeben, Stärke und Schwäche. Meine Geister streiten sich um die Anerkennung der Einmaligkeit der Landschaft sowie um die Selbstverdammnis, sich auf diesen Kraftakt eingelassen haben. In immer kürzeren Abständen muss ich anhalten, Pause machen, durchatmen. Einfach stehen bleiben, das wäre schön. Gierig sauge ich das bisschen Sauerstoff aus der Luft, nach dem meine Oberschenkel förmlich schreien.

Wieder ein paar Schritte, wieder stehen bleiben. Plötzlich vernehme ich den Gesang eines Vogels. Er singt sich in mein Bewusstsein und lenkt meine Aufmerksamkeit auf die

Vollkommenheit dieses Unternehmens, von dem die Atemnot und schmerzende Muskeln nur einen unbedeutenden Ausschnitt darstellen. Bedächtig höre ich dem Vogel zu und lasse meine Seele von der Eindringlichkeit und Schönheit seines Gesangs einnehmen. Ich kann mich aus der negativen Schwingung meines Egos befreien und beginne zu lächeln. Nicht strahlend, aber sichtbar. Zur Mittagszeit hat das physische Drama endlich ein Ende. Nach fünf Stunden und auf allen Vieren erreiche ich den Pass. Wie ein Käfer lasse ich mich ganz zu Boden fallen und rolle zur Seite, um den Rucksack abzustreifen. Tränen steigen auf. Ich bin erschöpft, überwältigt.

Vierzig Minuten kann ich den bisher schönsten Platz meiner Wanderung allein genießen. Ganz nah, so scheint es, bin ich dem stahlblauen Himmel. Hier und da höre ich einen Vogel, ohne ihn zu sehen. Nur der Wind ist bei mir, der unaufhörlich bläst und die Gebetsfahnen mit einem wiederkehrend schlagenden Geräusch flattern läßt. Mein Blick schweift hin zu den zahllosen Bergspitzen. In der Nähe und auch am Horizont ist nichts anderes auszumachen als diese Giganten des Himalayas, die mit ihren weißen Dächern in den Himmel stoßen. Mein Körper ist ein kaum wahrzunehmender Punkt inmitten eines schier endlosen Bergmassivs. Ich fühle mich als Teil eines Ganzen, wenn ich auch nicht weiß, wie sich dieses Ganze definiert, was es zusammenhält. Aber es ist da.

Irgendwann kommt Don, bei jedem dritten Schritt eine Pause einlegend. Sein kleiner Trupp hat sich etwas auseinandergezogen, während sie den Pass erklommen. Ich vernehme ein paar Worte hier und da, ihr schweres Atmen, ein paar schleimlösende Räusper. Mit dem Auge verfolge ich ihren zurückgelegten Anstieg, während ich versuche, eine ganze Tafel Schokolade gleichzeitig in meinen Mund zu stopfen. Weit in der Ferne kann ich den Pfad schemenhaft noch dort ausmachen, wo er sich durch das Gras schlängelt, bevor er in loses Geröll übergeht, um sich später als ein kleiner, dunkler Strich in den massiven Bergwänden zu verlieren, ehe er sich für die letzten hundert Meter im gleißenden Sonnenlicht zum Pass windet. Den hat nun auch Don erreicht. Er ist mindestens genauso erschöpft wie ich und ich gebe ihm die Stücken Schokolade, die zuvor nicht in meinen Mund gepasst haben. Anschließend schiebe ich ihm einen Müsliriegel in die Hand, denn kraftlos und nach Luft schnappend sitzt er für zehn Minuten unbeweglich in 5400 Meter Höhe auf einem Stein. Wir schauen uns an, wortlos.

Als uns beiden Kraft und Luft in ausreichender Menge wieder zur Verfügung stehen, setzen wir unseren Weg fort, der uns nun über ein großes Schneefeld auf die andere Seite des Passes bringt, auf der uns ein noch überwältigenderer Ausblick erwartet. Die Berge sind ein wenig zurückgewichen und haben Platz gemacht für ein weites, karges Tal. Um uns herum tanzen Licht und Schatten, ein Spiel der Sonnenstrahlen mit dem reflektierenden Schnee und den rauen Bergwänden. Von diesem Moment der Ruhe und der eindrucksvollen Ausstrahlung der Landschaft sind Don und ich so berührt, dass wir erneut verharren, genießen, wie Kinder staunen und lachen. Der schwere Anstieg ist längst wieder vergessen. Diese rapiden Wechsel von Anstrengung und Erholung, mentaler Müdigkeit und klarem Wachsein sind überraschend und beeindruckend. Ich stelle meinen Rucksack ab. Seine achtzehn Kilo erleichtern mir den Treck nicht. Ob das jetzige Herausnehmen der Gebetsfahnen einen spürbaren Unterschied macht? Seit Beginn der Wanderung habe ich dieses buddhistische Symbol, auf denen Friedensgebete stehen, bei mir, mit der Absicht, sie an einem würdevollen Ort zu befestigen. Es könnte keinen schöneren geben als diesen, der sich so friedlich gibt und in mir Wärme und Emotionen der Ergebenheit auslöst. Ich bin überwältigt, dankbar und glücklich. Alles zur gleichen Zeit und jedes für sich sehr intensiv. Obwohl es noch zwei Tage bis Weihnachten sind, steigt eine sehr besinnliche Stimmung in mir auf. Ein paar Tränen gesellen sich hinzu, so ergriffen bin ich angesichts der Intensität des Augenblicks. Don geht es nicht anders. Viele Minuten verstreichen, bevor wir schweigend den Abstieg zur Hütte beginnen.

Zwei Tage darauf stehe ich nach einem weiteren Kräfte zehrenden Aufstieg zum späten Nachmittag auf dem Aussichtsberg Kalar Patarr. Allein. Diesen Berg habe ich unbegleitet erklommen. Mehr noch, ich habe ihn mir regelrecht erkämpft. Erstmals bin ich bei den 5600 Höhenmetern an meine körperlichen Grenzen gestoßen. Mein Körper ist schrecklich müde, als ich angekommen bin und mir wird kalt, also ziehe ich alle Sachen aus dem Rucksack und streife sie eilig über. Ich starre auf den Mount Everest und seine Nachbarn. Sie baden im Licht der späten Nachmittagssonne.

Sei es dieses Licht oder etwas anderes, plötzlich kann ich klarer sehen. Den Ballast eines hochmodernen Alltags zu Hause mit seinen scheinbar so wichtigen Regeln und Pflichten, einschließlich der emotionalen Verstrickungen, habe ich von mir geworfen. Hier geht es um elementare Ansprüche. Wenn ich meine, über keine Kraft mehr zu verfügen, tragen mich meine Beine immer noch ein Stück, meine Grenzen sind höher als vermutet. Jetzt hier oben zu sein, bedeutet auch, sich mit Mutter Natur auseinanderzusetzen und ihre Überlegenheit zu akzeptieren. Steile und mörderisch lange Anstiege, die Kälte des Windes, die jedes unbedeckte Hautstück gnadenlos besetzt, Nebel, der mir die Sicht ganz plötzlich nehmen kann – ich muss mich diesen Tatsachen unterordnen. Während meiner Wanderung erhalten neue Dinge Priorität: Beim ersten Lichtstrahl sehe ich nach dem Wetter, wünsche mir, über ausreichend Energie für den langen Tag zu verfügen und ich bin sensibel für die herzerwärmende Gastfreundschaft der Lodge-Besitzer. Auf dieser Tour wohnt dem Detail eine weitaus größere Kraft inne. Es bleibt länger haften. Ist einfacher zu erkennen. Brennt sich tiefer in das Bewusstsein.

Sei es der lauwarme Tee in der Lodge oder der Wortwechsel mit einem anderen Wanderer. Es kommt fast einer kleinen Erleuchtung gleich, mich unter diesen Umständen selbst zu erleben.

Ist es das, wonach ich so lange suchte?

Passend zum Tagesgeschehen meiner Wanderung habe ich das Buch ›The Climb‹ in den Rucksack gesteckt. Es ist das vierte Buch, das ich über die desaströse Mount Everest Besteigung im Frühjahr 1996 lese, bei der innerhalb von 48 Stunden acht Menschen vier verschiedener Expeditionen ihr Leben am Berg ließen. Nun bin ich selbst ganz in der Nähe. Der Wunsch danach wurde in den letzten Wochen immer stärker. Ich wollte den Berg sehen, an dem sich etliche Bergsteiger-Expeditionen immer und immer wieder versuchen, den Giganten, der trotz ständig steigender Todesfälle während der (versuchten) Bezwingung seine Anziehung auf Bergsteiger nicht verliert.

Auf dem Abstieg vom Kalar Patarr passiere ich Gedenksteine, die an Verunglückte aus gescheiterten Expeditionen erinnern. Nacheinander schaue ich sie mir an, lese ihre Namen und ordne sie den Geschehnissen des Buches zu. Über allem trohnt der Everest und vor meinem Auge sehe ich die Zeugnisse seiner Überlegenheit. Beidem stehe ich gegenüber, während die Gegend in diesen Augenblicken verwaist wirkt. Ich bin ergriffen und kann mich nicht erinnern, je zuvor in dieser Weise empfunden zu haben.

Den Abend verbringe ich in der ›Snowland Inn Lodge‹. Dass die meisten anderen Unterkünfte im Winter geschlossen haben, macht sich deutlich bemerkbar, der Gemeinschaftsraum ist brechend voll. Dennoch verliert sich die natürliche Wärme der Menschenmenge bei dieser gnadenlosen Kälte. Fröstelnd sitze ich mit einer Gruppe Neuseeländer um den Ofen herum und während wir friedlich, aber bestimmt um die besten Zentimeter bei der Wärmequelle kämpfen, genieße ich es, meine Empfindungen mit ihnen zu teilen, ohne sie aussprechen zu müssen. Die ›Kiwis‹ sind mir sympathisch. Unsere Unterhaltung dreht sich um eigene Grenzen und um Respekt, es ist ein Gespräch ohne Selbstgefälligkeit. Aber bald wird es mir zu anstrengend, die Augen offen und alle möglichen Körperbereiche verschlossen zu halten, um nicht auszukühlen. Also gehe ich zu Bett. Auf dem Weg dorthin halte ich Ausschau nach dem Kühlraum. Der muss ganz in der Nähe sein, so niedrig wie die Temperaturen sind. Außer Zimmertüren ist allerdings nichts zu entdecken. Die Lodge, eine einzige Kühlhalle.

Nachdem ich es ohne Erfrierungen in den Schlafsack geschafft habe, blättere ich einmal mehr mit klammen Fingern, mittlerweile etwas gekonnter, die Buchseiten um. Den Beschreibungen des Autors von ›The Climb‹ kann ich nun vor meinem geistigen Auge die passenden Bilder beifügen, was gleichsam die Intensität der Geschichte und die meiner eigenen Wanderung erhöht. Ich persönlich verspüre nicht einmal ansatzweise das Verlangen, auf dem höchsten Gipfel der Welt zu stehen. Für mich ist es schon ein Segen, auf meiner Übernachtungshöhe von 5150 Metern in Gorak Shep einen den Umständen entsprechend guten Ruhepuls zu haben. Über 150 wird er schon nicht sein. Und auch das Rauschen meines latenten Kopfschmerzes gleicht lange noch nicht dem des Meeres. Da kann man doch zufrieden sein!

Dennoch kämpfe ich mit einer gewissen Höhenkrankheit. Zwar nicht mit einer dramatischen, dennoch unangenehmen Form: HAF, dem High Altitude Farting. Deren Bestehen und Verlauf müssen jedoch kein Grund zur Sorge sein. Sobald man absteigt, reguliert sich die Darmperistaltik von ganz allein.

Mit dem Abstieg aus diesen Höhen muss ich allerdings noch etwas warten, denn ein letzter Pass, der Kongma La, wartet einen Tag später auf mich. Gleich zu Beginn des Anstiegs treffe ich einen Einheimischen, der dasselbe Ziel, aber eindeutig mehr Kraft hat als ich. Bereits bei der kleinsten Erhebung beginnt mein Herz, unkoordiniert und heftig zu schlagen. Ich bin körperlich fertig. Raj, mein kleiner Retter, erkennt die Lage sofort, schultert meinen Rucksack und klemmt sich hinter mich. Er bestimmt Pausen und Tempo und motiviert mich. Weniger durch seine Worte, von denen ich nur wenige verstehe, eher durch seine Gegenwart. Wir kommunizieren ohne zu reden, eine junge Deutsche und ein alter Nepalese. ›Dich schickt der Himmel‹, denke ich dankbar. Nach drei nicht enden wollenden Stunden erklimmen wir schließlich den Pass und halten uns lange Zeit an den Händen. Wir strahlen uns an, als hätten wir wochenlang gemeinsam auf diese Überquerung hingearbeitet. Immer wieder lache ich unkontrolliert laut auf und bedanke mich bei Raj. Ohne ihn wäre ich umgekehrt. Wir schreiben den 24.12.2003. Weihnachten könnte nicht schöner sein. Auf etwa 5500 Meter Höhe bin ich physisch am Ende. Ich habe meine Leistungsgrenzen erreicht, aber ich bin selig. Jede Zelle meines Körpers spüre ich. Ich lebe!

Den Heiligen Abend verbringe ich als einzige Touristen in dem kleinen verlassenen Ort Chuckung. Raj hat sich nach einer herzlichen Abschiedszeremonie bereits wieder auf den Weg gemacht. Ich selbst bin froh, keinen Schritt mehr setzen zu müssen. Der Himmel hat sich zugezogen und hüllt das Dorf in einen grauen Schleier, durch den vereinzelt kleine Schneeflocken tanzen. Während ich vor dem Zubettgehen im Dunkeln vor der Tür meine Zähne putze, höre ich, wie sich in der Hütte meine Gastgeber zur Nachtruhe begeben. Das löst Gedanken an meine eigene Familie aus und augenblicklich übermannt mich große Sehnsucht nach ihnen.

Nun bin ich zwei Wochen unterwegs und langsam gehen die Kälte, die Anstrengung und die mangelnde Hygiene an meine Substanz. Vierzehn Tage morgens oft neben einer gefrorenen Wasserflasche aufzuwachen und abends stets ohne einen Gesprächspartner einzuschlafen werden reichen, beschließe ich und entscheide, meine

Wanderung um einige Tage zu kürzen, in dem ich die tägliche Wegstrecke verlängere.

Den Rückweg nach Jiri beginne ich ob des neuen Zieles und der Gewissheit des Abstiegs gerüstet und motiviert. Dennoch gestalten sich die Tage kräftezehrend und nervenaufreibend, obgleich es nicht mehr über 3500 Meter hoch geht. Der jetzige Weg zeichnet sich durch stetiges Auf und Ab aus, einen Kompromiss gibt es nicht. Ich breche mir fast die Beine beim steilen Abstieg und mir ist, als ginge ich beim sich nahtlos anschließenden Anstieg mit angezogener Handbremse. Herr, gib mir Puste! Einmal mehr habe ich die die Eigenheit der Bergwelt unterschätzt. Dem permanenten Hoch und Runter der Berge passt sich meine Stimmung an. Am Tage verfluche ich oft die Schinderei, doch abends bin ich immer wieder zufrieden und glücklich, mein Abendbrot zu essen und mich in den Schlafsack zu schmiegen.

Mit abnehmender Höhe fallen die Preise und die Temperaturen steigen. Die Hütten sind wärmer, ohne dass ich mir angestrengt einen Platz am Ofen ergattern muss, an dem ohnehin kein weiterer Wanderer sitzt. Als ich am dritten Tag meiner neuen Zeitrechnung aufwache, macht mein Herz einen Luftsprung, denn die Luft ist trocken und rein und die Sonne blinkt von Ferne vor klarem Himmel. Die grauen Wolken vom Vortag verzauberten über Nacht die Landschaft in einen weißen Winterwald. Glücklich wie ein Kind marschiere ich los und bald bringt der Sonnenschein das Weiß zum Glitzern und mein Herz zum Lachen. Ich stapfe durch den Schnee, dessen reflektierende, erfrischende Kühle mit der Hitze meines arbeitenden Körpers verschmilzt. Im Schatten setze ich meine Schritte sehr bedacht, denn der Untergrund ist hart und glatt. Mitunter zieht mich die Last meines Rucksacks auf dem rutschigen Boden nach hinten und ich liege danieder. Als sich mir wieder einmal ein Grüppchen von Trägern nähert, fällt mein Blick auf ihre Schuhe, deren Spitzen mit Stofffetzen aus Leinen umwickelt sind. Ich denke an den Winterdienst zu Hause, der, sobald mit der weißen Pracht ein Chaos über unsere Straßen hereinbricht, mit Räum- und Streufahrzeugen Ordnung und Sicherheit schafft. Hier stellt das Umwickeln der Schuhe den einzigen Winterdienst dar.

Mit jedem Schritt nähere ich mich Jiri und erstmalig freue ich mich ein wenig auf das Ende einer Wanderung. Ich habe von der Schinderei genug. Als es nach genau 21 Tagen dann soweit ist und ich den Ort betrete, erspähen mich zwei Lodge-Besitzer und stürzen sich auf mich. Es gewinnt jener meine Anwesenheit, der meine Frage nach einer heißen Dusche zuerst mit ›Ja‹ beantwortet. Leider muss ich kurze Zeit später feststellen, dass sich unsere Auffassungen von einer solchen unterscheiden, denn ich bekomme lediglich einen Eimer mit heißem Wasser … Binnen fünf Minuten schrubbe und spüle ich die erste der mühsam erarbeiteten Schweiß- und Schmutzschichten erfolgreich von meinem Körper. Aus dem Hahn kommt nur kaltes Wasser, doch es fließt zumindest. Man macht den Wasserhahn auf und es strömt einem entgegen. Phantastisch! Und überall Licht, man knipst einfach an diesem Schalter und die Lampe glüht. Faszinierend!

Beim Abendbrot schweifen meine Gedanken wieder zu der großen Wanderung, die hinter mir liegt. Intensive und einzigartige Augenblicke machen die vergangenen Tage zu einem der prägendsten Zeiträume meines bisherigen Lebens. Allen voran ergibt er sich aus den physischen Herausforderungen, die die Berge mir abgerungen haben. Es sind kurze Begegnungen mit Einheimischen, die haften bleiben werden. Auch das Erleben gegenseitiger Rücksichtnahme der Wanderer untereinander, das Gemeinschaftsgefühl, das sich bei den allabendlichen Runden ›um den Ofen‹ spürbar entwickelte. Diese Erfahrungen heben die letzten drei Wochen meiner 27 Lebensjahre heraus. Eine wichtige Rolle spielt die Erfahrung mit mir selbst, mit meinen Stärken und Schwächen. Die Konfrontation mit den eigenen Gedanken, während ich lange Zeit allein verbrachte. Das, was mir im Leben wichtig ist, kann ich jetzt sehen, Überflüssiges blendete ich aus. Während der Körper meist nur einer Katzenwäsche unterzogen wurde, erhielt das Gehirn eine ausgiebige Dusche. Es wurde durchgespült und gereinigt.

Am nächsten Tag sitze ich zehn Stunden im Bus nach Kathmandu. Kaum hat sich dieser in Bewegung gesetzt, da hält er auch schon wieder an. Wir passieren den ersten von insgesamt sieben Kontrollposten der Armee, die auf Suche nach Maoisten, nach deren Verbündeten oder Waffen sind. Die Nepalesen müssen aussteigen, lediglich Frauen mit kleinen Kindern und Weiße dürfen sitzen bleiben. Diese Stopps sind gut für die Wirtschaft, bemerke ich, denn kleine Stände wurden am Straßenrand aufgebaut und Männer und Kinder bieten Getränke und Knabbereien von ihren Bauchläden an. Ein kleines Kind testet meine Geduld, indem es mir im zehn Sekunden-Intervall etwas von billigen und süßen Mandarinen ins Ohr schreit. Trotzdem: Nicht wandern, nicht den Rucksack tragen, sitzen, Erholung.

Pünktlich zu Silvester trudele ich in Kathmandu ein und steuere zielstrebig eine Pizzeria an, in der ich genüsslich speise. Ich glaube, es war die Vorfreude hierauf, die mich in den letzten Tagen am Leben hielt. Eine ganz normale Pizza in einem durchschnittlichen Restaurant und schon fühle ich mich wie im Himmel. Zivilisation: Ja, bitte! Musik, Menschen, Internet, Läden und zum Essen ein Glas Sekt dazu – schöner kann auch Verliebtsein nicht sein! Nach drei Wochen, während derer meine Sinne wenigen, aber intensiven Reizen ausgesetzt waren, werden meine Rezeptoren nun förmlich überschwemmt, überall spüre ich es kribbeln. Dabei esse ich nur eine Pizza. Nie zuvor war ich für unsere Alltäglichkeiten so sensibel und bereit. Es ist fast wie ein nachträgliches Weihnachtsgeschenk. Auch dieser Augenblick brennt sich in mein Gedächtnis.

»«

Wenige Tage später beginne ich mit einem Yoga- und einem weiteren Massagekurs. Beide Aktivitäten bieten die körperliche Erholung, die ich nach der Wanderung dringend benötige. Aus meiner ersten Yogastunde komme ich gestärkt und mit geradem Rücken und steige ins Tuk Tuk, einen Minibus, ein. Die Minimalbauweise lässt nichts anderes zu, als sich mit allen Gliedmaßen dem eigenen Körperschwerpunkt zu nähern. Der Entspannungseffekt des Yoga hebt sich ganz schnell wieder auf. Es ist ein fast familiäres Gefühl, im Tuk Tuk zu fahren. Wie Sardinen sitzen die Fahrgäste eng nebeneinander. Beim Ein- und Aussteigen stützt man sich ganz selbstverständlich auf den Oberschenkeln der anderen Mitfahrer ab. Ich stelle mir vor, wie ich bei uns in Deutschland in der Straßenbahn einer fremdem Person zutraulich die Hände auf die Beine lege, um mich an ihr vorbeizuschieben. Zu Hause ist mir das Benutzen öffentlicher Verkehrsmittel fast verhasst, doch hier steige ich nicht nur in den Bus, um von A nach B zu gelangen, sondern auch, um den Kontakt mit den Einheimischen zu pflegen. Menschen reden fröhlich miteinander und stets haben sie ein Lächeln parat.

Auch ich lächle in Nepal weitaus häufiger. Vor allem: Ich lächele mit dem Herzen. Früher dachte ich, das sei nur so ein altkluger Spruch, aber es stimmt wirklich: Es ist eine wundervolle Empfindung in meinem ganzen Körper, in den Gedanken, in meiner Seele. Ich schaue nicht bewusst freundlich, sondern es geschieht, weil ich so fühle.

In der Hoffnung auf Briefe bin ich heute auf dem Weg zur Post. Diese Hoffnung ist ja heutzutage keine Selbstverständlichkeit mehr. Zeilen, handschriftlich und mit Tinte sorgfältig auf weißem Papier platziert, nehmen zunehmend eine Sonderstellung in der Kommunikation ein. Gelingt es mitunter doch, einen Brief zu verfassen und tatsächlich abzuschicken, so macht sich ein befreiendes und stolzes Gefühl breit, als hätte man eine schwierige mathematische Aufgabe gelöst. Im Vertrauen auf meine

Freunde beginne ich, alle Fächer der Poste Restante-Abteilung zu durchkämmen. Törichte Anfängerfehler, wie nur in den Fächern, die mit einem ›M‹ gekennzeichnet sind zu suchen, unterlaufen mir schon lange nicht mehr. Irgendwann hatte ich durch Zufall wertvolle Zeilen für mich im Fach ›B‹ gefunden. Daraufhin hatte ich meinen Namen wiederholt geprüft, konnte ein ›B‹ jedoch nicht entdecken. Mit der Zeit entwickle ich durch das Einsehen aller Buchstaben-Kästen indirekte Beziehungen zu fremden Menschen. Beispielsweise zu Peter Craine[11], der hat immer Post und nicht zu wenig! Er scheint sie aber nicht regelmäßig abzuholen, da der Stapel immer größer wird. Oder Maria Haffer, auf die wartet schon seit Ewigkeiten ein Paket in Form einer Posterrolle. Was da wohl drin sein mag? Vielleicht ein Poster?

Meine hoffende Vermutung bestätigt sich jedenfalls und mit etlichen Briefen unter dem Arm trete ich vor die Tür. Für einige Sekunden bleibe ich stehen, um die Umschläge zu überfliegen, da intensiviert sich mein Leben plötzlich um ein Mehrfaches. Zuerst werde ich von einem Nepalesen in fließendem Englisch angesprochen, der mich zu einem Tee am Straßenrand einlädt, einfach, weil er sich mit mir unterhalten möchte und dann ist da dieser Mann, der mich unbedingt zeichnen möchte. Eine Skizze mit einem Stift, den ich ihm noch gebe, da er selbst keinen hat. Recht schnell bildet sich eine Menschtraube um uns. Unvermutet streift mich ein Gedanke: Wie gut habe ich es doch, mein komfortables Leben zu Hause führen zu können. Stets in einem warmen Bett einzuschlafen, mit einer Arbeit, die mir Spaß macht, mit dem Luxus, Ausgehen und verschiedenen Hobbys frönen zu können. Lediglich das Gespräch mit meinem Busnachbarn oder meinem Gegenüber, mit dem ich einen Tee schlürfe, das grundlose Augenzwinkern fremder Menschen, das kurze Aufeinanderzugehen – diese zwischenmenschlichen Kleinigkeiten sind in Deutschland immer schwerer zu finden. Ich habe das Gefühl, bei uns in Deutschland ist vieles komplizierter. Als müssten wir

[11] Bei diesem handelt es sich nicht um den Peter, mit dem ich meine Wanderung begann. Jener, so stellte sich heraus, hatte, wie vermutet, einen anderen Abzweig genommen und seine Wanderung daraufhin kurzerhand umgeplant.

ein gewisses Gesicht wahren, das bestimmten, mitunter gekünstelten Anforderungen unserer Gesellschaft gerecht zu werden hat. Oft vergleiche ich mich bei meiner Arbeit zu Hause mit einem kleinen Ritter, der sich zunächst die Handschuhe überstreifen und die schützende Mauer eines fremden Menschen überwinden muss, bevor ich ebenso warmen, zwischenmenschlichen Kontakt erfahre, wie es mir in diesem Augenblick einmal mehr vergönnt ist. Mir scheint, als schaue ich den meisten Nepalesen, denen ich begegne, gleich in ihr wahres Gesicht.

Ich nehme mich davon nicht aus, deshalb bin ich froh, jetzt einfach stehen zu bleiben und diesen Kontakt gewähren zu lassen; mir die Zeit zu nehmen, die ich sicher nicht in meinen deutschen Alltag hinüberretten kann. Und während ich diesen Gedanken nachhänge, mit den Briefen in der Hand, stellt sich wieder so etwas wie Heimweh ein. In mir erwacht das Verlangen, all das, wofür ich in den letzten Monaten sensibilisiert wurde, zu Hause zu leben, zu erleben.

Diese Gedanken werden genährt, als ich die ersten Tage nach meiner Wanderung bei Sharadas Schwester Ganu und ihrer Familie wohne. Ich teile mein Lager mit der Omi und dem Kleinkind der Familie. Nachdem in der ersten Nacht meines Besuchs die Matratzen ausgerollt sind und wir uns schlafen legen, gibt es noch ein paar heitere Worte, ehe das Licht gelöscht und der Mund geschlossen wird. Ich fühle mich geborgen. Es ist ein Zuhause für kurze Zeit, wenn auch eines, das mich körperlich krank macht. Ich habe mir Amöben vom Leitungswasser eingefangen. Nachts muss ich des Öfteren auf die Toilette. Ein bequemes Sitzen mit dem müden Kopf zwischen meinen Händen entfällt allerdings, Oberschenkeltraining ist angesagt. Die Erledigung des Geschäfts im Halbschlaf, woran man sich am nächsten Morgen nur noch dunkel erinnert, ist nicht denkbar. Stattdessen kämpfe ich um drei Uhr morgens mit der Müdigkeit sowie meinem Gleichgewicht und kippe leicht mal nach vorn, mal nach hinten über. Irgendwann bin ich fertig und lege mich wieder schlafen, umzingelt von einer leichten Urinfahne, die das fünfzehnmonatige Kind, das nie Windeln trägt, am Nachmittag irgendwo hinterlassen hat. Als ich später erwache, gibt es kein fließendes Wasser, es wird der erste von vier hintereinander folgenden Tagen sein.

Meine Tage bei der Familie vermitteln mir das Gefühl, zu ihnen zu gehören. Doch ich merke, es ist Zeit für meine eigenen vier Wände. Ich freue mich auf mein Zuhause neben dem Kloster und nach vier Wochen Abstinenz sogar auf den Fahrradweg. Allerdings stellt sich einige Tage darauf die Frage, ob ich mir ein Boot ausleihen soll. Nicht für den benachbarten Bach, sondern für den Weg. Die Huckel und Kuhlen sind Teil einer einzigen Masse aus Schlamm und Pfützen geworden. Auf dem Weg in die Stadt lasse ich das Rad wohlweislich stehen und laufe. Meine Goretex-Schuhe an, Regenjacke drüber und alles wird etwas erträglicher. Die Kleidung der Einheimischen ändert sich bei diesem Wetter nicht wesentlich und ich muss an meine Erfahrungen auf dem Treck denken. Daran, wie uns clevere Köpfchen in der Designerindustrie mit praktischen Kleidungsstücken versorgen. Dank Goretex bekommen wir keine nassen Füße, die Zwei-in-einem-Zipwanderhose spart Gewicht und Platz im Rucksack, die Thermo-Unterwäsche zieht die Feuchtigkeit von unseren Leibern. Nur nicht schwitzen, nur nicht nass, nur nicht dreckig werden. Den natürlichen menschlichen Vorgängen haben wir stets etwas entgegenzusetzen.

Ich bin auf dem Weg zu Balazs ins Hotel. Der ständige Regen bringt sinkende Temperaturen mit sich. Es ist sehr kalt in unseren Zimmern und momentan kämpfen wir häufig mit Stromausfall, so dass wir uns nicht einmal ein Heißgetränk bereiten können. Mein Ungar war in ein nobles Hotel geflüchtet, um sich für einige Stunden zu wärmen. Später rief er mich an, ich solle unbedingt nachkommen. Also lassen wir uns nach meiner Ankunft gemeinsam im Restaurant des teuren Hotels Tee kredenzen. Zwei Stunden zehren wir von einer Kanne, für deren Preis wir in einem einheimischen Lokal gut zweimal hätten essen können. Vor einem Kamin aalen wir uns und spielen das reiche, vornehme Ehepaar. Den Kellnern jedoch erzählen wir die wahre Geschichte und gelegentlich bringen sie uns sogar ein paar Kekse.

In dieser stilvoll eingerichteten Lounge finde ich eine lang vermisste Gemütlichkeit und ich denke an zu Hause. An diesen Alltag, dem ich noch einmal entfliehen wollte: Um sechs Uhr aufstehen, regelmäßig arbeiten und Sport treiben, um acht Uhr abends Tagesschau, Samstagabends ausgehen. Auch meine finanzielle Situation überdenke ich immer öfter. Vor wenigen Tagen erst wurde ich wieder einmal generös eingeladen, von Don, dem Kanadier vom Cho La Pass, der meinte, ich solle mich nicht um die Rechnung sorgen. In mir erwacht ein unwilliges Gefühl, das mir neu ist. ›Mein Gott, ich bin 27!‹, denke ich. Früher hörte ich oft: »Und wenn du dein Studium beendet hast und selbst Geld verdienst, lädst du mich ein.« Nun liegt meine Studienzeit bereits drei Jahre zurück und meine finanzielle Situation hat sich nicht wesentlich geändert. Noch immer scheine ich in mancher Hinsicht den Eindruck des kleinen Mädchens zu vermitteln, dem man gerne unter die Arme greift. Zunehmend fühle ich mich unwohl dabei. Die chronische Geldsorge wird zu einem ungeliebten Freund, von dem ich mich gern trennen möchte. Der Wunsch regt sich in mir, dass sich der Kreis weiter dreht und ich langsam auf die andere Seite hinüberwechsle. Meine innere Stimme, die vor Beginn dieser letzten Reise auf mich einredete, noch einmal loszuziehen, flüstert nun: Geh nach Hause!

Als es nach vier Monaten in Nepal und zehn Monaten insgesamt soweit ist und ich von meinen Freunden Abschied nehme, könnte man meinen, sie wollten mich in einen Christbaum verwandeln. Von jedem erhalte ich anderen Baumschmuck: Unzählige Armbänder und Ketten zieren mich.

Dieses, so spüre ich, ist ein Abschied auf lange Zeit. Er unterscheidet sich grundlegend von seinen Vorgängern, denn die Vorfreude auf meine Heimkehr verscheucht alle traurigen Gedanken. Gleichwohl weiß ich, von diesem Land und seinen Bewohnern geht eine Anziehung aus, für die ich immer empfänglich sein werde. Sie lässt sich nicht in klare Worte fassen, der Ausgang der Geschichte vom Diakon Martin soll stattdessen sprechen: Wochen, nachdem er aus seinem Urlaub heimgekehrt war, felsenfest überzeugt, Nepal zum ersten und definitiv letzten Mal besucht zu haben, revidierte er sich, so ließ mich Daniel wissen. Nepal hätte einen solchen tiefen Eindruck in ihm hinterlassen, dass er unbedingt wiederkehren möchte. Und ich? Ich möchte selbst Stellung beziehen zu meinen zwiespältigen Gefühlen und Gedanken. Beinhaltet es auch die Entscheidung, nicht wiederzukommen?

Was meine Rückkehr nach Deutschland betrifft, so hat sich eine unbekannte Größe auf meine Seite geschlagen, denn es fallen zwei Flugverbindungen hintereinander aus. Das ist natürlich eindeutig besser als zwei Flugzeuge, die vom Himmel fallen. So dauert die Heimreise anstatt achteinhalb Stunden dreieinhalb Tage, bevor ich wieder Fuß auf heimatlichen Boden setze. Der Vorsprung, den mein Körper vor meiner Seele hat, das spüre ich, wird damit nicht so gravierend sein wie bei meiner Landung in Australien vor knapp einem Jahr. Die Tatsache, dass ich meinen Heimweg erstmalig mit der gleichen Leidenschaft antrete, die ich bisher nur für meine Abreisen entwickeln konnte, tut ihr Übriges. Letztendlich ist mein Rückflug nur noch der praktische Abschluss eines lang begonnen Prozesses. Zu Hause angekommen, das wurde mir in den letzten Wochen bewusst, bin ich bereits seit Monaten. Es ist die Rückkehr aus Nepal, doch ich komme aus viel weiterer Ferne.

(11) Der Kreis schließt sich

»Ich musste es selbst sehen, um es zu glauben.«

Ich bin achtundzwanzig und glücklich, weil ich zu Hause bin. Angekommen bei mir selbst. »Was ist der Sinn meines Lebens?« Der Kreis hat sich geschlossen! Die erneut gesammelten Eindrücke formten in mir unter dem Mantel des Unterbewusstseins eine Antwort. Ich musste ihn nur heben.

»Die Symbolik des Reisens berührt Tiefliegendes in deiner Psyche, daher kommt es, dass in allen Religionen (...) die Pilgerreise und das Dich-des-Überflüssigen-entledigen so wichtig sind«, heißt es in einem Buch von Coelho. Nun, auf meiner persönlichen Pilgerreise bin ich über den Puffer, den mir der vertraute Umkreis meines modernen Lebens bietet, hinweggestiegen. Irgendwann begriff ich, dass das Ziel meiner Reisen nur der Weg selbst war. Ich werde nie ankommen, weil ich schon immer da bin. Um das zu erkennen, habe ich eisern investiert. Nicht in eine finanziell gesicherte Zukunft, aber in Erfahrungen. Ich schaute hinter die geheimnisvolle Fassade anderer Kulturen, um zu entdecken, dass auch dort nur mit Wasser gekocht wird. Doch ich musste es selbst sehen, um es zu glauben.

Jetzt schließe ich meine Tagebücher, in der ruhigen Gewissheit erkannt zu haben, worin der Sinn meines Lebens liegt: Bewusst zu leben! Wie ich nun weiß, entsprach meine innere Unruhe stets dem Drang nach dieser so schlichten wie schwierigen Philosophie. Ich möchte dem Leben Gelegenheit geben, es zu mir sprechen zu lassen, ich möchte mir die Zeit nehmen, hinzuhören und zuzuschauen. Die extremen Erfahrungen mit Mutter Natur sowie das Leben unter sehr einfachen Bedingungen haben mir die Fähigkeit vermittelt, für die leisen Momente des Lebens sensibel zu sein. In jedem Zwitschern eines Vogels, in jedem müden Blatt, das sich von seinem Baum trennt, um sanft zu Boden zu gleiten, spüre ich, wie die Natur zu mir spricht. Ich freue mich über das Lächeln auf dem Gesicht eines Mitmenschen und genieße manchen Wortwechsel, sei er noch so gewöhnlich. Ich habe begriffen, was ich habe, ohne es besitzen zu müssen. Deutlicher denn je sehe, spüre ich diese Errungenschaften. Möge ich den Blick dafür niemals mehr verlieren.

Dennoch: Hätte ich diese Erfahrungen nicht auch HIER machen können? Vielleicht muss ich die Frage anders formulieren: Hätte ICH diese Erfahrungen nicht auch hier machen können?

Nach allem, was ich auf den zehn Jahren der Wanderschaft von mir erfahren habe, kann ich wohl sagen, dass es nicht leichter für mich gegangen wäre. Auch wenn es mir an manchen Tagen schwer fällt, genau diese Einsicht zu leben: dass ich den Lerneffekt des Umwegs dem Voranschreiten auf der Geraden bevorzuge, zumal im Hochleistungsland Deutschland.

Manchmal hatte ich auf den Reisen das Gefühl, dass die, die nichts anderes erleben als das Leben in ihrem unmittelbaren Umkreis, zufriedener sind – und das nicht nur einen Moment lang, sondern ihr Leben. Während in mir fortwährend die Abenteuerlust glühte und mich unruhig hielt. Als meine erste Abenteuerlust gestillt war, also man könnte sagen, während des ersten Nepalaufenthalts, bin ich gereist, weil ich meine innere Zufriedenheit finden wollte. Nur, der Übergang zwischen meinen grundverschiedenen Reisemotiven war fließend. Lange war mir nicht bewusst, dass mein Interesse an fremden Menschen und Kulturen abgelöst wurde von der unruhigen Suche nach mir selbst. Diese bedeutete nichts anderes als der Wunsch, nah bei mir zu sein. Das kann ich am besten auf Reisen. Wenn das Leben an mich, an meinen Körper und Geist Herausforderungen stellt, wenn ich wirklich spüre: Ich lebe. Allein zu reisen, bildete immer wieder beste Grundlage, diesem Anspruch gerecht zu werden. Nun hat sich der Kreis in einem gewissen Sinn geschlossen, ich bin zum Anfang zurückgekehrt. Endlich bin ich wieder bei mir.

Nachwort

»Erwachsen zu werden ...«

Zwei Jahre später beginne ich mit der Überarbeitung, der zweiten Auflage dieses Buches. Vierundzwanzig Monate ohne einen langen Aufenthalt im Ausland liegen hinter mir. Stattdessen, so musste ich bald feststellen, stand mir achtzehn Monate nach meiner letzten Rückkehr aus Nepal eine ungleich neue Art des Reisens bevor. Währenddessen verließ ich Magdeburg nicht, es bedingte keine finanziellen Aufwände, kostete dafür aber unsagbar mehr Kraft als meine vorherigen Unternehmungen.

Der Schnellzug, in dem man sein Leben in Deutschland zu leben scheint, hatte mich und meine innere Ruhe nach der Rückkehr bald wieder erfasst und fortgetragen. Erneut verspürte ich eine aufkeimende Unruhe. Wie unzählige Male zuvor stellte ich mein Leben und mich in Frage und begann, mich fremd in der Welt zu fühlen. Ich bekam Angst. Dank verschiedener Anstöße entschied ich mich endlich umzusteigen, in den Bummelzug. Der auf den Nebenstrecken, mit vielen Zwischenstopps. Das war nicht einfach, schließlich verschwinden sie immer ein bisschen mehr aus dem Verkehr.

Dennoch, nur auf diese Weise konnte ich endlich die Wurzel meiner Unruhe erkennen. Die Reise zu mir selbst, die ich meinte, bereits erfolgreich abgeschlossen zu haben, war längst noch nicht beendet und gestaltete sich weit weniger unterhaltsam als unterwegs. Sie war schmerzhaft! Denn ich begriff, dass die Erkenntnisse, die mir die Auslandsaufenthalte bescherten, kraftraubende Konsequenzen hier an Ort und Stelle einforderten. Sie ängstigten mich auf eine unerklärliche Weise. Gleichwohl musste ich lernen, zu mir, zu meinen Zielen und Prioritäten im Leben zu stehen, ungeachtet der äußeren Umstände.

Während ich begann, an den Rahmenbedingungen meines Alltags hier zu schieben und da zu rücken, reduzierten sich im Gegenzug die zermürbenden Zwiegespräche, bis sie eines Tages verstummten. Ich muss zugeben, diese Stille war zu Beginn gewöhnungsbedürftig. Trat sie doch an einen Platz, der jahrelang durch Unruhe, Fernweh und Fragen eingenommen worden war. Diese Ruhe ermöglichte mir in der Folge, wirklich zu verstehen, was Lene Gammelgard mit dem Schmerz innerhalb der persönlichen Freiheit wohl gemeint haben mochte.

Es ist mir gelungen, zu verstehen, dass ich auch in meinem Alltag Wahlmöglichkeiten habe und frei in meiner Entscheidung sein kann. Ich möchte nicht eines Tages erwachen und feststellen müssen, dass alles Schöne in meinem Leben nur geträumt war. Mein Traum soll wahr werden, wahr sein, wahr bleiben. Seine Inhalte und deren Gewichtung werden sich verschieben. Schließlich ist mein Leben keine Konstante, eher ähnelt es in seinem Verlauf einem Wellengang. Mein Anspruch ist es, meinen Traum von einem zufriedenstellenden Leben stets eine große Portion Realität beizumischen. Ich habe begriffen, dass, ihn zu leben, nicht zwangsläufig bedeutet, mein Leben sei immer einfach. Hier kommt der Schmerz ins Spiel. Schmerz, der einsetzt, wenn Gewohnheiten und geliebte Denkstrukturen losgelassen werden müssen, um weitergehen zu können. Es galt, mich selbst vieler Illusionen zu berauben und die wahren Bedürfnisse dahinter zu erkennen. Ich fand diese bei der Freiheit. Sie erfordert von mir, stärker als meine natürliche Bequemlichkeit zu sein. Und es wird ein ewiger Prozess bleiben. Wie ein Kind freue mich über diese Tatsache! Für meinen Anspruch gebe ich Sicherheit auf. Letztere erfahre ich auf andere Weise als in dem ausschließlich finanziellen Vorsorgen meiner Zukunft, von der ich nie wissen werde, wie viele Jahre sie noch haben wird.

Ich schöpfe Vertrauen aus den Erfahrungen meiner Vergangenheit. Mit Hilfe der Überarbeitung dieses Buches meine Reise zu mir noch einmal rückwärts zu begehen, war fundamental dafür, die Antworten auf meine quälenden Fragen zu finden. Die zeitliche Distanz zwischen der ersten und zweiten Auflage von »Harte (Be)Währung« lassen mich den Weg, den ich seither begangen habe, klarer erkennen.

Wer war das, der dort stammelnd am Picadilly Circus stand? Ich oder ein ganz anderes Wesen? England, London, das war die erste große Entdeckungstour. Allein sein zu können, das wichtigste Werkzeug meiner gesamten Reisezeit, das habe ich dort gelernt. Es war eine milde Version von Fremde, abgefedert durch die Ähnlichkeit mit meinem Herkunftsland, abgefedert durch meine Existenz als Au-pair: Sowohl finanziell als auch sozial war es – im Nachhinein betrachtet – nicht die größte Herausforderung meiner Wanderjahre. Doch eine sehr wichtige, mit 18 Jahren.

Es war eine entscheidende Entdeckung, Ferne und Fremde aushalten zu können und sie trieb mich immer wieder an. Die sich anschließenden Erfahrungen in Australien konnte ich nur auf Grundlage dieser Gewissheit sammeln. Anders hätte ich mich nicht auf die Einsamkeit des Outbacks einlassen und die Dominanz der Natur in ihrem gesamten Ausmaß wahrnehmen können. Anders hätte ich keine Grundlage gehabt, vertrauensvoll auf fremde Menschen zuzugehen und aus diesem Umstand heraus ein Grundvertrauen in den Menschen an sich zu entwickeln und nach wie vor daran festzuhalten. Basierend auf diesem Grundvertrauen wiederum konnte ich meine Schritte nach Nepal setzen, wo ich mich erstmalig mit einer wirklich fremden Kultur, mit unbekannten Strukturen, mit Elend konfrontiert sah. Aufgrund der dort begonnenen Auseinandersetzung mit den Lebensumständen dieser Menschen und den meinen der ersten Welt wurde ich unbewusst fähig zu relativieren. Die Bewusstwerdung dieses

Prozesses, den ich überraschenderweise zu Hause zu Ende führte, ließ mich schließlich meine Antworten finden.

Normen, Gewohnheiten, von außen suggerierte Prioritäten, sie haben sich in ihrer Bedeutung relativiert. *Alles ist relativ.* Erst recht meine eigene Bedeutung im Großen. Im Kleinsten, jedoch, im Mosaik, welches sich Teil für Teil zu meinem Lebensweg entwickelt, bin ich sehr wichtig. Konkret, mir ist es das Wichtigste überhaupt. Diesem Fakt Tribut zu zollen, gelang mir bisher lediglich mit einem Rucksack auf dem Rücken.

Nun habe ich begriffen, mein Drang nach Freiheit bedeutete nicht ausschließlich die Unterbrechung meines alltäglichen Daseins. Sondern es ging darum, das zu finden, das bleibt, egal wo ich bin. Die Möglichkeit, auch im Alltag der Frage nach: ›Was wäre, wenn?‹ nachzugehen, stellt eine Notwendigkeit meines Lebens dar. Frei zu sein, betrifft mein gesamtes Leben, eingeschlossen das berufliche. Vielmehr, vorrangig das berufliche. Nach der ersten Selbständigkeit bin ich nun Freiberuflerin in drei Bereichen. Ich bin Präventionssportlehrerin, Masseurin und Englischlehrerin. Auf mehreren Hochzeiten zu tanzen, sei nicht gut, meinen viele. Dadurch auf verschiedene Weise unterschiedlichste Menschen zu erreichen, mit ihnen zu arbeiten und gemeinsam zu wachsen, macht sich für mich jedoch deutlich besser bezahlt, als es eine Festanstellung je könnte. Es ist mehr als Geld. Und ich wollte schon immer mehr. Endlich habe ich die Kraft, dazu zu stehen.

Nach der Puja-Erfahrung vor drei Jahren hatte ich zu Shishir gesagt, dass ich ohne Glauben sei, höchstens mit dem an mich selbst, aber das tue wohl nichts zur Sache. Heute erkenne ich, dass genau er die Basis für alles Gute ist in meinem Leben, für meine Sicherheit. Aus ihm entwickelte ich endlich die Stärke, mein Leben an einem festen Ort so abwechslungsreich zu gestalten, dass ich nicht mehr ständig den Rucksack packen muss. Es ist diese Abwechslung, die mich ruhig bleiben und dennoch auf Reisen sein lässt, ohne stets einen leise vor sich hin köchelnden Campingkocher vor mir haben zu müssen, mit der ausgebreiteten Wanderkarte der Umgebung daneben.

Ich, Jessy Mehlfeldt, gebürtig und wohnhaft in Magdeburg, bin wieder da. Wieder da. Da.

»«